重返烽烟现场

CHONGFAN FENGYAN XIANCHANG

肉眼所见的二战进程

第二次世界大战图片全记录

冯精志 编著

远方出版社

图书在版编目（CIP）数据

第二次世界大战图片全记录：重返烽烟现场：肉眼所见的二战进程/冯精志编著．--呼和浩特：远方出版社，2010.1

ISBN 978-7-80723-486-9

Ⅰ.①第… Ⅱ.①冯… Ⅲ.①第二次世界大战(1939～1945)-史料-图集 Ⅳ.①K152-64

中国版本图书馆CIP数据核字(2009)第235066号

第二次世界大战图片全记录

重返烽烟现场：肉眼所见的二战进程　　冯精志 编著

策　　划：张　明
责任编辑：张　宇　敖登格日乐
特约编辑：文　欢
出版发行：远方出版社
社　　址：呼和浩特市乌兰察布东路666号
电　　话：0471-4919981（发行部）
邮政编码：010010
经　　销：新华书店
印　　刷：河北环京美印刷有限公司
开　　本：720毫米×1000毫米　1/16
印　　张：34.25
字　　数：650千字
版　　次：2019年4月第1版第2次印刷
标准书号：ISBN 978-7-80723-486-9
定　　价：80.00元

前　言

第二次世界大战是有史以来最大规模的战争，参战的国家和地区达61个，卷入战争的人口超过20亿，战火遍及欧亚非三大洲，波及南美洲，北美洲和大洋洲的主要国家全部参战，是不折不扣的全球战争。第二次世界大战结束至今，已有60多年。对绝大多数人而言，大战以及伴随着大战的惨绝人寰的屠戮是如此遥远而陌生。人类应当了解自己旅途中最酷烈的一段行程，怎么了解？仅凭文字叙述远远不够，仅凭黑白照片也有缺憾。人眼看到的世界是彩色的。彩色照片比黑白照片更接近事情的本然。本书尽可能多地采用二战中的珍贵的彩色历史照片，希冀读者通过它们来见识这场战争，从而触摸到历史斑驳的质感，找到那种刻骨铭心的感觉。

为方便读者阅览本书，先浏览二战大致进程：二战的源头当追溯到1918年11月第一次世界大战结束。那时，战败的德国被捆绑到历史的耻辱柱上，为防止德国东山再起，一纸《凡尔赛和约》给了德国种种苛刻限制。意大利和日本属于一战战胜国，但意大利是中途倒戈的，被协约国阵营另眼相看；日本在战后没有捞到太多实惠。在往后的十几年间，德意日三国在法西斯道路上越走越近。日本于1931年侵占中国东北。从1936年始，德意日三国形成法西斯同盟。此后数年间，三个法西斯搭档在各自方向下手：日本于1937年全面发动侵华战争；意大利先后入侵埃塞俄比亚和阿尔巴尼亚；德国武装干涉西班牙内战，还先后吞并了奥地利和捷克斯洛伐克。1939年9月1日，纳粹德国进攻波兰。9月3日，英国和法国对德国宣战，第二次世界大战全面爆发。1940年4—5月，纳粹德国迅速攻占了丹麦、挪威、荷兰、比利时和卢森堡，进而进攻法国。6月，法国贝当政府投降。随即德军出兵英吉利海峡东岸，与英国展开不列颠空战，同时加紧侵略东南欧数国，意大利则掠夺英国和法国在地中海和北非的殖民地。1941年6月22日，纳粹德国对苏联发动了背信弃义的突然袭击。英国和美国宣布支持苏联，反法西斯联盟形成。12月7日，日本偷袭珍珠港，太平洋战争爆发。日军迅速占领了泰国、马来亚、新加坡、菲律宾、印度尼西亚、缅甸和太平洋的众多岛屿。美国海军与日本联合舰队相继进行了珊瑚海海战和中途岛海空大战，初步遏制了日军在太平洋的进攻势头。在北非，英军在节节后退中取得了阿拉曼战役的胜利，扭转了在地中海战区的被动局面。1942年下半年到1943年初，苏军取得斯大林格勒战役的胜利，一举扭转苏德战争的战局。美英联军实施“火炬”计划在北非登陆，于1943年5月全歼北非轴心国部队。当年夏季，苏军取得库尔斯克会战胜利，转入全面反攻。同时美英联军攻占西西里岛，向意大利本土发动进攻。9月意大利政府投降。1944年6月初，盟军在法国诺曼底海滩登陆，开辟欧洲第二战场。从当年下半年起，苏军继续追击德军，打出国门后，支持了东南欧各国人民的解放斗争。美军在太平洋战场实施“跳岛”作战，粉碎日本“岛屿锁链”。1945年初，苏军和盟军从东、西两路突破德军防线，攻入德国本土。5月2日，苏军攻克柏林。5月8日德国无条件投降。美军在全面反攻中逐步逼近日本本土。8月6日和9日，美国向日本广岛和长崎投掷了原子弹。8月8日，苏联对日本宣战，出兵中国东北作战。中国抗日军民转入全国规模的反攻作战。8月15日日本宣布无条件投降。9月2日签署投降书。

中国人当以独特的心境回顾二战。中国是参战时间最早，作战时间最长，结束最晚的国家。中国的抗日战争，可追溯到“九一八”事件后东北人民和东北军部分爱国官兵进行的抗日武装斗争。这样算来，到1945年二战结束，中国军民和日军打了14年。如果从1937年卢沟桥事变算起，为8年抗战。重要的是，从1931年“九一八”事变爆发到1939年9月第二次世界大战正式爆发，间隔了整整8年，在这8年间，孱弱的中国几乎没有援手，独自与凶残的日本法西斯作战，付出了极大代价，承受了最大的民族牺牲。据日本历史研究学会编写的《太平洋战争史》，二战中伤亡超过500万人以上的国家有5个，即中国3500万，苏联1500万（苏联《军事百科全书》载为2000余万），德国990万（美国1949年《世界年鉴》载为950万），波兰559万，日本508万。在整个第二次世界大战中，军队和平民伤亡超过9000万人，其中中国军民的伤亡接近40%。贫穷落后的中国与日本帝国主义进行了英勇卓绝的斗争，为世界反法西斯战争做出了不可磨灭的贡献。

3月于惠安轩512室

目　录

重返烽烟现场

——肉眼所见的二战进程

纳粹

从慕尼黑到柏林

»

在欧洲大国中，德国形成最晚，直到上个世纪晚期，境内诸多小邦才以普鲁士为中心统一为德意志帝国。在资本主义瓜分世界市场的过程中，这个年轻的帝国姗姗来迟，因而总是躁动而不安地撩惹四方，以至被称为欧洲的“问题儿童”。1914 年 8 月，霍亨索伦王朝的当家皇上威廉二世挑起了第一次世界大战。这是一幅协约国画家画的油画，带着防毒面具的德军士兵在战壕中。

在一战中，协约国与同盟国拼得相当凶狠，很长时间互有攻防，难分高下。1917 年 6 月，美国远征军抵达法国，这是最初抵达巴黎的美军士兵。同年 10 月，俄国爆发了十月革命，旋即苏俄政权宣布退出大战，而且与德国单独媾和。美军刚好填补了俄军退出造成的空白。美国的参战，大大改变了力量对比。以德国为首的同盟国败局已定。

1918 年 11 月，出于对德国皇室穷兵黩武政策的不满，德国爆发了“十一月革命”，起义工人和反战士兵以俄国苏维埃为榜样，冲进了柏林的帝国宫殿。威廉二世为了镇压起义，下令把刚缴获的英国坦克开上了柏林街头。

由于大后方乱套了，德国被迫退出了大战。这是一队德军士兵离开战场前向死难的战友致哀。由此，战后普鲁士军官团始终有一个论调：德军在战场上并没有战败，是后方的革命让德军打不下去了。

一战战败后，德国被钉在历史耻辱柱上。取得大战胜利的协约国在巴黎召开和会，在巴黎和会上，协约国的几个主要国家控制着和约的制定，其着眼点不在罚没德皇苦心经营的基业，而在于防止“问题儿童”东山再起，成为“问题成人”。《凡尔赛和约》把德国剥夺得如此彻底，海外殖民地丧失殆尽，承担巨额战争赔款，不准有海军和空军，只准保留不超过10万人的国防军，军队不准抵达莱茵兰。德国将近70 000平方公里的国土划给法国，这片国土中有600万居民，其中多数是日耳曼人，蕴藏着德国一半的煤矿和铁矿。东普鲁士和德国其他地区的联系，被“波兰走廊”切断。德国内阁全体辞职，拒绝签署和约，而德国国民议会却温顺地接受了和约。巴黎和会的高潮是，1919年6月28日，战胜国与战败国在巴黎郊区的凡尔赛宫镜子大厅签署了和约。鉴于霍亨索伦王朝已然垮台，1919年7月31日，德国国民议会在南部小城魏玛通过了魏玛宪法，宣告魏玛共和国成立。

一战结束时的德军坦克，已经很有样子了。根据《凡尔赛合约》，它们被封存，成为一堆一堆的废铁。至于德国的战争赔款问题，协约国陷入了难堪的悖论：英国要求德国赔偿不能少于400亿美元，却又指出，德国的赔款数额只要达到了100亿美元，德国经济就会全面崩溃。

从俾斯麦时代起，普鲁士人就被培育出对铁血的向往，对横行无忌的武力的渴望。他们可以忍受时乖命蹇，但无法忍受捆住他们的手脚，不让他们有翻身之日。德国代表在《凡尔赛和约》签字后，德国喧腾了，激进民族主义运动遍及全境。政客们都看准了，只要扬起反对和约复兴德国的旗帜，就能捞一票。一时各种党派风起云涌。在拉党结派大行其道时，慕尼黑也冒出一个极不起眼的小党。它最初只有6名成员，有江湖医生、锁匠、没落诗人，没有产业工人，却自称什么“德国工人党”。不久，它吸收了第7个成员，此人叫阿道夫·希特勒。这幅照片很难得，是从一本私人像册里偶然发现的，反映了希特勒刚刚出道时的嚣张气焰。

阿道夫·希特勒当时30岁整，已不算年轻了，却无亲无故，无产无业。他甚至不是德国人，而是奥地利林茨人，1913年从维也纳移居慕尼黑，次年便以街头盲流身份参加了巴伐利亚步兵团，投入一战的战场。他倒不是贪生怕死的士兵，在作战中受过伤，曾经获得两枚铁十字勋章。德国战败后，他作为一名退伍步兵下士重返慕尼黑，偶然间收到一张明信片，便到这个刚成立的小党来撞大运。他初来时，党的全部活动经费仅有7马克。比之6位“前辈”，他有张难得的机关枪一般的嘴，因而很快混成了头子。

希特勒是从战壕里滚出来的，对德国扛上《凡尔赛和约》的枷锁有货真价实的体验。他的广告定位切中要害：向《凡尔赛和约》算总账！ 1923 年 11 月 8 日。这位挂着政党招牌的地头蛇在暴徒簇拥下，跳上慕尼黑贝格勃劳凯勒啤酒馆的桌子，宣布“政变”开始。闹剧结束，他被判刑 5 年。但慕尼黑当局认为他不过是“留着小胡子的野兽”，关押 9 个月，就把他放了。他走出监狱大门时向当局立下书面保证，称今后循规蹈矩，重新做人。实际上，他已没有折腾的本钱了。纳粹被取缔，原来的头目不是倒戈就是由于内讧而分崩离析，他被禁止两年内发表公开演说。对一个靠三寸不烂之舌混世的人来说，没有比这更难受的事了。德国于 1925 年举行了历史上第一次总统选举，一战总司令、陆军元帅兴登堡当选。希特勒缩回慕尼黑一幢破房子里抚今追昔，总结时运，收敛锋芒，等风头过去，又召集旧部忙活起来。这是纳粹的一次集会，站着发言的是后来的纳粹外交部长里宾特洛甫。

1929 年，席卷全球的经济恐慌冲击到德国，外国贷款停止了，失业人口从 200 万猛增到 600 万。这是德国的一名失业工人。脆弱的魏玛共和国走到了破产的边缘，这为德国极端右翼势力的兴起提供了良机。

对经济学一窍不通的希特勒骤然醒过神儿！他在德国卷起旋风，向所有人许诺，只有他才能把德国从多灾多难的困境中拯救出来。希特勒宣称，德国的困境根源来自于战后强加给德国的严厉条款、懦弱的魏玛共和国以及被指称握有国家经济命脉的犹太人。他的理论受到越来越多德国人的支持。图为纳粹党徒走上街头为希特勒的“纲领”鼓噪，宣传品是木制坦克模型。在希特勒还没有成事时，纳粹成员都不是军人，却清一色穿着类似军装的服装。

在希特勒的蛊惑下，德国任何政党都没有像纳粹那样，吸收了那么多来历不明、形迹可疑的角色，社会渣滓都像飞鸟投林般投奔了纳粹阵营。1932 年是德国又一个选举年，兴登堡本来不打算竞选连任，但一看竞争对手是泼皮般的希特勒，一气之下决定再度竞选。为当上总统，希特勒疯了，在车轮般的竞选演说中抛出了杀手锏：他一旦执政，就要剥夺所有德国人的人身自由！别的政客不敢说的话让他吼了出来。而德国垄断资产阶级正担忧“十一月革命”的“幽灵”复活，希特勒这通咆哮，对上了他们渴望推行法西斯极权统治的心思。这轮竞选，希特勒以微弱劣势败给了彪炳史册的兴登堡，但把牌子闯了出来，德国政界掂出了此人的分量。

希特勒是退伍军人，知道暴力的作用。他通过那帮无奇不有的下属网罗了一群粗胳膊大拳头的退伍军人。他们留着寸头，四处滋扰生事。这支菜刀队正式定名为冲锋队。照片上的这位没留寸头，扮相和身架却是典型的冲锋队队长。

兴登堡是民族英雄，这位留着浓重八字胡的老兵天性浑厚，闲杂事等不过脑子，一旦离开作战地图，上帝赐予他的所有天赋就会消失殆尽，就像德意志国家的糊糊涂涂的老爸爸。老爸爸搞政治不在行，老军人的性格却未曾软化，贵族的傲骨犹存。他从来不把希特勒放在眼里，说此人是野性难驯的暴发户。面对乱哄哄的国家，老英雄拉不开栓了，1933 年 1 月底，年老昏聩的兴登堡任命 43 岁的希特勒担任德国政府总理。这个来自维也纳的流浪汉，欧战的弃儿，在攀上国家权力顶峰的同时，也为埋葬德国民主化进程的棺材钉上了最后一颗钉子。

“苍天待我不薄！”希特勒霎动着浅蓝色的眼睛开练了。他上台刚两个月，就制造了轰动一时的“国会纵火案”，而后往共产党和犹太人身上泼脏水。到底是谁焚烧的德国国会大厦，真相恐怕永远不会见诸天日了。但大量证据表明，这件事是纳粹一手策划的，而且很可能就是戈林一手布置的，目的在于找一个口实来收拾共产党。

事后，希特勒促使糊里糊涂的老总统兴登堡签署了《防止共产党危害国家的暴力行为的预防措施》。拿着这项法令，希特勒可以任意逮捕他的反对者，德国人第一次尝到政府支持下的纳粹恐怖的滋味。

冲锋队曾经为希特勒包打天下，由于多穿褐色衬衣，又称褐衫队。在希特勒上台后，冲锋队迅速膨胀到 250 万人，在人数和气势上都远远超过向来作为德国国家支柱的国防军。

冲锋队的头头嚣闹着要组建一支取代国防军的新军，因此冲锋队动辄在街头列队行进，既是展现力量，也是示威。但国防军的总后台是陆军元帅兴登堡。在这位老贵族眼里，冲锋队就是一群街头无赖。看到具有条顿骑士传统的国防军被街头无赖们夺威，老英雄忿忿不平。

冲锋队总头目是一战退伍上尉罗姆。他像公牛般粗壮，是纳粹元老中的元老，也是“7人小党”中的一员，冲锋队是他一手拉起来的，他也因为鸡奸而声名狼藉。希特勒上台后，这家伙胃口不大，只想捞个国防部长当当。

希特勒把兴登堡当尊佛一般供奉着，而兴登堡却从来不把希特勒当回事。他立下遗嘱，他死后复辟霍亨索伦王朝，由前德意志帝国的遗老遗少回来执政。要真是那样的话，希特勒立马就得滚蛋。兴登堡没有想到的是，希特勒提前下手，完成了一笔交易。1934年4月11日，在基尔军港的“德意志”号巡洋舰上，希特勒与国防部长及陆军总司令、海军总司令达成秘密的《德意志号协议》：兴登堡死后，军队拥护希特勒任总统；作为回报，希特勒狠狠整治冲锋队，保证国防军是全德唯一拥有武装的组织。

左边这位戴眼镜的人，个子不高，笑容可掬。他就是希姆莱，一个水果商的儿子。希特勒曾经不止一次说过，希姆莱长得像小学教师，而且是教算术的小学教师。这位“小学数学老师”的凶残是无人能比的。

冲锋队已整编出来两个组织，一个是希姆莱的党卫队，另一个是戈林的秘密警察。党卫队原先是希特勒的私人卫队，希姆莱接手后越做越大，人数越来越多。他们统一穿黑色制服，比起褐衫队，从着装上就正规一些。

几名冲锋队骨干在悠闲地打牌。他们离死期不远了。达成《德意志号协议》两个多月后，1934 年 6 月底，希特勒突然下手，党卫队和秘密警察在全德搜捕冲锋队队长，罗姆是第一个被干掉的，其死况之惨，不下于生前之残。大多数冲锋队长是糊糊涂涂被抓走的，又糊糊涂涂地结束了惹事生非的一生。

几名冲锋队骨干在喝啤酒。这幅照片应该是他们最后的留影。这次清洗史称“长刀之夜”。到底杀了多少个冲锋队骨干，其说不一，从 400 人到 1000 人不等。但仅在柏林的一所士官学校里，就有 150 多名冲锋队长被枪决。

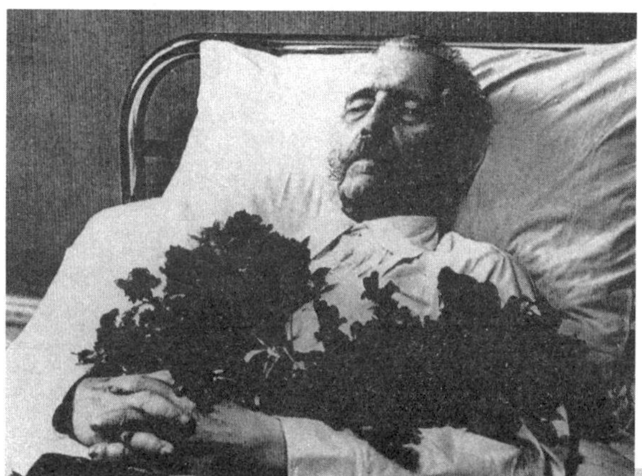

干掉了冲锋队，兴登堡是不是因此大大放心了？不得而知。“长刀之夜”后仅一个月，1934 年 8 月 2 日，87 岁的兴登堡总统逝世。

兴登堡死于上午，到了中午，国防军便兑现了《德意志号协议》，拥护希特勒接受国家元首和武装部队总司令职务。

到了下午时分，希特勒已成为全德国的独裁者。现在是建立《我的奋斗》一书中所勾勒的日尔曼大帝国的时候了。

赫尔曼·戈林，一战中著名的里希特霍芬战斗机中队最后一任队长。战后，一个颇有姿色的瑞典富婆看上了他，不惜离婚嫁给这位空战英雄。但是，他觉得吃软饭的生活过于乏味，遂投到希特勒的门下打打杀杀。

德国的陆军师团翻番增长，将军们欣喜若狂，欢呼陆军复活了。

对经济学一无所知的戈林被希特勒任命为经济部长，他上来就推行“四年计划”，把德国资源的一半用于军事目的，使德国转入总体战争经济轨道。

在航模课、航空俱乐部的掩护下，被《凡尔赛和约》禁止的德国空军取得了惊人的发展。

这些年轻人是航空体育协会的会员。在“体育协会”这块招牌下，军用飞机驾驶员的训练开始了。

德国人制造坦克是有传统的，鲁尔工业区的坦克工厂开足马力生产。海军也在神不知鬼不觉地壮大。英国同意德国舰队的规模达到英国的1/3，仅此便可使德国造船厂开足马力，忙上10年。

希特勒重整军备的一系列动作都是赌博。当德军尚未强大到足以大打出手时，他不打算硬扛，每跨出一步，只要协约国吭一声，便会使他缩手缩脚。但连跨几步，协约国连声咳嗽都没有，他就愈发放胆干了。为使德军与法军脱离接触，《凡尔赛和约》和《洛迦诺公约》规定，德国境内莱茵河以东50公里为非军事区，如德军进入，法军有权采取军事行动，英国则有义务以武装力量支持法国。莱茵兰是德国疆土，德军却不能进入。希特勒决定给军队顺顺气。1936年3月2日，他命令3个营的德军越过莱茵河，向边境城市亚琛挺进。

希特勒向全国宣布：德国士兵开进了莱茵兰！德国人惊呆了。法国有 100 个师，却无奈于 3 个营的德军！凭着这一点，黩武精神涌上了德国人的脑袋，他们狂热地向新救世主欢呼起来，希特勒的个人威望达到了高峰。

这是纳粹艺术家绘制的宣传画，称希特勒带领德国挣脱了《凡尔赛合约》的锁链。德国资产阶级和容克地主厌恶希特勒的匪徒式统治，但认为他们找到了一个合适的人。这个人声名狼藉，来路不正，却以邪恶的天才毁灭了魏玛共和国，废除了协约国 1918 年的判决，正以军事力量恢复德国在世界上的地位，并有望为历史带来一个“德国时辰”。

在纳粹的极权高压统治下，还是有小心翼翼的反抗声。肥胖的戈林叫嚷："钢铁让人强壮，黄油只会让人发胖。"在德国左翼报纸上出现了这幅集成照片，标题是："好哇，黄油用光了！"照片中的男人、女人、婴儿，甚至狗，都在"吃"钢铁，以讥讽纳粹要枪炮不要黄油的政策。

ФАШИЗМ
НАСТУПАЕТ

РАЗДАВИМ ГАДИНУ
МОЩНЫМ КОНТРНАСТУПЛЕНИЕМ
ПРОЛЕТАРИАТА

对于纳粹德国的崛起，欧洲陷入一派难堪的沉寂。只有欧洲最东边的苏联发出了愤怒的声音：打倒法西斯。由于苏德有外交关系，那时苏联宣传画作者手下留情，画上的法西斯坏蛋形象，暂时不具希特勒的面部特征，而是苏联绘画宣传作品中常见的大资本家形象。

重返烽烟现场

——肉眼所见的二战进程

绥靖

从奥地利到苏台德 »

法西斯的概念，并非出自希特勒的手笔。早在1919年3月，100多名极端分子和投机分子在意大利米兰举行集会，铁匠的儿子、教师出身的右翼政客贝尼托·墨索里尼把各色人等纠合在一起，成立了“战斗的法西斯”组织。“法西斯”这个词是意大利文的音译，指中间插着一把斧头的“束棒”，是古罗马的权力标志，象征着暴力和强权。这是墨索里尼在一次集会上演讲的照片。这个人有一流的口才和一流的感染力，却只有三四流的政治智慧。至于他的治国能力，可以说是不入流的。

一战后，意大利全国面临无政府状态，共产党与社会党控制着工会，很多人担心布尔什维克式的共产革命来临。1921年，墨索里尼煽动上百万人涌上罗马街头，史称“进军罗马”。意大利经济全面萧条，需要铁腕人物扭转乾坤。国王维克托·伊曼纽尔三世在1922年10月30日邀请墨索里尼及他所领导的法西斯党组成政府。法西斯党人上台后依然保留自己的非正规武装，用以打击无政府主义者、共产党人和社会主义者。在几年时间内，墨索里尼就巩固了自己的独裁地位，意大利也沦为警察国家。相较而言，希特勒那时正在慕尼黑街头组织冲锋队打架斗殴，爬到墨索里尼这步，起码还得10年。

希特勒也有演员天分，早期言行中处处流露出仿效“师傅”的痕迹。1934 年 6 月 14 日，希特勒前往威尼斯，头一次会晤法西斯前辈墨索里尼。这次的出场效果不好，在“前辈”面前显得猥琐，身心很不自在。“领袖”轻率地接待了这位谦卑的朝拜者，不耐烦地听取了他关于加强两国关系的请求，事后对人说，这家伙是个疯子。

犹太人是古老的民族，不管走到哪儿都保留着本民族特征及宗教信仰、宗教习俗，而且长于经商，聚敛财富。欧洲历史上曾屡次掀起排犹运动。希特勒上台后，排犹运动再起。1935 年 9 月德国颁布《纽伦堡法》剥夺犹太人的德国公民籍，使他们沦为“属民”地位，同时禁止犹太人和亚利安人通婚。大约有 60 万犹太人失去德国的国籍，受到株连的有部分犹太血统的人（父母有一方是犹太人的），大量犹太人被迫迁徙，有的去了中国上海。这是一幅壁画，反映了德籍犹太人被驱逐出祖国，到达纽约时的悲惨情景。

潘多拉盒子轻而易举地打开了。戈林成为普鲁士邦政府总理，领导展开了“对犹太人的狩猎活动”。冲锋队倾巢出动，封闭砸抢犹太人的商店，写上诽谤性语言，用红油漆画上“大卫星”。当时，哪怕是最睿智的犹太贤哲，也不可能估计到纳粹在这条路上会走得那么远。希特勒为什么如此憎恨犹太人？西方史学家认为，希特勒的反犹情绪可能来自于性压抑。他在维也纳捞世界时，已经20多岁了，却还是童身，用他的话来说，他身边那些“长着罗圈腿的犹太狗杂种”却在和亚利安女子通婚。他因此经历了所谓“精神上的最大震荡时刻”，从此便与犹太人不共戴天了。纳粹早期成员无奇不有，有马贩子、酒保、屠夫、保镖……最多的是退伍军人。他们的经历多有暧昧之处，杀过人的、拉皮条的、性欲倒错的、吸毒贩毒的或寻常无赖，但清一色憎恨犹太人。

与排犹运动并行，日耳曼人被说成是世界上最优秀的种族。当年在慕尼黑的大牢里，希特勒口授过一本书，把荒诞不经、道听途说的奇思怪想和半瓶子醋的“理论”集大成。最初的书名挺长，也挺乏味，叫《四年半来对谎言、愚蠢和胆怯的斗争》。精明的出版商不喜欢没有生意眼的书名，另起了一个挺叫座的名儿：《我的奋斗》。这部“德国人的圣经”里，最荒谬的东西却又表述得最明确：日耳曼人是主宰民族，要成为地球的主人，世界上其他民族要为日耳曼人扩大生存空间腾地方。图中这些女孩子对此说深信不疑。

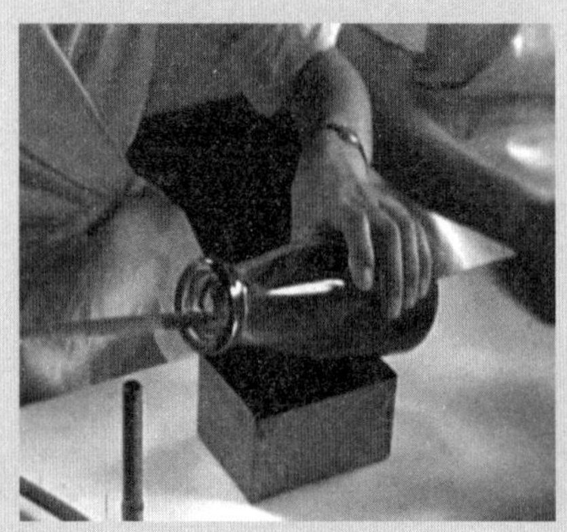

希特勒说：“他们不知从哪儿找到一个头骨就说是我们的祖先。我可以肯定地说，我们的祖先不是尼安格特人，我们是古希腊人的后裔。”头骨理论是纳粹种族主义理论的重要组成部分。纳粹称在当今世界上，亚利安人的头骨是唯一合乎标准的头骨，其他种族则是不合乎标准的头骨。纳粹因此在全德掀起颅骨鉴定和血缘甄别活动。

希特勒喜欢与纳粹的“元老”们忆旧。有一个念头，希特勒已揣了十几年。当他以退伍下士的身份在慕尼黑小啤酒馆里为那个小党起草纲领时，第一条便是所有日耳曼人要在一个大德意志国家内统一起来。那时他就瞄上了两个邻国：一个是奥地利，那里有600万日耳曼人；另一个是捷克斯洛伐克与德国接壤的苏台德地区，那里有300万日耳曼人。他的想法很明确，要把这些日耳曼人及其脚下的国土通通“统一”到德国。在他看来，这是日耳曼人的家务事。那时他太渺小，太不足道，喧闹的德国听不到他的声音。他当了总理后，初衷不改，竟要兑现那个在啤酒馆里发酵出来的梦想。

在奥地利，接替陶尔斐斯担任总理的是原政法教育部长苏士尼格。希特勒扬言，此人充其量是当小学老师的材料，不堪一击。1938年2月，他约“小学老师”到德奥边境的伯希斯特加登别墅会谈。他又叫又嚷，又蹦又跳，强迫苏士尼格一周内把总理职务交给奥地利纳粹头子赛斯—英夸特，如若不然，德军在半个小时内就会把奥地利可笑的防务碾碎。苏士尼格万般无奈，只得再去搬靠山。此刻的墨索里尼行情变了，推托意军正在非洲作战，拒绝再次为奥地利提供保护。

奥地利的纳粹分子冲上了维也纳街头，蜂拥奔突，这是有意制造出来的骚乱。有的地方把模拟的苏士尼格悬吊起来。赛斯—英夸特随即按照德国人草拟的电报稿发报，要求希特勒派遣德国军队到奥地利来镇压骚乱。

3 年之后，风头变了。1937 年，墨索里尼访问德国，柏林——罗马轴心正式形成。希特勒为他安排了盛大的阅兵式。当德军方阵从墨索里尼面前经过时，当年的“领袖”掂出了自己的分量。轴心国不论资排辈，而以实力排座次，希特勒自然成了盟主。至此，希特勒便要重提奥地利的旧事了。

希特勒拿到这份电报，随即发布进军命令。德军向维也纳挺进途中，苏士尼格政府下台，以赛斯—英夸特为首的清一色纳粹分子组成的内阁，接管了奥地利。

1938 年 4 月的维也纳。在纳粹一手操纵的公民投票中，99.75% 的奥地利人赞成德奥合并。

卖国贼赛斯—英夸特为希特勒的“回家”举行庆典。希特勒年轻时在维也纳混过，那是他所说的“一生中最悲惨的时期”。他在《我的奋斗》中写道：“对许多人来说，维也纳是尽情享受的天堂，寻欢作乐的场所，而对我来说，这个逍遥自在的城市的名字，所代表的就是5年艰苦贫困的生活。”现在，前流浪汉回来了，在他曾衣衫褴褛地踯躅徘徊的街道，受到热烈欢迎。此一时彼一时，竟隔若天渊。庆典中，希特勒有点发晕，坐不住了，兴奋地左顾右盼。

奥地利军队与德军联合阅兵。臭名昭著的犹大总理赛斯—英夸特向希特勒呈上德奥合并的法律草案，开头就说：“奥地利是德国的一个省。”仅这句话，就让希特勒欢喜得流了泪。

希特勒出生于德国巴伐利亚边境另一侧的奥地利勃劳瑙镇。他衣锦还乡回到了维也纳，却并没有回到出生地看看。而这个小镇却自作多情地为他举行了仪式。

集结在德捷边境的德军军官在看体育比赛。英法政府从根子上对希特勒采取绥靖立场，不可能为苏台德与德国迎头相撞。但希特勒不摸实底，还在为入侵找说得过去的借口。像奥地利一样，他又启动了一个特洛伊木马。1938 年 9 月，苏台德纳粹分子以“自治”名义发动叛乱，希特勒随即抛出几个“案例”，说有几个苏台德日耳曼男人被“阉”了。在通常情况下，这种说法是入侵的信号。战争似乎迫在眉睫，其实不然。希特勒的将军们指出，如果德军东进，法军会从西边突破德国的西壁防线，直捣鲁尔，德国就完了。希特勒这时骂人了，咆哮道：谁要守不住西壁，谁就是“狗崽子”！

奥地利完全照搬纳粹制度，都行纳粹礼仪，连孩子也不例外。

在欧洲地图上，捷克斯洛伐克就像一条从东向西蠕动的大虫子，西端呈三角形，楔入德国东部。三角地带被称为苏台德，居住着 300 多万日耳曼人。德奥合并后，德国从 3 个方向上裹住了苏台德，拿下苏台德如探囊取物。希特勒主要担心英法干预，命令德军向德国与苏台德接壤地区集结。这个动作真假掺半，他不过是想测试英法政府的反应程度。

把希特勒从窘境中解脱出来的倒是英国首相张伯伦。希特勒硬撑着，张伯伦先沉不住气了，说要过去谈谈。希特勒接到电报后惊喜地大叫起来，张伯伦降尊纡贵上门谈判，表明英国更不愿打仗。希特勒没猜错。1938 年 9 月中旬，张伯伦一路风尘赶到伯希斯特加登别墅，只为捎一句话：他个人承认苏台德区脱离捷克斯洛伐克。消息迅速扩散，捷克斯洛伐克总理贝奈斯宣布寸土不让，人民走上街头。张伯伦冷漠地说：布拉格要愿意打就打好了，没人会帮忙。右边这位拿着帽子的就是张伯伦。左边板着面孔的这位，是纳粹德国外交部长里宾特洛甫。

希特勒和他最钟爱的狗在瓦亨菲尔德别墅。这幢别墅位于德奥边境附近的伯希斯特加登，最初是希特勒以每月 100 马克租金向汉堡一位工业家的寡妻租的。希特勒发迹后，别墅的产权不清楚。希特勒经常在这儿接待重要客人，纳粹的不少重大决策也是在这里产生的。

9 月 22 日，张伯伦再度来到伯希特斯加登别墅，宣称已征得有关国家同意把苏台德区割让给德国。希特勒像个最善于敲竹杠的买卖人，一摸到对方的底价，马上就涨价了，说 10 月 1 日是德军占领苏台德的最后期限。这一次，希特勒玩儿大了，没有把握好火候。英法和捷克斯洛伐克不能容忍希特勒得寸进尺，同时拒绝了最后通谍。布拉格紧急动员起来，宣布可用于战争的野战军达 80 万人。巴黎声称在几天之内可以出动 65 个师。伦敦人挖防空壕，疏散儿童，迁移医院。

希特勒的情妇爱娃·勃劳恩。在有关回忆录中，她喜欢把自己打扮成邻家女孩儿的样子。但是办不到，不仅是她的身份太特殊，而且她和希特勒那种稀奇古怪的关系，不可能带来丝毫清静。

9月29日，希特勒和墨索里尼、张伯伦、达拉第在慕尼黑柯尼斯广场元首府签署了《慕尼黑协定》，捷克斯洛伐克割让苏台德区和那里的包括80万捷克人在内的360万人口，丧失大部分重工业和能源工业。10月1日，在预定入侵时间，德军进入苏台德区。在绥靖的祭坛上，捷克斯洛伐克被出卖了。

同一天，绥靖主义的建筑师们打道回府。达拉第原以为一下飞机就会被绞死，但却受到了意想不到的欢迎。法国人由于自己躲过了战争而把懦弱的总理当成了英雄。英国人的心情差不多，作曲家为张伯伦编了首歌，赞颂他是“刮刮叫的好人”。张伯伦在机场挥动的这张纸，上面有希特勒随意写的几个字，称德国人不想打仗。对于政治匪徒的几个烂字不能认真，而张伯伦却率真地向公众展示，以表明自己的外交成就。这张纸被丘吉尔讥讽为“倒霉的小纸片儿”。

纳粹德国也在庆祝，是货真价实的庆祝。从奥地利到苏台德，纳粹德国两度面临着腹背受敌的危险，但希特勒的赌徒之胆加上英法的绥靖政策，居然不费一枪一弹就吞并了两大块土地和近千万居民。在这些德国少女心目中，希特勒有如神助。

1936年2月，由左翼势力和自由党组成的人民阵线在西班牙大选中获胜。随后保守派将军们发动了武装叛乱。叛乱开始后，佛朗哥将军率军从摩洛哥进军西班牙。纳粹德国和意大利支持右翼势力，不但提供军火，而且派军队干涉，控制了西班牙的南部和西部。苏联政府为左翼势力提供了军事援助，派出了军事顾问团。来自50多个国家的志愿者组成了国际纵队，给共和国政府以强有力的支持。图为西班牙共和国的一幅招贴画，号召西班牙人民同“企图奴役我们的意大利入侵者”斗争。

西班牙内战是民主共和国与纳粹德国、意大利支持的军队进行的第一场较量，是一场代理人的战争，也被称为第二次世界大战的序曲。西班牙人民进行了长达3年的充满英雄主义的荣誉之战。1937年4月，德国空军轰炸了巴斯克首府格尔尼卡，炸死了1000多人。这一暴行激怒了著名画家毕加索，他创作了这幅名作《格尔尼卡》，以追悼被德军炸死的平民。这幅画展出后，引起了巨大轰动。

重返烽烟现场

——肉眼所见的二战进程

中国

从卢沟桥到南京 >>

远处那座山峰，是日本的符号：富士山。自1868年明治维新后，日本迅速地成长为封建军事帝国主义国家。具有讽刺意味的是，明治天皇之所以维新变法，是接受了中国在鸦片战争中失败的教训，而维新一旦“维”出点“新”名堂，国力有所增强，却调过头打上了中国的主意。

西方观察家注意到，在民族文化的躯壳下面，日本国民日益都市化，越来越迷恋西方生活方式，不仅喜欢上了汽车，还喜欢上了爵士乐和好莱坞的电影。

日本国土面积不到38万平方公里，大部分为山地和丘陵，资源贫乏，地震频仍，人口却近亿。不说明代倭寇侵华那些陈年老事，自近代以来，日本屡屡搅得中国不得安宁。从甲午战争侵华、充任八国联军一部侵华、在中国东北进行日俄战争，到一战初期霸占中国的山东，日本军国主义者形成了向中国扩张的习惯性思路。这种思路心照不宣，却引而不发。什么时候凸显呢？

在北洋军阀时期，东三省的事由张作霖说了算。这是一幅早期张作霖的照片。其子张学良那时还是个“小不点儿”，却也打扮得像个将领，“少帅”之称，这时初露端倪。

天皇扮演的角色，是日本以外的人难以理解的。理论上，天皇拥有绝对权力，国事方面的一切决定都要经天皇批准。但按照传统，只要内阁和军队首脑一致同意的事，天皇就不得不批准。虽然有这样的限制，但全国只有天皇能够行使告诫或行使批准权，而自己又不会受牵连。重要的是，每个日本人都誓死效忠天皇，这种道德力量是如此之大，以至天皇不能轻易动用，而只能含糊其辞，对于重大决策，习惯说半截子话。裕仁是个微微驼背、圆肩膀的小个子，外国人说他长得像个村长。他不修边幅，邋里邋遢，喜欢喝威士忌，兴趣主要是海洋生物学。他是明治天皇的孙子、大正天皇的儿子，于 1926 年即位。日本军国主义者以天皇为依托，越来越明确地形成所谓“根本国策”，即从“满蒙”下手，进而吞并中国。所说的“满蒙”，主要是指中国东三省。

日本有的史学家称，1923 年是个重要转折点。这年 9 月发生了关东大地震，死伤无数，损失惨重。日本军界中的激烈分子（西方舆论也称为“日军中的民族主义者”）越发觉得自己的国土条件恶劣，得挪个窝。从此，日本军国主义者向中国扩张领土的心情更加强烈。日本财阀操纵着日本全部资源的六成，鼓动整军备战，发动侵华战争。

1931年7月日本仍然处于不景气的状态。图为东京免费住宿处挤满了贫民。

奉系军阀张作霖表现出将与蒋介石合作的迹象。日本关东军少壮派于1928年在皇姑屯炸死了张作霖，逼迫张作霖的儿子、东北军总长官张学良继续同日本合作。张学良通身洋溢着当家大少爷的率性，与日本结下不共戴天之仇，宣布“东北易帜”，归顺蒋介石领导的南京国民政府。图为张学良1930年10月就任国民革命军陆海空军副司令的情景，也是他政治生涯的巅峰时刻。

失去对中国东北本地军阀的控制后，日本军国主义者急眼了。1931年9月18日，盘据在东北的关东军在沈阳柳条沟炸坏南满铁路一根钢轨，反诬东北军挑衅，当夜进攻驻扎东北军的北大营，次日占领沈阳、长春等南满铁路沿线要地。这幅美国漫画猛烈抨击日本完全无视国际条约的行径。

日本国内掀起战争狂热，这是日本国民在火车站欢送赴华侵略东北的日军。“九一八”事件后，日本帝国主义侵华步骤环环相扣，步步紧逼。他们随即盯上了上海。

这是30年代初期的上海，开埠尚不足百年，却已成为中国最大，也是最重要的工商城市。

驻守上海的第19路军奋起抵抗。在一个多月的战斗中，日军伤亡万余人，三易主帅而不能有所推进。由于国民党政府实行不抵抗政策，致使第19路军被迫撤离上海。

这不是男孩子玩儿打仗。日本人口远远少于中国，为了满足大规模侵华战争的需要，把男孩子投入军训。

日军继续向关内进犯，陆续占领河北、察哈尔、绥远各一部，严重威胁到中华民族的生存。1935年12月4日，蒋介石亲临西安督战，令东北军将领张学良和西北军将领杨虎城继续进攻红军。张学良、杨虎城被逼无奈，于12月12日发动兵变，在临潼华清池扣押蒋介石。中国共产党确定了和平解决西安事变的方针，派周恩来等赴西安谈判，迫使蒋介石接受停止“剿共”、联合红军抗日等条件。

日本军国主义者在中国东三省一手炮制了傀儡政权伪满洲国。不仅如此，还卑鄙地为入侵华北辩护，称华北驻扎着威胁伪满洲国的中国军队。这幅谴责日本军国主义蔑视国际条约的美国漫画，获得了当年的普利策奖。

日本侵占东北全境后，意犹未尽，涌进山海关，蚕食热河省和华北，向长城一线进犯。1933年3月9日，日军占领长城喜峰口。原属西北军的第29军将士夺回喜峰口，在长城一线抵御进犯的日军，史称“长城抗战”。

日本侵华屡屡得手，中国丧师失地，主要原因是蒋介石坚持“攘外必先安内”的政策，幻想国联主持正义，制止日本侵略，因此对日本进犯采取不抵抗政策，一让再让，一忍再忍。这幅美国漫画名为“一块一块”，称日本军国主义者有计划地一块一块地掠夺中国领土。

20 世纪初，八国联军侵华，那七国军队捞足实惠后，就各走各的了，唯独日军不善罢甘休，取得在北京、天津和北京到山海关铁路沿线要地驻兵权，设“华北驻屯军”。1937 年 7 月 7 日，驻丰台的驻屯军以寻找一名失踪士兵为借口，向宛平城发动进攻。驻宛平的第 29 军吉星文团坚决抵抗。卢沟桥的枪声，标志着中国抗日战争爆发。

卢沟桥事变后，蒋介石态度强硬，在庐山发表谈话称，发生在卢沟桥的事件已经退让到最后关头，如战端一开，那就地无分南北，人无分老幼，无论何人皆有守土抗战之责任。

中国共产党领导的工农红军抵达陕北为时不久。这支军队人数少，装备差，无外援，但有抗战的热忱和决心。卢沟桥事变后，毛泽东为首的中共中央通电请缨开赴华北抗日。中共中央向国民党提出的诺言，情辞恳切，发自肺腑。包括：本党将取消一切暴动政策，取消现在的苏维埃政府，取消红军的名义和番号，但求精诚团结，共赴国难。

卢沟桥事变后，日本大本营策划一举攻占中国经济中最重要的城市上海及其附近地域，堵住从海路提供补给的口子。在这个多雨的夏季，上海到处是湿漉漉的。此刻，北平和天津已先后失陷，上海百姓对战事将临有思想准备。

这是刚刚抵达上海的日本军队。他们都是来自大阪的学生。8 月 13 日，日军大举进攻上海，淞沪会战由此开始。

淞沪会战历时3个多月，中国有40万军队参战，日军参战兵力逐渐递增至20万。会战之初，中国军队曾给进犯日军沉重打击，日军固守待援，战斗处于胶着状态。图为十九路军战士在战斗中。

上海是娇嫩的，是中国的一颗经不起摧残的经济心脏。日本人的炸弹没有炸死几个人，却造成了居民极大的恐慌。居民的大规模流动迟滞了中国军队的行动。反观日军，无所顾忌，越打越放肆。图为遭遇中国军队反击，被困守在四明公所的日军。

日本援军主要是从本土海运来的，日军大部队在上海郊区的张家浜、川沙口强行登陆后，猛扑中国守军，双方展开血战。日军集中舰炮，轰击吴淞口中国阵地，攻夺宝山县城。中国军队经月余鏖战，未能奏效，战斗力明显下降，开始全线退守，实行所谓“韧性抵抗”。

9月30日，日军发动总攻，相继攻占大场、江湾、真如等地，切断了沪宁铁路，对上海左后方造成严重威胁。10月底，日军大本营为尽快拿下上海，决定在杭州湾北岸实施登陆。日军3个师团登陆后侵占松江城，在上海市区防御的中国军队处于日军夹击之下，后方主要交通线被切断。国民党军事当局已无兵可调，遂下令放弃上海。

从上海撤出的中国军队向皖南、南京溃退，日军尾随而来，沿沪宁铁路及长江直逼南京。国民党海军封锁长江航道，大部分舰只被击毁；国民党空军攻击日舰及支援陆军战斗，但制空权在日军手里。

日军进逼到南京附近，中国军队既无飞机又无舰艇。这是抵达南京城下的日军。

南京的地理形势不利于防御，蒋介石原本没有打算固守，考虑到首都不战而弃不好交待，匆匆命令从前线回撤部队中调5个军至南京外围组织防御。这道命令下得太迟，前线回撤部队有的没赶到，到达的也没有时间组织防御，南京外围阵地相继失守，日军先后由光华门、中山门、中华门突入城内。

日军凶残地杀戮没有来得及撤退的中国军人。

重返烽烟现场

——肉眼所见的二战进程

波兰

从华沙到布列斯特 »

波兰也算是欧洲大国之一。但这个所谓大国的不幸，在于夹在两个强悍的大国之间：东边是以扩张著称的沙皇俄国，西边是以黩武闻名的普鲁士。几百年来，波兰被普鲁士和沙俄三次瓜分，从欧洲版图上消失达123年之久，直至一战后才重新独立。《凡尔赛和约》把普鲁士占领的部分领土归还波兰，建立了“波兰走廊”，波兰就此有了一小段海岸线。在凡尔赛体系中，纳粹德国最为怨恨的是领土被分成两块，东普鲁士是前普鲁士王国最东边的省，“波兰走廊”把它与德国的主要部分隔绝开来。1939年3月23日，纳粹德国要求波兰归还但泽走廊，重新瓜分受到国联保护的但泽市。世界认识到，但泽走廊成为希特勒发动世界大战的借口。

纳粹德国拿到苏台德后，乘着余兴占领了捷克斯洛伐克全境。从这时起，德军从北、西、南三个方向围住了波兰。

1939春，希特勒给武装部队下达“白色方案”。:8月底或9月初入侵波兰。奥地利和苏台德是讹诈来的，一枪未放，但希特勒意犹未尽，作为前步兵下士，梦想着品尝统率三军作战的滋味：“和平吞并的事情再也不能重演了，这回要打仗了。”他渴望战争，甚至害怕再有张伯伦那样的人出面调停。德军将领记下了他此时的一句话：“谁出面调停，谁就是癞皮狗！”

波兰的防务很单薄。它的空军已经过时，陆军臃肿不灵，海军近乎为零。这是波兰共和国的阅兵式，武装力量中看家的家伙一览无余。

几尊大炮轰轰隆隆地经过检阅台，这是撑门面的。波军没有像样的重型装备，除了几门重炮，还有几辆像小轿车那么大的坦克。仅此而已。

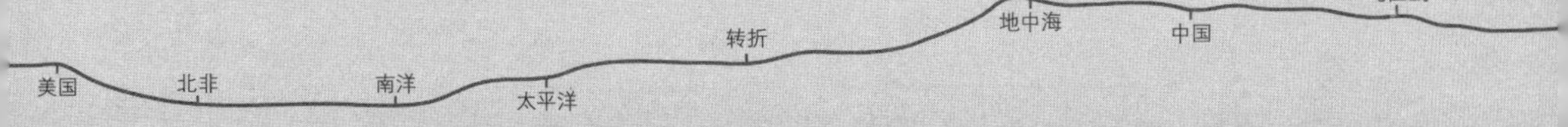

希特勒在德国国会演讲，他重复：对波兰绝不妥协，要得到但泽通道！对英国和法国的动作，希特勒显得掉以轻心，对将领们轻飘地说：“在慕尼黑会议上，我领教过英法政府的头面人物，他们根本不是能打世界战争的材料。再说这俩国家凭什么同我们打仗？他们根本不肯为小小的波兰找死！”7 月 28 日传来消息，英法军事代表团将赴莫斯科，商讨成立共同抗德联盟。这时距希特勒的“白色方案”实施日期还有三十几天。从这时起，苏联骤然成为希特勒关注的焦点。

这是苏联内战结束后的照片，坐在斯大林旁边的是伏罗希洛夫，后来成为苏联军事领导人。8 月 20 日，英法军事代表团与苏联政府磋商抗击纳粹德国，伏罗希洛夫就苏联参战问题提出一个无可指摘的要求：苏军既然要保卫波兰，抗击纳粹入侵，波兰就应当允许苏军进入波兰境内。但是，波兰政府对苏联人的戒心并不比对德国人的小，断然拒绝苏军开进波兰。波兰人砰地一声把大门关死了，英法军事代表团也没有办法，只得原原本本告知伏罗希洛夫，伏罗希洛夫无可奈何地说，既然是这样，那就只好等待某个政治事件发生了。

伏罗希洛夫暗示的“政治事件”，两天后发生了。8月23日，纳粹德国外交部长里宾特洛甫带着希特勒亲笔签署的全权证书飞离柏林，到达莫斯科，与苏联缔结《苏德互不侵犯条约》，规定缔约双方相互不使用武力，也不参加反对缔约国另一方的国家集团。

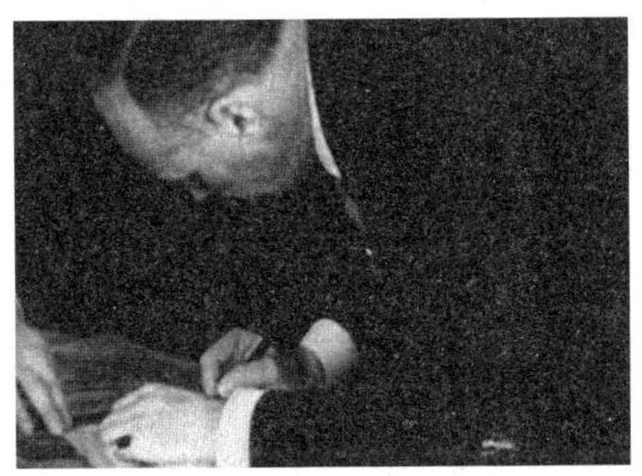

里宾特洛甫上午到达莫斯科，下午便赶到克里姆林宫会见斯大林。当晚，双方便签署了一经签字立即生效的《苏德互不侵犯条约》。这是里宾特洛甫签字的情景。

苏联方面签字的是外交人民委员莫洛托夫。里宾特洛甫曾说，莫洛托夫长了副穷酸样，像个苦哈哈的乡村会计。而为了签署这项条约，他巴结“乡村会计”已有日子了。

多年来，苏联作为社会主义的孤岛，在资本主义的夹缝中生存，时下最大顾虑是希特勒这条疯狗被引向东来，迫使尚未做好准备的苏联与之提前相撞。再说，苏联也没必要牺牲自己去保全资本主义的这国或那国。斯大林说得很透：“苏联绝不会因为资本主义国家之间的争夺而充当一方的炮灰。”苏联政府同意与德国签约，只是为了暂时避开战争，完成战备。签约过程顺利，只有一个小小分歧。里宾特洛甫要在条约的前言中加一段关于德苏友谊的话，被斯大林拒绝了。斯大林冷冷地说：“我无法向苏联人民解释，我们与纳粹之间还有什么友谊。纳粹往苏联政府脸上抹了这么些年的屎，到这种时候，苏德两国互不侵犯就是了，就别谈什么友谊了。”

入侵波兰的德军分为两路，南路集团军以华沙为总进攻方向，北路集团军负责打通波兰走廊，把德国主体部分与东普鲁士重新连接起来。这是隐蔽在树林里的德国坦克。

根据“白色方案”，德军在8月底9月初进攻波兰。8月31日，150万德军陆续到达波兰边境的发起地域。

9月1日破晓时分，德军大举入侵波兰。这一日后来被定为第二次世界大战的爆发日。

天空中，德国机群吼叫着飞向目标区。不到48小时，波兰空军就被摧毁。500架第一线作战飞机中的大部分还没有起飞，就在机场上被炸成一堆堆废金属。

德军的一名下级军官。8月31日夜晚，德军身穿波军制服，占领了靠近波兰边境格莱维茨的一个小镇，捣毁了小镇电台，并向空中鸣枪。随后正在接听该电台节目的德国民众听到一个操着波兰口音的嗓音宣布：“波兰和德国之间的战争就要打响了！波兰人民团结起来，打倒德国鬼子，打倒所有反对我们进行战争的德国人！”讲话者是被纳粹强迫穿上波兰军服的囚犯，他随即被纳粹党卫军杀害。这是由盖世太保头目海德里亲自导演的“波兰入侵”德国的阴谋。第二天上午10点，希特勒宣布德国遭到了波兰的入侵，德国被迫予以还击。

波军的一支骑兵部队。看那动静，像是倒回了古战场。而现在的边境保卫战就看他们的了。

德国士兵于1939年9月1日将波兰边界的栏杆搬走。这一天波兰被入侵，第二次世界大战开始。

波兰人进行了顽强抵抗，骑兵冒死冲向德军装甲部队。这是战马与坦克的搏斗、步枪与火炮的对抗，也是古代与现代的搏斗，波军尽管不乏忠勇无畏的骑兵，但在一次又一次的无望挣扎中，留下一个又一个惨遭屠戮，横尸遍野的战场。

德国步兵在华沙郊外 的电车停车场附近的战壕里，等待对华沙发动最后进攻。

不到一星期，波兰陆军便被击溃了。波兰来得及动员的35个师，大部分不是被打散了架子，就是在钳形攻势下陷入重围。这是德军捕获的第一批波军俘虏。

部分波军士兵放下武器。

9月17日，大局已定。波军将领和德军将领在华沙郊区的一辆汽车上签订了停火协议。对于一个自尊的民族来说，波兰完了。

纳粹装甲师在波兰的领土上疾驰，如入无人之境；摩托化步兵在坎坷不平的道路上以每小时60公里的速度向波兰的纵深发展。

一名悲伤的波兰孩子在被德国飞机炸死的姐姐尸体旁哭泣。

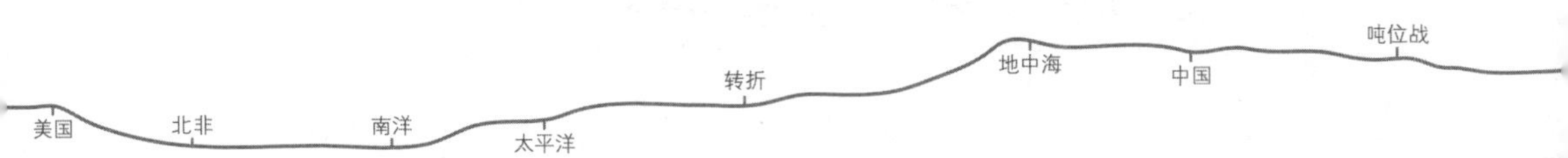

纳粹德国与苏联缔结互不侵犯条约后，德国从西面入侵波兰，苏军则占领波兰东半部。这是苏军捕获的一个波军军官。在波兰战役中，苏军俘虏了波军官兵十几万人，其中军官在15 000人以上。

9月18日，苏军军官与德军军官在布格河畔的布列斯特碰头，至此双方谁也不前进了。在有关二战的书籍中，这幅照片被大量引用，让史家玩味无穷，它成为《苏德互不侵犯条约》附有“秘密条款”的主要证据。“秘密条款”主要包括两方面内容：一是规定苏德在波罗的海国家的势力划分；二是规定了苏德在波兰的军事分界线。

波兰战役开始前，英国和法国政府态度强硬，希特勒动了真格后，它们的表现与事前所说相去甚远。英国于9月3日向纳粹德国宣战，皇家空军空袭了基尔军港，却在欧洲大陆一个兵也没有。同在9月3日，法国向德国宣战，法国陆军却并没像事先所说，趁此机会直捣德国虚弱的西壁，而是躲在钢筋水泥工事后面静静地坐着，眼睁睁地看着一个唐吉诃德式的英勇国家被消灭了。这是德国军乐团在庆祝波兰战役胜利。

波兰百万军队中，有六七十万人被俘，逃往国外的不足10万人，伤亡人数不详。大量波军战俘离开波兰。德军把他们押回国做苦工，苏军的做法也差不多。不同的是，去苏联的战俘后来全部遇害，酿成“卡廷森林事件”。

波兰战事结束后，德军掉脸对付英军和法军，英国远征军这时已经进入法国，但英法联军很长时间没放过一枪，就是干坐着，被戏称为“静坐战”，也被称为“假战争”。丘吉尔讥讽说：“巴黎和伦敦以为坐着就能把那笔债躲过去。”这时德军在战壕里无所事事，每天听唱片打发时间。

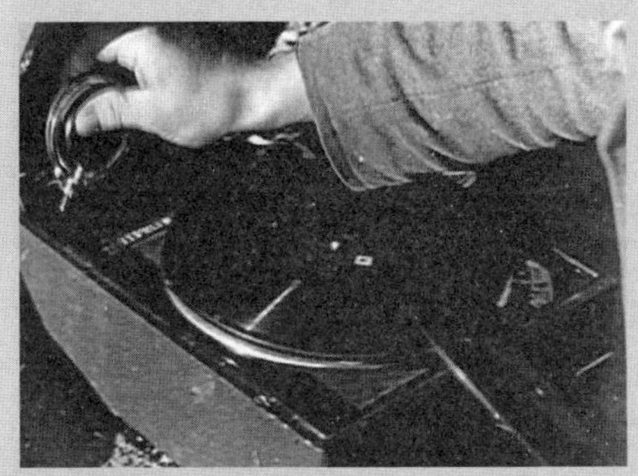

对阵的双方官兵都热爱音乐，热爱莫扎特、贝多芬和斯特劳斯，冰冷的战壕里经常传出手摇留声机的声音。据说，德军还和对面战壕里的英军交换过唱片。

直至这年冬季，德军仍然陪着对面的英法联军在战壕里“静坐”。吞掉波兰后，希特勒得想想往后的仗该怎么打了，因此不大嚷嚷了，难得地安静了几天。

第二次世界大战风风火火地拉开了大幕，舞台却骤然沉寂下来。但是，不管怎么说，战争的机器一经启动是无法停顿的，第二次世界大战毕竟是开始了。

重返烽烟现场

——肉眼所见的二战进程

欧洲

从奥斯陆到巴黎

>>

“在浩瀚的历史中，我们每个人都是小虫子。不过，我是一只萤火虫。”这话是温斯顿·丘吉尔说的。他 27 岁进入英国下院，此后宦海生涯几起几落。或许是大智若愚，连极力辅佐他的政界前辈也说，这家伙傻乎乎的。心理学家则认为，他一辈子也未摆脱儿童性格。临近大战时，他由于动阑尾炎手术未能参加竞选，结果落选了。德军入侵波兰后，张伯伦把他召回，担任海军大臣——这是他 25 年前曾经担任过的职务。“温斯顿回来了！”消息传遍了英国舰队。但这一次，他却不满足于重新入阁。由于绥靖政策而信誉扫地的张伯伦，在首相位置上坐不住了，风雨飘摇之际，谁来接替？丘吉尔接过了手，这只已 65 岁的萤火虫打算去照亮历史了。

丘吉尔准备重振英国时，希特勒正准备结束旷日持久的“静坐战”。这回又是去打谁呢？在希特勒眼里，法国是德国最大的仇家，近几百年来的欧洲历史，就是法兰西和普鲁士打冤家的历史。他在《我的奋斗》中说，德国要向“不共戴天的死敌法国”算总账，但在拿下法国之前，得把战场侧翼打扫干净。

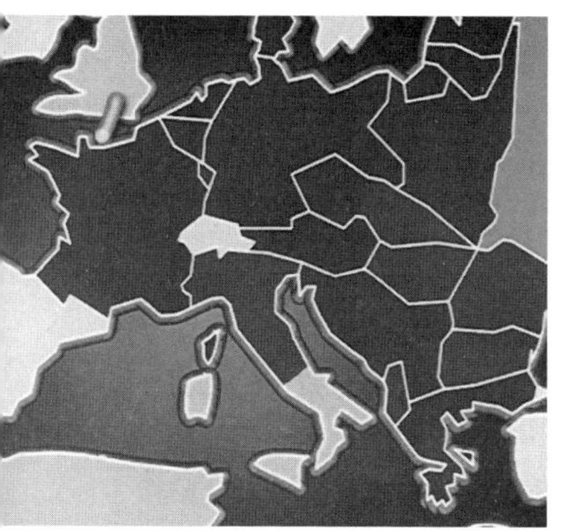

德国主海岸线濒临波罗的海，波罗的海出海口狭窄，像条大口袋，袋口是丹麦控制的水道。如果敌对国家在水道上布雷，德国舰队会被闷在大口袋里。上次大战中，英国皇家海军在北海部署了封锁线，阻碍了德国潜艇溜进大西洋，连商船也不能出海，这一手把德意志帝国窒息得喘不过气来。战后，德国海军痛定思痛，认准了一个地理事实，将来对英国作战，必须控制丹麦，设法在挪威获得海军基地，这样才能打破英国的海上封锁，为德国海面与水下舰艇开通广阔的海路，进而对不列颠群岛实施有效的封锁。

1940 年 4 月初，英国政府得到情报：德国在北部港口集中了兵力，目标是斯堪的纳维亚半岛某地，估计与挪威纳尔维克港的铁矿砂运输有关。德国的坦克、大炮生产，主要依靠从瑞典进口的铁矿砂。严冬时节，波罗的海冰封，瑞典铁矿砂只能用铁路运到挪威北方的不冻港纳尔维克，再用船沿挪威海岸运入德国。如果英国抢先一步占领纳尔维克，截断瑞典铁矿砂的运输线，以钢铁为原料的德国军火生产便会大半瘫痪。英国内阁批准在挪威航道上布雷，并派英法联军一部在纳尔维克登陆。

丹麦位于德国北部，是一个和平快乐的岛国。德军装甲部队无遮无拦地闯进来，没有遇到值得一提的抵抗。德国运兵船天刚亮就进了哥本哈根港，泊在丹麦海军的岸炮底下，谁要有心放几炮，这几船兵就完了，但居然没人动。只是在丹麦王宫附近，禁卫军稀稀落落地放了几枪。

到丹麦人吃完这天的早饭时，他们的国王——好脾气的、乐天知命的克里斯蒂安十世已经落到了德军手里。

挪威有一支10 000多人的军队，几十架老式飞机，没有坦克。它的一串大西洋港口，不是躲在峡湾里，就是有岛屿屏蔽。如果在进入这些港口的水道上敷设水雷，历史也许会出现另一番景观。德军主要目标是挪威首都奥斯陆，在这里他们遇到了意外的猛烈抵抗。在挪威岸炮的打击下，德国特遣舰队几乎全军覆灭。旗舰沉没后，舰队司令游到岸上即成了俘虏。

事实上，奥斯陆陷于一支德国空降部队之手。挪威人遭遇了人类历史上头一次陆海空军协同作战。4 月 9 日下午，挪威沿海的 5 个重要港口和主要机场都已落入德军之手。大胆、欺诈、突袭，使希特勒以很小代价取得了煊赫一时的胜利。

在挪威雪地中作战的德军士兵。奥斯陆陷落后，国王哈康七世带着主要官员出逃。德国空军向他避难的纽伯格宋村投掷炸弹和燃烧弹，以为他完了，但他躲进附近的森林，眼看着小村被夷为平地。4 月 29 日，哈康七世和政府成员乘英国“格拉斯哥”号巡洋舰，到纳尔维克以北的特罗奈姆建立临时首都。

丘吉尔认为，德国之所以出兵挪威，是为了保护通过纳尔维克港的铁矿砂运输线。德国钢铁工业的原料，主要来自于瑞典的铁矿。冬季，波罗的海冰封，瑞典铁矿砂只能通过挪威的纳尔维克港运往德国。如果铁矿砂运不到德国，德国军火工业会大大受损。在纳尔维克港外，英国舰队歼灭了德国特遣舰队。一支英军在纳尔维克登陆，取得了微乎其微的胜利。

纳粹德国征服挪威，得到不少便宜，冬季铁矿砂运输得到保障，保护了通往波罗的海的出海口，为德国潜艇和水面舰只提供了面对大西洋的优良港湾，为德国空军提供了距英国近得多的基地。但希特勒在赚了一把的同时，也赔出去一把，而赔出的恰恰是他最不愿意丧失的。在挪威沿海战斗中，德国海军受到重创，此后始终没有值得一提的舰队。在几个月后的不列颠战役中，这一恶果拖住了希特勒的一条腿。

正如这幅纳粹宣传画所表明的，希特勒在欧洲大陆的主要目标是拿下法国。挪威战役结束，5 月初天气转暖时，德国在西线部署了强大兵力。盟军也集结了重兵。从数量来看，双方势均力敌：德国有 136 个师，法国、比利时、荷兰加上英国远征军共有 135 个师。德军统一指挥，入侵波兰时尝试过新战术和新武器，而盟军也信心十足，法国有难以超越的马其诺防线，比利时有连绵不断的要塞，荷兰有水上防线，坦克也堪与德军匹敌。

阿登森林山高林密，高低起伏。当年法国修建马其诺防线时，认为德军不可能通过阿登森林入侵，所以防线修到这里就终止了。而德军装甲部队恰恰钻了这个空子，隐蔽地通过阿登森林，悄悄向法国接近。

通过阿登森林的德军官兵。由于是偷偷摸摸地抄法国人的后路，他们显得振奋。

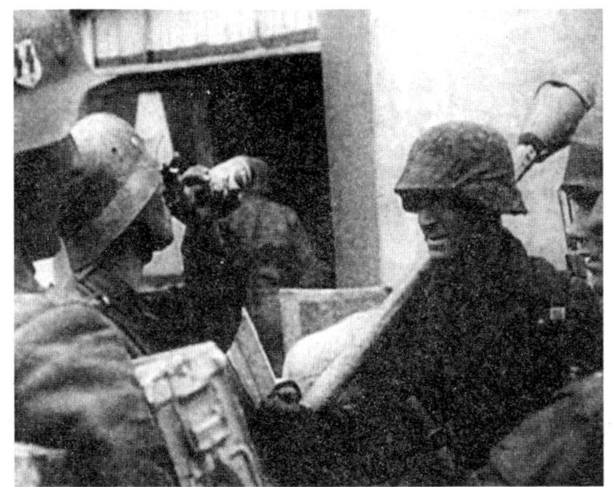

盟军作战计划是上次大战的法国英雄、这次大战的盟军统帅甘末林制定的，他估计德军主要打击目标是比利时，因此要求法国陆军主力和英国远征军驰援比利时。而这一行动却正中希特勒下怀。当一支在数量、机动性和打击力量方面空前的装甲部队，突然出现在盟军的身后时，甘末林傻眼了。

5 月 14 日是法军永志难忘的一天，德军的大规模袭击开始了。惊慌失措的法军在色当郊区大部被歼和被俘。

英国与欧洲大陆隔着英吉利海峡，而德国国土不与海峡相连，中间隔着荷兰、比利时和法国。希特勒强调，必须以闪电速度夺取荷兰和比利时的空军基地，无须考虑它们是中立国家。德军这次进攻既打老对手法国，又将荷兰、比利时、卢森堡 3 个中立小国，猝然置于不宣而战的总体战狂涛之中。

1940 年 5 月至 6 月间，法国在马其诺防线的无效抵抗：德国使用喷火器摧毁了防御工事，并将杀伤力很强的坦克碾过防御工事。

德国亨克尔 HE － 111s 飞机在法国投降前几天于巴黎上空盘旋。不用轰炸巴黎就已经使法国相信：德国只要有古德里安将军的坦克部队所向披靡的前进，便可以征服巴黎。

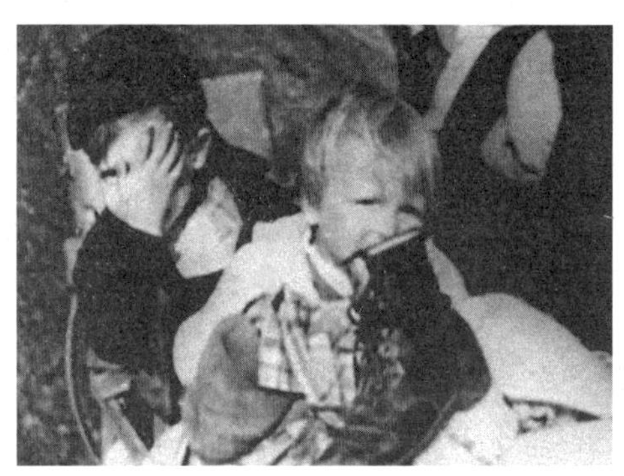

巴黎人开始逃亡。儿童手推车上只放了一只鞋子，可见在逃亡路上，单只的皮鞋也是好东西。

6 月 14 日，巴黎，这座未设防的伟大城市，被德军占领。由于法国政府逃离巴黎，一战英雄、陆军元帅贝当接任总理。他接手的第二天，就向德国要求停战。

希特勒接受停战。但在哪里签订停战协议，得由他说了算。他早已相中一个地方，巴黎附近贡比涅森林中有一节旧车厢，1918 年 11 月 11 日，德国的使节在这节车厢里签署了向协约国投降的协定。希特勒要在同一个地点，让法国人在这个引为民族骄傲的圣地，向德国人俯首称臣。1940 年 6 月 22 日，在这节旧车厢里，希特勒的代表凯特尔向法国使节宣读了极为苛刻的停战协定。

停战协定签字 6 小时以后，法国全境的炮声停止了。德军通过凯旋门，举行入城式。观看德军入场式的人群中，这张令人心酸的脸是许多读者所熟悉的，它作为黑白摄影作品出现在许多书籍中。其实，它是彩色电影胶片中的一格。

在这个时刻，阻挠希特勒建立欧洲霸权的，只有英吉利海峡北岸的那个拒不屈服的民族了。

从北极圈内的北角到波尔多，从布格河到英吉利海峡的东岸，欧洲大部分土地落到了纳粹德国的手里。希特勒几乎霸占整个欧洲，在被占领国家敲骨吸髓。

在上次大战中坚持4年不败而最终取胜的法兰西，在这次战争中刚打了6周就退场了，仅这点就把希特勒不可一世的骄狂推向顶峰。在巴黎期间，他参观了埃菲尔铁塔，而后到荣誉军人院参观拿破仑墓。几年之后，他在东战场指挥部的火炉旁才回味出，那是他一生中自我感觉最伟大的时刻。他现在占有的地盘远超当年的拿破仑。

停战协定给法国留下一块未占领区，首府是维希。未占领区是希特勒手里的一张牌，只要维希政府稍微靠拢盟国，便以占领法国全境相胁迫。领导维西政府的是贝当。这幅宣传画上鼓吹，贝当要领导法国从事一场民族革命。

撤退
从敦刻尔克到多佛尔 »

德军在法国打得热火朝天时，英国远征军却滞留在比利时。和他们作伴的还有法国和比利时的22个师。

得知英国远征军和法国的3个军团无路可走，希特勒激动得语不成声。他下令准备和约，说是要给400年来德国丢失的一切翻本儿。接着下了一道可怕的命令，已占领阿布维尔的军队掉转方向，一路向北，缩紧包围圈，聚歼英国远征军。

比利时战线向西南转移，盟军试图从那里脱身出来。1940年，比利时北部的盟军在左突右冲中被迫退到一个很小的三角地带。

三角形的顶端距海岸约100公里，底部是一段英吉利海峡的海岸线。突围无望了，唯一的希望就是利用这段窄窄的海岸线从海上撤退。英国远征军先头部队小心翼翼地摸进这座小城，那里是一个古老的港口，叫敦刻尔克。

5月24日，在阿布维尔令人惊骇地掉转了方向的古德里安坦克部队，攻占布伦，包围加莱，进抵格拉夫林，前锋距敦刻尔克只有30公里。德国装甲部队摆好阵势，准备投入最后的厮杀。正在这时，接到统帅部的命令：停止前进。杀兴正酣的纳粹官兵莫不为此瞠目结舌。希特勒的这道命令，被认为是他在大战中犯的第一个战术错误。

希特勒为什么突然叫停？驶向敦刻尔克的装甲部队是德国陆军的主力，是希特勒的看家宝。在敦刻尔克，盟军已被困在滩头，只得背水一战。如果德军收紧包围圈合击，双方必然争个鱼死网破，战斗将异常残酷。在这种情况下，希特勒不大舍得把他的宝贝投入最后的短兵相接中。这是德军轰炸机部队在填装炸弹。

野心勃勃，好大喜功的戈林，本来就不甘于所谓“伟大胜利”的功劳全部落到陆军掌中，无论如何也要吃上最后一口，于是向希特勒建议，用空军来收拾这一大包围战的残局。

希特勒同意了，命令装甲部队停止前进，等待空军解决战斗。

在丘吉尔的干预下，紧急救援计划被制定出来，代号“发电机”计划，此计划的第一步是：由英国海军部紧急征集船只，英国沿海的所有千吨以上的船只都被列入紧急救援名单，包括往返于海峡间从事一日游的游艇和临时到英国港口停泊的中立国家游船，赶赴敦刻尔克救援。

英国海军部下达紧急动员令，每个拥有合适船舶的人都可以加入闻所未闻的救援舰队。一时间，又有数以千计的业余水手，驾着他们的帆船，驶出英格兰的江河细流，赶赴炮火连天的敦刻尔克。图为英国士兵游向那里的船只。

希特勒停止进攻的命令，给了盟军意外的喘息机会。英国远征军坐在沙滩上等待着。据亲历者说，入夜时分，沙滩上像是飘荡着成千上万只萤火虫。走近才知道，那不是萤火虫，是黑压压地坐在沙滩上默默等候救援的英国远征军官兵，几乎每个人都在不停地抽着烟。

停止进攻的命令是5月24日晚下达的，德国坦克像大甲虫般停在原地。48小时后，希特勒后悔了。5月26日晚7时，取消了停止前进的命令，“大甲虫”重新开动起来，最后解决战斗。但利用这难得的48小时，盟军部署好了阵地，在重炮的掩护下，可以延缓坦克冲击了。

直到5月30日，德军统帅部才发现敦刻尔克发生了什么事情。在此之前，他们一直认为，被围的英国远征军的毁灭命运已经注定。他们万万没有想到，远征军并没有走向毁灭，而是走向了海洋。

敦刻尔克是法国第三大港，有7个适合停泊大船的船埠和5海里长的码头，如果所有港口设备都能运转，那么远征军很快就会脱离虎口。但这时它已被毁了，船坞尽遭破坏，码头和船埠已被夷为硝烟弥漫的废墟，只有一条近1300米长的堤坝可供救援船停靠。

谙熟水性的英国人竟然从一个设备已荡然无存的港口和德军炮火射程之内的沙滩上，秩序井然地撤退着。

5 月 31 日，德军拼命地挤压包围圈，法军则死死地顶着。而就是这一天，成为撤退人数最多的一天，有 68000 名远征军官兵乘船回到了英国。

敦刻尔克撤退，是世界海运史上最复杂、最危险的海上作业。穿梭般的船只出没于猛烈的炮火之间，直达的航线被布雷区封锁，船只只能选择绕行的航道，使得救援船只长时间地暴露在火力网中。

6 月 3 日夜间，余下的英军和 60 000 名法军在夜幕的掩护下撤到英国。

当 6 月 4 日的早晨来到的时候，敦刻尔克仍在 40 000 名法军的固守之中。

战后，英国画家用油画生动地再现了盟军在敦刻尔克撤退的一幕。丘吉尔在回忆录中说，当时他要求法军先撤退，英军殿后；而法军将领达尔朗则说，英军先撤退，由法军殿后。丘吉尔说：这是英格兰和法兰西的传统友谊中最为感人的时刻。至 6 月 2 日黎明时分，只有 4000 名英国士兵留在包围圈中，由 10 万名法军官兵保护着他们。

一共有 338 226 名英法官兵撤回到英国。他们已溃不成军，样子也有些狼狈。但是，他们为反攻保留了火种，构成了英军和以后重组的法军的骨干。

在撤退的日日夜夜，英国人聚集到了多佛尔崖，为天海茫茫的海峡彼端的英军祈祷。他们认为，他们的祈祷应验了，上帝显圣了。上帝使海颤抖，上帝使海不稳，神迹降临到英格兰，拯救了英法部队。

“战争不是靠撤退打赢的。”6 月 4 日，在远征军全部撤回这天，丘吉尔在下院发表了令后人反复吟诵的演说，“欧洲大片大片的土地和许多古老著名的国家虽然已经陷入或可能陷入秘密警察和纳粹政体所有凶恶的统治工具的魔掌之中，但是我们决不气馁认输。我们将战斗到底，我们将在法国战斗，我们将在海洋上战斗，我们将以不断增长的信心和不断增长的力量在空中战斗。不论代价多么大，我们都将保卫我们的岛屿，我们将在海滩上战斗，我们将在登陆地点战斗，我们将在农田和街道上战斗，我们将在山中战斗。我们，决不投降！”

重返烽烟现场

——肉眼所见的二战进程

海峡

从“海狮”到“鹰眼”》

英伦三岛，警钟长鸣。敦刻尔克撤退后，丘吉尔反复提醒英国人，英国目前的处境，比1000年前诺曼人登陆以来的任何时候都危险。和平的时候，总是人自为谋，而战争使人们想起了国家。在英国国运危难之际，一个飞行员的话响彻全岛，成为所有人的信条：我活得毫无价值，但要死得其所。这是一个准备牺牲的民族。

据德国情报部门估计，敦刻尔克撤退后，英国具有“战斗价值”的部队为15到20个师。实际上这个估计偏高。英国远征军带到欧洲大陆的坦克，从敦刻尔克只撤回来25辆；英国这时配备有足额坦克和火炮的师，不过6个；很多师没有重武器，连轻武器也残缺不全。丘吉尔在秘密会议上说：“这时如果有15万精兵入侵，就可以把我们打得落花流水。”

英国是海上强国。要入侵英国，就要有强大的海上力量。纳粹这幅宣传画，真假掺半。其真，希特勒当真想干掉英国；其假，是纳粹德国海上力量不行，用海军解决不了干掉英国的问题。至于用别的手段行不行，倒是可以试试。

德国的主海岸线在波罗的海，而波罗的海是陆间海，因此历史上普鲁士人不大涉猎海事，大陆性很强。凡在某一个领域急起直追的国家，很难避免一种失误，这就是优先发展该领域中最实用的部分而放弃其他。但是，当整个盘子拼起来时，才发现是支离破碎的。纳粹德国作为后起的海洋国家，大力发展攻击性最强的战列舰、巡洋舰和潜艇。而德军打到英吉利海峡一侧，跃跃欲试准备渡海作战时，才发现舰队中居然连一艘登陆艇都没有。不平衡，这是外行最容易犯的错误。

步兵下士来路的希特勒，哪懂这个，他被一连串的胜利冲昏了头，制定了代号“海狮”的作战计划，准备于1940年8月中旬在英国登陆作战。至于没有登陆舰艇，也不难办，向民间广泛征用汽船、货轮、驳船就是了。

1940 年 7 月 17 日，海狮计划发布的第二天，13 个德国精锐的步兵师开到英吉利海峡沿岸的出击阵地。

希特勒对“海狮”计划挺认真，他手下那些有脑子的将领则认为这个计划不过是应景，虚张声势，吓唬英国人主动求和。

“海狮”计划流产了。但英国人并不知道，仍然在认真地准备反击德军入侵，包括德军航空兵的空中入侵。

取代“海狮”计划的是空中作战计划，代号“鹰眼”。根据希特勒的命令，空军元帅戈林组成了攻击英国的空军集团，该集团由第2、第3、第5航空队组成，拥有各类作战飞机3500余架，其中战斗机1400余架，轰炸机1600余架。

戈林狂妄地说：“仅凭德国空军就可以把英国砸烂。”在他看来，征服英国的程序是：从空中炸沉英国舰队，从空中磨损英国抵抗意志，从空中消灭英国空军，从空中干掉英国飞机和舰艇制造厂，然后才是登陆作战，由德国地面部队实施占领。

法国战役期间，德国轰炸机就开始进攻英国，目标是诱使英军战斗机暴露驻地和实力，查明英国皇家空军的兵力和部署情况。

皇家空军战斗机主要是旋风式、喷火式和飓风式几大类。“鹰眼”计划实施之前，它们就与纳粹德国空军交战过。

从初战结果看，德国战斗机被击毁的数目是皇家空军战斗机的两倍以上。两国战斗机的性能差不多，为什么会出现这种结果，这么大的差距？

德军飞行员猜对了，英国这时攥着先进电子装置，它叫“雷达”。雷达是英国国立物理学实验所最先研制出的。1936 年，英国开始在南部和东部海岸上建了一连串的雷达站，可以测定 100 海里以外飞机的航程、方向和大致高度，只是如何识别敌我有一定困难。它与无线电通讯相组合，形成了世界上最先进的科学防空体系。

皇家空军作战室的女军官们，在地图上用长棍子拨拉着代表德军飞机的模型，作战态势一目了然。作战室随时能综合来自雷达、地区观察站和空中战斗的最新情报，再用无线电话指挥第一线飞机作战。

德军飞行员试图破解这个谜。他们在空战中听到皇家空军指挥机关从地面指挥空战时，对飞行员下的命令熟练准确，意识到皇家空军战斗机是被地面某种高技术装置控制的，并且猜测，它是一种先进电子装置。

德国飞行员终于发现，皇家空军的信息全部来自地面雷达扇形站。这种扇形站是英国防空体系的神经中枢。

8月，戈林启动“鹰眼”计划，命令各航空队猛烈轰炸英国雷达扇形站。

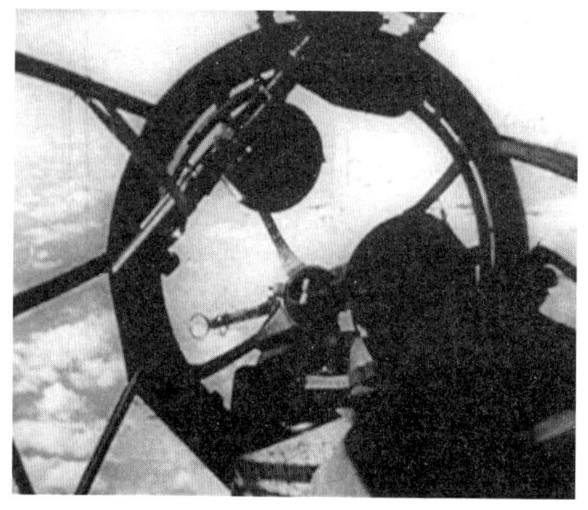

德军航空兵炸毁了几个雷达扇形站。失去了雷达扇形站的支持，皇家空军的战斗机变得脆弱了。机场、油库不断地被毁，在支持系统越来越难以支撑的情况下疲于应战。这时，德国战斗机数量上的优势表现了出来，在持续的消耗中，皇家空军损失了全部飞行员的1/4。再这样持续几个星期，皇家空军战斗机将会耗尽，英国的天空将失去有组织的防御而被德国轰炸机独霸。

不能让德国人炸毁雷达扇形站，皇家空军战斗机紧急起飞迎战。

就在这时，戈林突然犯了一个错误，这个错误拯救了已被打得晕头转向、岌岌可危的皇家空军，成为不列颠大空战的重大转折点。戈林的失误来源于一个偶然事件。8 月底，德国轰炸机轰炸伦敦郊区的油库时，炸弹偏离目标，炸毁了伦敦市区的一些住房，炸死居民若干。

英国人认为德国人是有意的。伦敦市民涌上街头高喊：“让他们也尝尝被炸的滋味！”

皇家空军遂采取报复行动，轰炸了柏林。

柏林被炸，德国人目瞪口呆。戈林曾经一再向德国人保证，德国空军可以轰炸别国城市，而别国空军断然不能飞临德国上空。但是这种事情居然发生了。希特勒恼羞成怒，扬言要夷平伦敦。这是机场地勤人员把德国军火商最喜欢的大号炸弹装上了轰炸机。

从9月7日起，对伦敦的大规模空袭开始了。头几天的目标是兵工厂、煤气厂、发电厂、仓库，后来就没有什么切实目标了，开始对平民、住宅进行野蛮的轰炸。

9月15日是星期天，德国空军开始白天轰炸伦敦。一架德国亨克尔飞机在伦敦上空盘旋，伺机投下炸弹。

200多架轰炸机和600多架战斗机在英吉利海峡上空出现。皇家空军升空拦截，演成了一场大空战。这是被轰炸的伦敦一角。

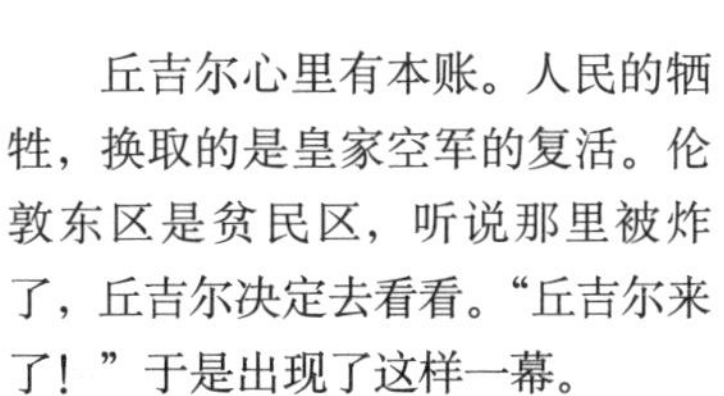

丘吉尔心里有本账。人民的牺牲，换取的是皇家空军的复活。伦敦东区是贫民区，听说那里被炸了，丘吉尔决定去看看。“丘吉尔来了！”于是出现了这样一幕。

丘吉尔在给一名妇女签字时，听到边上有个老年妇女唠叨了一句："看，首相真的是在关心我们。"当时，他没有说话，而数年之后，他在回忆录中回答了那名老年妇女：那不是关心，是感激。

许多伦敦人夜里在地铁中睡觉。他们想开了，说：我们不想像法国人那样保住巴黎。巴黎是完整的，但已经死了；伦敦已成废墟，却依然活着。在英国的美国记者总结出"恐怖递减规律"，经过几十个日夜的轰炸，英国人已经给炸皮实了，什么都不怕了。

不列颠大空战期间，英国损失作战飞机近千架，被炸死炸伤将近15万人，被毁房屋达100多万幢。损失最为惨重的是伦敦，市民死亡近万人，市区1/5的房屋被炸毁，交通和公共设施遭到严重破坏。

德国方面，损失作战飞机2400多架。但是，德国每月生产战斗机460多架，轰炸机260多架，"收支"大致相当。也就是说，德国有能力接着打下去。

一群孩子躲在田地的战壕里，躲避德国航空兵的轰炸。

1941年5月10日，一位德国人驾驶一架新型麦塞施米特战斗机飞往苏格兰。他是背着希特勒走的，却说是去执行“元首未曾下达的任务”。他在苏格兰的一个农庄上空弃机跳伞后被一对农民夫妻交给了官方。

此人居然是鲁道夫·赫斯。他受过高等教育，一战中是德军飞行员，后来投身纳粹。在猫三狗四的纳粹流氓中，戈培尔和赫斯是为数不多的知识分子，显得鹤立鸡群。这是一幅纳粹早期的照片，右边第二人就是赫斯。他后来是纳粹的“副领袖”。

赫斯驾驶的那架新式飞机，为英军提供了不少情报。一个多月后，“赫斯求和”之谜不解自明。原来希特勒又要开辟一条战线，而赫斯认为，德国如果两线作战，必然失败，因此赶在希特勒开辟那条战线之前，独自飞到英国，企图稳住英国，使德国避免两线作战局面。

赫斯和希特勒一起坐过牢，在冲锋队头子罗姆被处决后，成为与希特勒私交最厚的朋友。后来戈林地位上升，赫斯还是党的副领袖。战争开始后，他在军中没有任职。在整理《我的奋斗》时，他自认为从根子上把握了希特勒的想法，这就是消灭东方的布尔什维克。但从战争推演来看，则是消灭老牌资本主义的领袖英国。这就是他到英国的原因。

重返烽烟现场

——肉眼所见的二战进程

苏联

从边境到纵深

»

莫斯科。1917 年，列宁领导的布尔什维克取得十月革命胜利，1922 年底，俄罗斯、乌克兰、白俄罗斯、外高加索组成苏维埃社会主义共和国联盟，而后又吸收中亚和高加索国家加盟。希特勒还是无人知晓的小爬虫时，就在《我的奋斗》中留下了这样一段话："在日耳曼人扩大生存空间的斗争中，要把目光转向东方，首先是俄罗斯和它的藩国。"现在，小爬虫长大了，他要兑现所思所念了。

苏联人民长期处在资本主义国家的包围中，对国际形势异常敏感。纳粹崛起，大战降临，苏联政府决定在法西斯军队有可能入侵的方向建立缓冲地带。

在斯大林为首的苏共中央领导下，苏联举国为工业化努力，而且把发展重工业放在首位。为了迅速成为工业强国，苏联实行了农业集体化和五年计划。这是一幅西方讥讽苏联第一个五年计划的招贴画。

苏联的远东地区地域广袤，远离腹地，日本军国主义者在中国东北炮制伪满洲国后，不断向远东挑衅。1938 年 7 月，关东军向驻守张高峰的苏军发动进攻。苏军猛烈反击，数日内将进犯日军全歼。这是“张高峰事件”后，朱可夫在大草原上巡视苏军部队。苏军士兵那时的钢盔，上面有个小突出部。

1939 年 5 月下旬，关东军第 6 师团在中苏蒙三国交界的诺门坎挑起军事冲突。在巴英查岗山区遭到朱可夫统辖的第一集团军和远东方面军围歼。战斗后，朱可夫与蒙军将领交谈。

这一仗，国际舆论习惯称“诺门坎事件”，苏军称“哈勒欣河战役”。日本在这个方向吃亏后，放弃北上。1941 年 4 月，日本外务相松冈洋右与苏联签订《中立条约》。条约可以用一句话概括：苏联不干预日本在中国东北的所作所为，日本承诺，在苏联遭到第三国进攻时，不趁火打劫。

沙皇俄国首都圣彼得堡位于波罗的海沿岸。列宁逝世后，改名列宁格勒。列宁格勒离芬兰很近，斯大林担心德军通过芬兰一举突进到列宁格勒，提出芬兰边境向后缩进一块，苏联愿以两倍的领土交换。芬兰政府不同意。

1939年11月底，苏军向芬兰发动进攻，苏芬战争爆发。芬兰地形复杂，到处是森林，陆军元帅曼纳海姆主持修建的防线，阻滞了苏军的进攻，造成苏军重大伤亡。苏军不断增加兵力，用了13个星期才突破曼纳海姆防线。

苏芬战争又被称为“冬季战争”。苏联取胜后，根据和约，获得芬兰40 000平方公里土地，将两国在卡累利阿地区的边界线向芬兰方向移动了150公里。芬兰还将汉科及附近岛屿租借给苏联，苏联每年偿付800万芬兰马克租金。苏联终于为列宁格勒建立了缓冲地带。这是斯莫尔尼宫前的十月革命圣火。

1940 年 6 月，德军入侵法国时，苏军进入波罗的海国家立陶宛。几天后，苏军进入拉脱维亚和爱沙尼亚。波罗的海三国就此被并入苏联版图。同月，苏军进入苏联与罗马尼亚边境的比萨拉比亚地区。它自古是摩尔多瓦公国的一部分，曾被沙俄合并。至此，莫斯科松了口气。苏联北面是北冰洋，南面是孱弱的中国，都无须设防，而在正西、西北、西南及远东建立了缓冲地带。这是苏军在立陶宛的一个基层指挥所。

希特勒与莫洛托夫会面。莫洛托夫这次访德有一个花絮，是斯大林亲口告诉丘吉尔的，丘吉尔把它写入了回忆录。1940 年 11 月 13 日，皇家空军轰炸柏林。纳粹外交部长里宾特洛甫躲在防空洞里，仍向莫洛托夫大谈“英国完了”，如果苏联和德国搭伙，参加对英国的最后作战，大英帝国庞大的殖民遗产将分给苏联一块。穿得皱巴巴的莫洛托夫没有被“世界范围的美好前景”打动。“英国完了？”他尖刻地问，“如果情况真是这样，我们为什么躲在这个防空洞里？头顶上这些炸弹又是谁扔的？”莫洛托夫所说代表了斯大林的想法。英国保持着强大的海上优势，未失一寸国土，怎么能说“完了”呢？而只要英德之战继续——斯大林认为——纳粹就腾不出手进攻苏联。

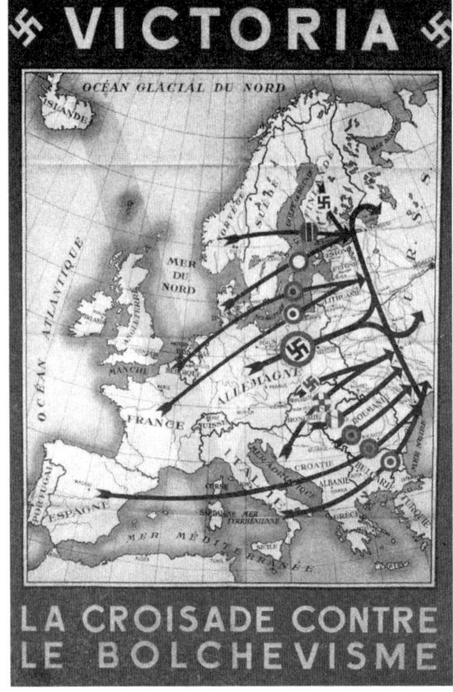

斯大林没有想到，当希特勒叫嚷英国“完了”时，居然是十分真诚的。这个战争疯子是无法用常人的思维理喻的，当他认为英国已经无法回到欧洲大陆时，便算是“完了”。同时，他也可以腾出手来收拾苏联了。1941年2月3日的柏林军事会议上，通过对苏联实施突然袭击的计划，代号为“巴巴罗沙”。巴巴罗沙是12世纪罗马帝国皇帝的名字，希特勒想给这场背信弃义的战争涂抹上圣战的色彩。

佐尔格使用过的发报机和密码。如此巨大的军事行动不可能滴水不漏。苏联间谍组织佐尔格小组将准确情报发回苏联；英国驻苏使馆断定6月22日是战争爆发日期；苏军总参谋部根据情报拟定了德军进攻苏联的几套方案，这几套方案竟来于“巴巴罗沙”计划几次修改稿。

不同渠道的情报来源，却未能使斯大林警觉起来。他仍按正常思维猜度希特勒，在对英作战没结果时，希特勒不敢冒两线作战的风险进攻苏联。他甚至怀疑，这些情报是英国人制造的，目的是诱使苏联提前进入对德战争。

1941 年的五一国际劳动节，红场照例举行传统的群众游行和阅兵式。苏联国防部长铁木辛哥元帅发表讲话，强调国际形势严峻，战争随时可能爆发。而斯大林仍是老主意，苏联绝不去凑帝国主义战争的热闹，希特勒在对英国的战争没有结果之前，不可能对苏联宣战。

实际上，德军正向前沿集结。6 月 19 日，200 多万德军悄悄进入苏联西部边境以外的各个进攻发起阵地。

为了实施“巴巴罗沙”计划，纳粹德国投入了前所未有的数百万人的作战集群，拥有 181 个师和 20 个旅、将近 5000 架作战飞机、4000 多辆坦克，配备着史无前例的炮群，共有 40 000 多门火炮和迫击炮，以及 60 万辆运输车。他们编成三个集团军群，即北方集团军群、中央集团军群、南方集团军群，分别从北方、中央、南方三个战略方向上发起进攻。

1941 年 6 月 22 日，庞大的德国空军轰炸机群出现在苏联领空，纳粹德国对苏联发动了背信弃义的突然袭击。德军轰炸机群轰炸机场、交通枢纽、苏军前沿阵地。在战争的第一天，苏联损失作战飞机 1200 架，制空权完全落到德军手中。

德军仰仗摩托化步兵的快速推进，发起一个又一个钳形攻势。

战争初期，苏军的最高指挥系统运转不灵。6月23日成立统帅部，国防委员铁木辛哥为最高统帅，和他配合的朱可夫时任总参谋长。但离了斯大林，铁木辛哥不可能作出任何重大决定。这时，实际上有两个最高统帅，一个是决议上写着的，另一个是事实上的。这种情况给指挥造成困难，拖延了下决心和下命令的时间。

沮丧的苏军官兵。战争初期进行的所谓“边境会战”，不过是局部地区的有限反击，整条战线是在溃退的。而铁木辛哥却不顾战场实际下令反攻，致使局势进一步恶化。斯大林纠正了铁木辛哥的失误，在全线失利的情况下，把战线推进到敌国之类是想入非非，现在得老老实实防御。斯大林撤销了铁木辛哥的职务，亲自担任苏军最高统帅。

战后，朱可夫总结战争初期的教训时说，苏军指挥系统太不灵便，各级指挥部门沉闷死板，德军坦克已经在不远处轰鸣，嘎吱嘎吱碾上来时，前沿指挥官却仍在等待上级指示。

尽管德军中有不少相貌清秀的年轻人，而在世人的心目中，“德国鬼子”就是这个样子。

流离失所的孩子。

家园全都被烧毁了，有许多人只得住在地窖里。

7月上旬，苏军有201个师，满员师仅90个，许多部队建制被打散，兵员大量被俘。苏联没有公布过战争初期的被俘苏军人员数目。英国军事家估计，这个数字在100万人左右。德军统帅部宣布，苏军被俘人员为160万人。

纳粹德国的“艺术家”们绘制的一幅厚颜无耻的宣传画。这幅画倒是间接地承认了一个事实：纳粹德国几乎动用了欧洲的全部工农业以及人力资源进攻苏联。

德军占领区的俄国人在冷漠地看德军公报。一句古老的俄罗斯谚语被占领区的人们反复传诵：害虫偷吃老白菜，虫子死了菜还在。俄国人认为自己就是那棵老白菜，希特勒这条毛毛虫纵然爬到菜叶子上啃了几口，也熬不过严冬。人民，只能比纳粹坚持得更为长久。

德军一个前线指挥所。德军将领当然知道，在没有战胜英国之前就进攻苏联是犯了兵家大忌。既然如此，为什么还会冒两线作战的风险？答案出奇的简单，德军将领不把苏联视为东线战场。几年间，他们被戈培尔之类灌了一脑子昏话，说苏联民不聊生，德军一打进去，俄国人就会揭竿而起，推翻布尔什维克的暴政。希特勒嚣张地说："我只要往那块破门板上踹一脚，整座破房子就会倒塌下来。"

这一脚，希特勒踹出去了，苏维埃大厦没有倒塌，苏联人民也没有起来推翻什么"暴政"，反而迸发出前所未有的民族生命力。在德军的后方，敌后游击队纷纷成立起来。

两名女游击队队员。

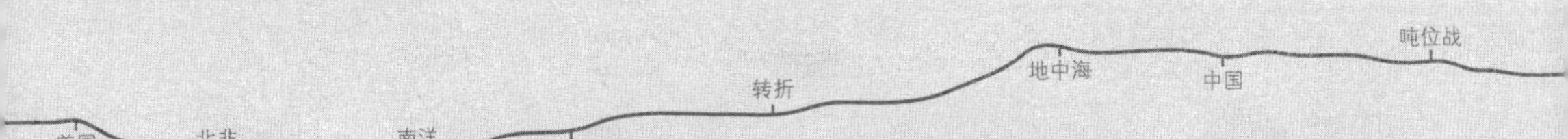

苏联人民以最快的速度把1500多个大型军工企业转移到东部，开始了工业和运输的改组，成千上万的民品工厂转产弹药和技术兵器，这个国家武装起来了。

重返烽烟现场

——肉眼所见的二战进程

莫斯科

从防御到反攻

>>

纳粹德国对苏联的进攻分为三路：中央集团军群有 45 个步兵师和装甲师，目标是莫斯科。北方集团军群有 27 个步兵师和装甲师，目标是穿过波罗的海沿岸国家，进攻列宁格勒。南方集团军群有 58 个师，目标是第聂伯河和基辅。

莫斯科藏于苏联国土的纵深，是丢不起的，一旦被德军攻占，这场战争余下的事情就不可收拾了。这幅宣传画表明，围绕保卫莫斯科，将有一场恶战。

苏德战争爆发前，德军情报部门估算苏军现役师为200个左右。1941年8月，战争推演两个月了，仅查明番号的苏军师就达360个。苏军被拼下去十几个师，转眼间又像蘑菇般生长出来十几个师。相比之下，德军战线过长，兵员分布稀薄，进攻欠力度，防御欠纵深。有经验的德军将领认为，要这么打下去，往后就越来越难打了。他们建议，趁现在势头不错，当集中兵力，打击苏联最主要的目标——莫斯科。

德军在乌克兰和白俄罗斯取得的胜利，灌得希特勒昏昏然然，对于将军的主张根本听不进去。他坚持，三个方向哪个也不能放松：列宁格勒是“共产主义圣地”，要尽早从地球上抹掉；以基辅为首府的乌克兰是全苏的粮仓，要尽快占领；至于莫斯科，当然不能放过。但希特勒认定，占领莫斯科只有宣传上的意义。

斯摩棱斯克是通往莫斯科的咽喉要地，也是莫斯科以西的最后一道屏障。中央集团军群占领乌克兰后，直扑斯摩棱斯克。斯摩棱斯克距莫斯科300公里，这里要是打通了，莫斯科将无遮无拦地敞在德军面前。在强大的航空兵掩护下，中央集团军群的攻势锐不可挡。

德军占领斯摩棱斯克后，德国轰炸机首次窜到莫斯科。斯图卡轰炸机不仅投弹，而且装有心理战喇叭，曾经响彻欧洲的尖锐啸声开始回响在莫斯科上空。

盛夏时节，希特勒飞往设在斯摩棱斯克的中央集团军群司令部，宣布了一个惊人的决定：暂时放弃莫斯科，集中力量进攻基辅，命令坦克集群司令古德里安向基辅方向运动。个别将领壮着胆子劝希特勒，莫斯科指日可下，不能分兵，希特勒骂他们只懂专业而缺乏激情，对战争的经济问题狗屁不通，只有占领乌克兰，拿下全苏最大的粮仓，才能打赢战争。

9月中旬，德军攻占基辅。希特勒宣布，基辅战役是人类所有所有的历史中，最大最大的战役。德军统帅部宣布，是役围歼苏军66万人。希特勒为分兵付出了代价。9月下旬，希特勒再把重点移到莫斯科方向时，将军们担心的事情终于发生了，秋雨连绵的季节到了，而这是阻滞坦克行进的季节。

阴冷的小雨开始飘拂。几十万莫斯科的妇女和老人冒着炮火垒沙袋，挖反坦克壕，构筑隐蔽所。莫斯科的外国使节和记者都成了托尔斯泰迷，他们翻《战争与和平》，那上面记载，1812年9月，拿破仑的大军打到莫斯科时，这个城市的人们毫不仓皇，没有任何骚动不安。现在依然如此。

10月初，包克元帅从60公里正面向莫斯科推进。战役代号“台风”。参战的有180万名官兵。从乌克兰匆匆赶回的古德里安坦克部队参加进攻。当德军沿着当年拿破仑大军进攻莫斯科的老路推进时，气势汹汹，锐不可当，的确像一股台风。这是“台风”中的一名德军士兵。

这年的雪降得特别早，10月6日，下了这年的头一场雪。深秋的雨夹着雪片，纷纷扬扬自天而降，凄风苦雨掠过俄罗斯旷野。薄雪覆盖着战壕，战壕里的这两个德军士兵还没有意识到，俄国人的季节来了。

苏军的宣传画：苏军誓死保卫莫斯科。

11 月 7 日是十月革命纪念日，红场依旧举行传统的阅兵式。受阅部队从红场直接开赴战场。莫斯科守备部队有 125 万名官兵，近千辆坦克和不到 700 架作战飞机，从数量和装备上，不足以抵挡德军。

一句口号流传在莫斯科前沿阵地上：我们没有退路，我们的身后是莫斯科！

老天爷不帮德国人的忙，德军原本打算占领莫斯科后，在炉火熊熊的房间里过冬，对野外冬季作战准备不足，这时有些部队的冬衣还没有运到。

当莫斯科已经在望时，失败的心绪也丝丝缕缕地渗入德国士兵的心灵。11 月初，气温已降至 0℃以下，人员大量冻伤。从这个时候起，在同一条路上全军覆没的拿破仑军队的鬼影，开始萦绕在这支队伍之中。

最凶猛的进攻遇到了最顽强的防御。在最危机的时刻，朱可夫接到了斯大林的一个电话，他在回忆录中复述了斯大林的原话："朱可夫同志，你坚信我们能够守住莫斯科吗？我是怀着内心的巨大痛苦问你这个问题，希望你作为共产党员诚实地回答。"朱可夫诚实地回答说，红军能够守住莫斯科，但还要补充两个集团军和 200 辆坦克。

斯大林当时没有吭气，但他手上有预备队。苏联在滨海区、西伯利亚、乌拉尔、哈萨克等地有一批新编师，是准备对付日军的。苏德战争打响后，日本按照《中立条约》规定，没有趁火打劫，斯大林得以把新编师抽调来。他们是斯大林手里的最后一张牌，不会轻易撒手。这就是那支生力军。官兵清一色穿白色滑雪服，不舍昼夜地赶路。从某种意义说，莫斯科接近地的每场战斗都是为他们的到达争取时间。

12 月 2 日，德军的一个侦察营突入莫斯科城郊，看到了克里姆林宫的尖顶，但很快就被击退。这是德军第一次也是最后一次看见克里姆林宫。

12 月 5 日，环绕莫斯科周围几百公里长的阵地上，德军的进攻被全线制止了，双方都精疲力尽，就看谁能获得生力军的增援了。这是斯大林久久等待的时刻。他手上有强大的预备队，得看什么时候用。他必须等到德军不可能投入新的重兵集团时，再放出自己的重兵集团。苏军将由 3 个方面军共 15 个集团军实施反攻。

12 月 6 日是苏德战场的转折点。在环绕莫斯科几百公里的前沿上，朱可夫指挥反攻部队全线出击。大批后来被德国人称为“西伯利亚人”的生力军，突然出现在阵地上。

德军的后撤持续了两个多月。在此期间，希特勒不断地发脾气，命令不准后撤！东线德军将领都纳闷，零下30℃的严寒，在苏军的强大攻势下，只有撤下来才能保住部队，希特勒为什么一再不容许后撤？

12月6日是转折点。苏军全线转入反攻。“西伯利亚人”穿着厚厚的冬装，披着白色斗篷，带着虎虎生气横扫过来。德军的防线被不断突破，随着一个一个局部的突破，防线开始全线动摇。终于，德军撤退了。两年多来，德军在欧洲所向披靡，这是第一次在一个对手面前后撤。

希特勒是对的。如果他允许撤退，就会出现与拿破仑大军同样的情况，部队因后撤而溃散，失控的部队将三三两两地徒步通过风雪弥漫的俄罗斯旷野，葬身于漫天的风雪之中。

莫斯科会战，苏德双方总共投入兵力300万人、2500辆坦克、2000多架飞机，以及20000多门大炮和迫击炮。据德军各级司令部战况汇总，德军阵亡和失踪21万人，负伤近万人，数万人冻伤，还有大批被俘。

一战后期，苏俄与德国签订了《布列斯特和约》，退出战争，扔下英国和法国对付难缠的德国。二战爆发前夕，苏联又与德国签订互不侵犯条约，再次把难缠的德国甩给了英国和法国。俄国终于和德国开打后，英国并没有幸灾乐祸。英国已单独与德国作战一年多，这下有伴儿了。苏德战争爆发当晚，丘吉尔向苏联政府发报表示，英国将为苏联提供援助。美国还没有参战，罗斯福总统表示，美国不会坐视苏联遭受入侵。世界反法西斯战争的三大盟国在这时凸显出了雏形。

英国人心里有点怪怪的。由于纳粹德国的入侵，世界上的头号老牌资本主义国家和世界上唯一的社会主义国家居然成了搭档。于是出现了这样一幅漫画。

有个时间上的巧合：12 月 6 日苏军在莫斯科城下转入全线反攻，第二天日本偷袭珍珠港，美国正式投入第二次世界大战。为此，罗斯福总统特别助理霍普金斯抵达莫斯科，商谈援苏问题，斯大林和莫洛托夫中间那个人是霍普金斯。

三大盟国终将战胜法西斯豺狼。

重返烽烟现场

——肉眼所见的二战进程

美国

从珍珠港到“大黄蜂”号 »

第二次世界大战前，纳粹德国崛起之日，日本裕仁天皇出访欧洲。裕仁天皇在欧洲转了数国，还攀登了阿尔卑斯山，像是一次旅游。他在纳粹德国也受到隆重接待。

希特勒会见日本外务相松冈洋。

纳粹德国外交部长里宾特洛甫与日本外务相松冈洋是老熟人。1936 年 11 月，日本与德国签订《防共协议》，此前德国与意大利也签署了类似协议。至此，这三国组成轴心国。

轴心国的宣传画。画面上的 3 个士兵分别来自德国、意大利和日本，做出气势汹汹之状。欧美大国最初不大在意，德国是战败国，意大利心猿意马，日本不过是个亚洲暴发户，有些报刊称轴心国组织为“叫化子俱乐部”。但是二战爆发，法西斯狂飙骤起，让世人领教到了厉害。

明显的是，只有美国参战，才能使欧洲力量对比的天平倒转回来。1940 年，民主党代表大会推举现任总统富兰克林·罗斯福争取第二次连任。竞选不得不对参战前景发表看法，他面临着一道难迈的坎儿：说硬话，会失去很多选票；说软话又违背政治信念。他的竞选演说基调是个活话："我们不会介入外国的战争，不会把我们的陆军、空军和海军送到国外去打仗，除非我们受到了进攻。"他以压倒多数的优势第三次当选总统。选民并不在意他话里的活口，他们认为美国不会首先遭到进攻，总统所说只是人之常情。

马歇尔毕业于弗吉尼亚军校，一战期间曾随美国远征军到欧洲参战，二战前任参谋总长助理，纳粹德国入侵波兰那天提升为参谋总长。罗斯福和马歇尔无疑是反对轴心国的侵略和战争政策的。当大多数美国人认为海洋是把美国与欧亚冲突隔离开来的绝缘体时，他们却认为，美国的繁荣和安全与海洋的对岸有直接关系，二者相依相存。

1941 年 3 月，美国国会通过租借法案，授权总统向他认为防务至关重要的国家提供必需的武器装备和战争物资。

租借法案刚通过就派上用场，美国军用物资远涉重洋，运入苦挣苦熬的英国和抵抗日本侵略的中国。

这幅画也是绘制在援外的军用飞机上的。这种东西算不上艺术品，多少反映了美国人对大战的随意态度。他们不了解美国之外那个世界经受了什么，形势又有多么严酷，仍挥洒自如，似乎大战无关他们的痛痒。

8月14日，在纽芬兰附近的海域上，罗斯福和英国首相丘吉尔共同签署了旨在摧毁纳粹暴政的《大西洋宪章》。

罗斯福的弓只能拉到这种程度了。孤立主义甚嚣尘上，美国公众同意向反法西斯国家提供物资援助，却不能让自己的亲人去遥远的国家厮杀。1941年夏季，美国正规军达到150万人，但美国人对装备自己的军队却不大认真。他们向反法西斯的前沿国家运去了最先进的军事装备，而美军有时用木制武器训练。看来，如果不发生什么真正能刺激美国人的事情，美国也就安于当个世界兵工厂了。

这时的希特勒当真不想刺激美国。东线是苏联，西线是英国，把他忙坏了，他担心的倒是美国再投入。而日本军阀这时的想法，却与轴心国老大的想法不尽相同。日本陆相东条英机担任日本首相后，按捺不住地要向美国下手。这是东条英机的内阁班子，清一色的军国主义者。

日本的工业很早就立足于进行一场全面战争，与随心所欲的美国人相比，日本航空母舰以及舰载的俯冲轰炸机、鱼雷轰炸机、战斗机是当时世界上同类飞机中最先进的。

英国最早研发航空母舰，1918 年就用大型客轮改建成这种全通式甲板的“百眼巨人”号。但世界上专门设计建造的第一艘航空母舰是日本 1921 年开始建造的“凤翔”号。为了得到空旷的甲板，它的岛式上层建筑被拆除。太平洋战争爆发后，用作训练舰。

日本帝国海军总司令山本五十六制定了奇袭美国太平洋舰队的计划。山本五十六曾就读于哈佛大学，担任过日本驻美国使馆海军武官。他知道，美国有丰厚的军事潜力，生产一旦扭上战争轨道，就能成为谁也打不倒的军事巨人。只有在它懒洋洋地打盹时，一下打得它缓不过劲来。

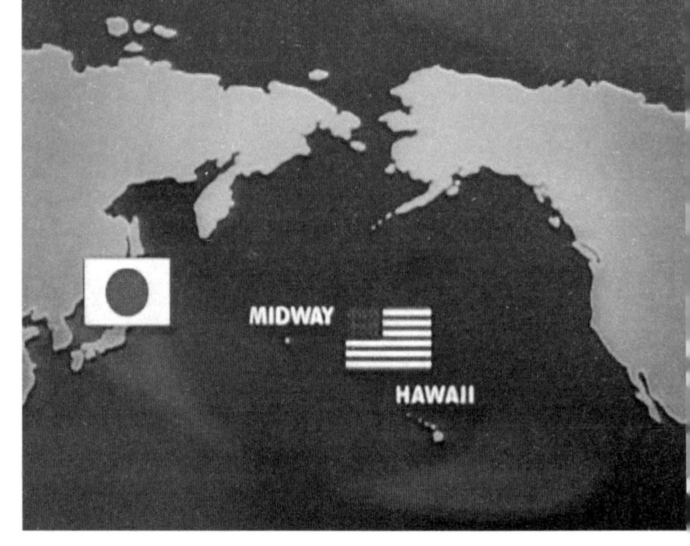

1941 年 11 月 26 日，庞大的舰队在南云忠一中将指挥下启航。目标地域是夏威夷群岛的珍珠港。联合舰队拥有 6 艘大型航空母舰，载有 360 架飞机，由一支战列舰、巡洋舰、驱逐舰组成的舰队护航。

夏威夷群岛是太平洋中部的交通要冲，由大小 20 个火山岛和珊瑚岛组成，其中仅有 10 个岛上有居民，日裔约占总人口的 1/3。群岛的首府为火鲁奴奴。瓦胡岛距火鲁奴奴 10 公里，该岛的西端有一处深水良港，是美国在太平洋最大的海军基地。它的名称为珍珠港。

1941年12月7日，静谧的星期天的早晨，日本舰队对珍珠港发动突然袭击。

第一攻击波出动鱼雷机等183架，攻击持续45分钟。浓浓的烟雾从“田纳西”号和“亚利桑那”号战舰上旋转升起。

第一攻击波返航时，第二攻击波 171 架飞机启动。

第二攻击波持续了一个小时。

“亚利桑那”号战舰被大火吞噬着沉入水中，几秒钟内，大船上950名士兵死亡，另有250人受重伤，仅有337名生还者。“亚利桑那”号战舰残骸至今仍沉落在原处，是今天对所有在珍珠港事件中死去人们的神圣纪念。

太平洋舰队损失惨重，8艘战列舰被炸沉或遭到重创，3艘巡洋舰和3艘驱逐舰沉没，损失飞机231架，官兵伤亡3784人。整个舰队丧失战斗力数月。太平洋舰队的3艘航空母舰外出执行任务，幸免于难。

美国记者报道了美国公众听到珍珠港事件后的第一反应。“天杀的日本人！这下该好好收拾这帮狗杂种了。”话是纽约的一名出租汽车司机说的。他一边开车一边听收音机，听到消息后冒出了这么一句。很典型，大概美国人都是这么想。“好了，我们总算赢了。”这是丘吉尔的第一反应。美国参战了，英国胜局在握了。

罗斯福总统向日本宣战。他说：“我们本不想卷入，可是现在我们卷入了。我们将用我们所能得到的一切去战斗。”

珍珠港事件后，美国流传着一种说法：罗斯福和马歇尔做了局。好事者搜集了大量证据，表明总统和总长事先知道日本人要偷袭，就是压着不说，当他们对孤立主义无可奈何时，只有用日本人的炸弹把一个国家从梦境中惊醒过来。不管这种说法是否属实，美国的确是这样走进战争的。而美国在走进战争的同时，也走出了孤立主义的阴影。

罗斯福总统在国会发表讲话，要让美国的工业部门进行世界上前所未有的最大规模的军火生产，第一年生产 45000 架飞机，45000 辆坦克和 800 万吨船舶，“这些数字将使日本人和纳粹分子好好地想一想，他们取得了多大的成就。”

在波音飞机制造厂里，一名女工正在排列整齐的轰炸机垂直稳定器中，填写存货清单。

为了战争的需要，美国的军工企业开足马力生产。男人上了前线，男工不够，一个叫崔茜的女工说：“男人能够做到的，我们也能做到。”于是，这幅以崔茜为原型的宣传画风靡全美。标题是：我们也能做到！

购买国债、支援战争的招贴画。

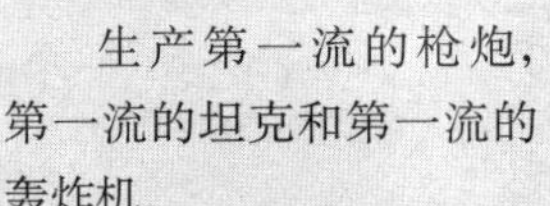

生产第一流的枪炮，第一流的坦克和第一流的轰炸机。

日本军国主义者意识到，拼工业潜力，自己远远不是对手，压根拼不过。这幅宣传画号召国民，即便赤手空拳，拿着石头木棍也要和美国人拼到底。

珍珠港事件之后，美国人按捺不住急于报复。美军打算轰炸日本首都东京，轰炸大阪，轰炸神户。美国与日本隔着浩瀚的太平洋，只有出动航空母舰才能执行这一使命。这种做法有个致命伤，舰载机个头小，航程短，要空袭东京的话，航空母舰须驶入距日本较近海域，容易受到日本航空母舰和岸基飞机袭击。怎么解决这个问题？陆军上校杜立特提出一个大胆设想：用航空母舰搭载航程较远的陆军轰炸机，航空母舰就可以停泊在距离日本领土比较远的水域。杜立特方案被批准了，美国陆军改装了一批 B－25 型轰炸机，交付海军。1942 年 4 月初，“大黄蜂”号航空母舰搭载着经过改装的陆军 B-25 型轰炸机，驶离西海岸。

这支特殊的轰炸机队由詹姆斯·杜立特上校率领，任务是轰炸东京，然后在中国湖南株洲机场降落。4 月 18 日，距东京 600 海里处，轰炸机队出击。

陆军轰炸机本来是无法在航空母舰上起飞的。但这批 B-25 轰炸机都经过特殊改装，包括拆除了尾炮塔上的机枪，为多悬挂炸弹而多设了几副挂架。挂满炸弹的轰炸机在不足 300 码的航空母舰跑道上起飞，飞行技术上是极高难动作。当时风大，“大黄蜂”号逆风行驶，16 架轰炸机全部安全起飞。

杜立特轰炸机飞临东京上空，投掷炸弹后，立即离开。空袭造成的人员伤亡和房屋损失微不足道，但是给日本人造成心理挫折。16架杜立特轰炸机中，1架飞到苏联堪察加半岛（机组人员直到战后才遣返美国），15架飞到中国。飞行员不知道哪里是机场哪里是日军占领区，在沿海盘旋了一阵，只得撞大运了，除了5架降落在中国军队控制区，其余因汽油耗尽坠毁。跳伞逃生的飞行员，运气好的被中国军民营救，不幸坠落在日军占领区的，飞行员被日军俘获后处决。

中国军民为被营救的美军飞行员开欢迎大会。

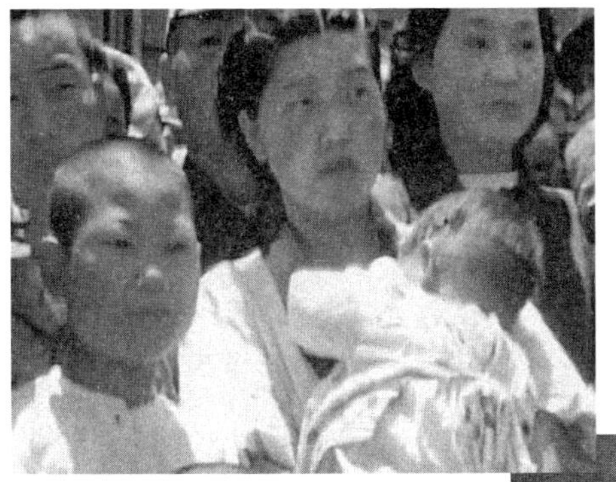

日本人口密度太大，自明治维新后，即有计划地向外国批量移民，军方则趁机在移民中安排长期潜伏人员。日本偷袭珍珠港之所以得手，夏威夷日侨提供的情报起了很大作用。珍珠港事件后，为切断日本的情报来源，美国有的州对美籍日裔人采取了限制措施。

美国有的州开除担任公职的日裔美国人，有的州禁止以捕鱼为生的日裔居民出海。

1942年2月，罗斯福总统批准对日裔居民的“再安置”计划，西海岸的12万日裔居民作为敌侨关进各地的“拘留营”(有的媒体也称为“集中营”)。

美国陆军部批准专门组建第442步兵团，官兵全部是美籍日裔青年。该团官兵为了表明美籍日裔人对美国的忠诚，要求直接参加对日军的战斗。陆军部经过反复权衡，后来把这个步兵团派往意大利战区。

珍珠港事件后，美国弥漫着浓重的仇日情绪。这幅招贴画有一定代表性，用日本人的凶残，号召孩子们努力起来。

兔子布格斯是华纳兄弟公司卡通片中的角色，是和迪斯尼公司的米老鼠和唐老鸭唱对台戏的。兔子布格斯体现的是轻歌舞的灵动活泼，而米老鼠和唐老鸭反映的是美国中产阶级谨小慎微的幽默感。太平洋战争爆发后，兔子布格斯和唐老鸭捐弃前嫌，携起手来，共同为战争做贡献。

重返烽烟现场

——肉眼所见的二战进程

北非

从托布鲁克到阿拉曼 »

希特勒曾经挺认真地说过，墨索里尼是恺撒的后代。尽管不是这么回事，墨索里尼却想步恺撒大帝的后尘。意大利距北非很近，跨过地中海就到了，历史上，罗马帝国首先征服的是北非的迦太基。1935 年 10 月，意大利军队入侵非洲东北部的埃塞俄比亚，占领红海沿岸。

墨索里尼没有头脑，只是想当一回恺撒过瘾。他往红海沿岸踏的这脚，正踩在大英帝国的鸡眼上 。奉行绥靖政策的张伯伦政府没有做出激烈反应。二战爆发后，趁着英国与德国进行不列颠空战，无暇他顾，墨索里尼趁火打劫，出兵占领了北非利比亚沿岸，伺机夺取埃及。在苏伊士运河区，英国驻扎重兵。墨索里尼露出牙齿之后，英军扑出来。

于 1940 年 8 月至 1941 年 2 月，英军全歼驻在埃塞俄比亚和利比亚昔兰尼加的意大利军团。墨索里尼在北非血本无归。

英军仅俘获的意军官兵即 13 万人，还有 600 辆装甲车辆和全部炮兵、运输车队和物资。

意大利的非洲军团被歼后，仅几天，德军便第一次踏上北非土地。第一批来的部队是 3 个师，一个步兵师和两个装甲师。德军只有 10 个装甲师，一下来了 1/5，可见希特勒对北非动了真格的。

英军中的阿拉伯土著部队。

非洲军军长隆美尔，时年 49 岁。德国陆军将领一般出身贵族，恪守普鲁士军官团传统，而隆美尔出身贫寒，早年担任过希特勒私人卫队的头子和军校校长，法国战役期间任装甲师长，一战成名。他每天写详细笔记，还是摄影爱好者，想战后写本配有大量照片的书，当“阿拉伯的劳伦斯”式的人物。这个愿望没有实现，但在战争中积累了一部厚厚的《隆美尔战时文件》，战后在包括中国在内的许多国家出版。

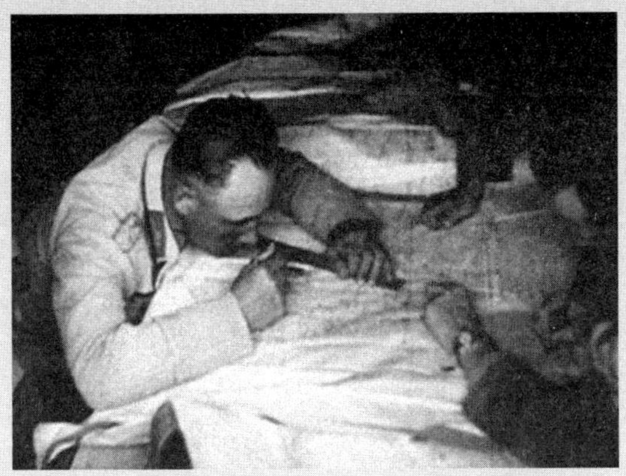

隆美尔伏案。他领导的非洲军不是墨索里尼从希特勒那里讨来的援军，而是希特勒主动派到北非来的；希特勒的本意也不是给墨索里尼挽回面子，而是自己看出了路子。战后出版的《隆美尔战时文件》披露了非洲军作战的真正意图：非洲军抵达北非时，距德军入侵苏联不足数月，希特勒打算先攻占苏伊士运河，建立进入中东的补给线，而后占领伊拉克油田；利用中东原油的支持，建立进攻苏联南部的基地；通过这个基地攻入苏联南部的高加索地区，并且攻占苏联最大的巴库油田。

英德两军作战大势是，非洲军以利比亚首都的黎波里为出发阵地，力图攻占东边的托布鲁克基地，那里是北非英军最大的补给基地。托布鲁克以东是阿拉曼，是英军在北非的大本营。地中海中那个形状像条鳄鱼的岛屿是马耳他，英国对北非英军的供给通过马耳他中转。

隆美尔把非洲军分为两个部分，意大利军队主要用于防御作战，德军主要用于攻势作战。意大利军队穿黄色军装，德军穿灰蓝军装。1942 年 2 月下旬，英德两军开始小规模接触。小型战斗中，德军看透了自己的搭档不成气候，认为意大利军队充其量吓唬吓唬埃塞俄比亚土著军，根本不能和英军作战。

非洲军初到的黎波里，英军前进基地在的黎波里东边的班加西，它是利比亚第二大城。两地相距 近1000 公里，英国人以为隆美尔在夏末之前不会有大举动。退一步来说，即便非洲军发动进攻，人数也不会太多，因为从的黎波里出发，必须穿过辽阔的沙漠才能到达班加西，这一路上所能维持的最大兵力不会超过三四个师。

英军紧急收拢到班加西，非洲军尾随而来，分散而凌乱的英军装甲部队被逐个击溃，连班加西也无法固守。英军急速后撤到埃及边境，驻埃及英军司令和驻利比亚英军司令均被俘。隆美尔从此获得“沙漠之狐”的绰号。

隆美尔不是等闲之辈，非洲军立足未稳，便开始攻击分散驻守在沙漠中的英军部队。

托布鲁克是利比亚最优海港，英军进入利比亚后，辟为供应基地，屯集大量物资，由一支两万多人的英国、澳大利亚军队守卫。英军从利比亚撤退后，并没有放弃托布鲁克，它成了英军留在利比亚的唯一据点，牵制着隆美尔向东进攻。隆美尔在没有除掉它之前，也不敢放胆向东面的埃及进攻，于是开始了旷日持久的托布鲁克围城战。

补给线是否畅通，是北非战役关键所在。从表面看，非洲军得到物资补充似乎不难，因为身边是地中海，地中海大部分水域被轴心国控制，称“德国湖”，可以通过地中海航线给非洲军提供补给。其实不然。地中海还有个弹丸之地掌握在英国人手里，它是被称为“地中海心脏”的马耳他岛。马耳他岛在 19 世纪初成为英国殖民地，北非战役打响时，英国人已在岛上经营了上百年，建成坚固要塞。它的位置在西西里岛与的黎波里之间，扼守着地中海航线必经的突尼斯海峡。从阻截航运来说，没有比它更好的地点了。

皇家空军和海军的轰炸机、潜艇、水面舰只从这个面积仅 316 平方公里的岛屿出发，不断袭击德国、意大利向北非运送物资的船队，隆美尔本应得到的补充，有 1/3 以上被以马耳他为依托的英军击沉在海中。

非洲军得不到必要的补充，而北非英军却有相对安全的补充物资运输线。英军控制了红海沿岸，盟国船队可以从大西洋绕好望角进入印度洋，经红海把物资直接运抵苏伊士地区。美国新式坦克装备英国第 8 军团。

凭藉充沛的补充，英军恢复了元气，于 1941 年 11 月展开了“十字军行动”。

隆美尔正指挥攻打托布鲁克。由于给养困难，他急着要攻下英军的这处大型供应基地，缴获里面的物资为己所用。听说英国第 8 军团压了过来，最初以为是来给托布鲁克解围的，不为所动，仍率部攻城 。后来听了英国广播公司的新闻节目，才知道这是英军旨在消灭非洲军的总攻。他下令停止围城，率主力迎击英国第 8 军团。

马耳他对非洲军的威胁小多了。德国的运输船队顺利地通过地中海到达利比亚港口，足有一个月没有损失任何船只，大批武器装备及人员补充进受到严重损耗的非洲军。1942 年 5 月 27 日，隆美尔重新展开攻势。由于油料弹药充足，非洲军的坦克投入了长达一周的战斗。

“十字军行动”把德军统帅部打明白了：北非战役中，谁有充分的补充谁就能取胜。为了使非洲军得到充分的补充，必须拔掉地中海航线上的钉子马耳他。这是英军在马耳他岛上清除未爆炸的炸弹。

马耳他岛的活动受到了极大限制。机场被炸了，飞机难以起飞；港口被炸了，舰艇出海受阻。

非洲军一直保持强劲势头，在连续不断的打击中，英国的沙漠部队再度逃回距埃及边境不远的地方。

6 月 21 日，非洲军攻下了英军固守了 9 个月的托布鲁克基地。23000 名英国和澳大利亚守军成为俘虏。

托布鲁克基地屯集的大批作战物资补充了非洲军。非洲军士兵大口吃的是美国罐头。

6月底，非洲军挺进到距亚历山大港和尼罗河三角洲仅90公里的地方。这里叫作阿拉曼。非洲军如果冲过阿拉曼防线，亚历山大港失守只是顷刻间事。从亚历山大港再往东，则是苏伊士运河出口处塞得港，那时运河区就失陷了。英军已不可能再后撤。双方在阿拉曼防线顶死了，真正吃紧的时刻来到了。

隆美尔飞回柏林谒见希特勒，陈述非洲军推进到阿拉曼已付出了极大代价，眼下急需补充；金字塔已遥遥在望，只要有足够的补充，苏伊士运河这个头号战利品就到手了。但希特勒避而不谈增援的事，却授给他一根元帅手杖。事后隆美尔说，与其给我这根棍子，不如给我增援一个坦克师。

隆美尔率领非洲军，从托布鲁克向东推进。丘吉尔回忆录写到这里时，分外伤感。他说：非洲军 用英国卡车运兵，用美国坦克开道，使用美国援助英国的弹药，甚至穿着我们的军装，来打我们。

隆美尔为补给发愁时，英军补充源源不断。美国新式谢尔曼坦克的大量补充，惊魂甫定的沙漠军渐渐恢复了生气。

大战前夕，英军走马换将。新任第8军团司令是一个瘦小精干的汉子，人们亲切地称他为“蒙蒂”，他就是英军中将伯纳德·蒙哥马利。

蒙哥马利是员福将，在他之前的沙漠军将领，哪个也不差，但他赶上了英军装备最充足的时期。1942 年 10 月 23 日晚 9 点，蒙哥马利一声令下，英军防线上的上千门火炮打响，拉开了阿拉曼战役的序幕。

英军发起进攻。

英军进攻时，隆美尔正在维也纳住院。他急匆匆出院，第二天赶到前线指挥所时，非洲军已经败下阵来。举目四望，他没有坦克，没有汽油，也没有预备队。他对部下怅惘地说：“平生以来，我头一次不知道该怎么办了。”

非洲军底子不错，指挥系统也是有经验的。它的各师团飞快地来回调动，抵挡来自各方的进攻，甚至组织了反攻，但蒙哥马利指挥有方，打退了非洲军的反扑。

英军掌握了制空权，轰炸非洲军的前沿与后方。11 月 2 日，蒙哥马利的步兵突破了战线，非洲军全线发生动摇。

希特勒给非洲军配备的这种硕大无比的火炮，没派上什么用场。隆美尔给希特勒紧急发报称：现在撤退尚不晚。但希特勒坚决不同意撤退。

15 天中，非洲军撤退了 1000 公里，一直撤到班加西以西，但伤亡 20000 人，被俘 30000 人。非洲军成为战争爆发以来第一支向盟军投降的轴心国部队。

阿拉曼战役是盟国赢得的第一场全面战役胜利。丘吉尔说，阿拉曼战役之前，英军对德军战无不败；阿拉曼战役之后，英军对德军战无不胜。

重返烽烟现场

——肉眼所见的二战进程

南洋

从菲律宾到荷属东印度 »

19 世纪末，美国于美西战争中战胜了西班牙，夺去了西班牙的殖民地菲律宾。长期以来，美国政府并没有在菲律宾驻军。美国四星上将麦克阿瑟，军人世家，曾经担任西点军校校长。他从美国陆军参谋长职务退役后，应菲律宾总统奎松之邀，到菲律宾组建武装力量。对于他来说，此行不过是给朋友帮忙，客串而已，尽管奎松封他为菲律宾元帅。中国抗日战争爆发后，罗斯福总统对远东形势隐隐不安，1937 年 7 月 27 日任命麦克阿瑟为“美国远东军统帅”。至于“美国远东军”在哪里，还是子虚乌有，需临时组建，从美军抽调部分官兵以及吸收菲律宾的本土部队。

从那时起，一晃 4 年多过去。到珍珠港事变爆发前，美国远东军从没有一兵一卒起步，发展到拥有美军 20000 人，菲律宾军人 10000 多人，又被称为“美菲联军”。它拥有 108 辆轻型坦克，大炮寥寥无几，100 多架军用飞机，包括 35 架 B-17 轰炸机。麦克阿瑟了解这支袖珍军队的分量：“也许这些岛屿不是控制太平洋的门户，甚至不是这个门户的锁，但对美国人来说，它确实是打开门锁的钥匙。我绝不会让这把钥匙丢失。”

菲律宾群岛距离日本不远，距离台湾更近。到珍珠港事件之前，美国在菲律宾军事力量的作用逐渐凸显出来，被舆论称为“美国摆在日本门前石阶上的一块石头”。美菲联军成为美国距离日本最近的武装力量，与台湾更是近在咫尺，如果美国和日本一旦发生战争，美菲联军的主要作战对象不是日本本土部队，而是盘踞在台湾的日军。

但是，日本早就有所准备。还没有等麦克阿瑟动手，日本抢先动手了。1941 年 12 月 8 日凌晨 2 时，日本舰队闯入泰国南部的宋卡港，接着大批日军抢滩登陆。这时，距珍珠港事件结束仅两个小时。

美国远东军的飞机部署在吕宋岛的克拉克机场。珍珠港事件爆发后，麦克阿瑟接到马歇尔的命令：执行“彩虹 5 号”作战计划，这意味着出动空军对日本作战。他正打算用 B-17 轰炸机轰炸日军停泊在台湾的舰艇，日本轰炸机群突然抵达克拉克机场上空，向机场上的飞机扫射轰炸。

菲律宾人心惶惶，人们携儿带女向安全地带转移。

同在12月10日，日军开始从泰国向马来亚挺进，目标是800公里外的新加坡。指挥这支日军的是事后被称为“马来亚老虎”的山下奉文将军。

日本航空兵连续三个攻击波之后，美国远东军3/4的作战飞机被摧毁，美国能够用来阻止日本在东南亚迅速取胜的唯一的威慑力量，刹那间荡然无存。这时，距珍珠港事件结束仅仅10个小时。此事被舆论称为“远东珍珠港事件”。麦克阿瑟紧急下令，将棉兰老岛上仅存的17架B-17轰炸机撤往澳大利亚。就此，美国远东军的空军不复存在。

12 月 10 日，日军在吕宋岛登陆。吕宋是菲律宾的主要岛屿，首都马尼拉在该岛南部。

日军在吕宋岛登陆成功，迫使马歇尔对麦克阿瑟下令，把美菲联军向巴丹据点收缩。麦克阿瑟主动放弃马尼拉，是日军没有想到的，他们原本打算在马尼拉与美国远东军决战。

美菲联军30000多人和30000多马尼拉难民撤退到了巴丹半岛。这次撤退，被有的报纸称为“远东敦刻尔克”。麦克阿瑟认为可以在这里固守半年以至一年以上。但他的估计过于乐观了，他们带出来的给养支撑不了多久。

日军在丛林密布、山峦重叠、河流交错的马来半岛上边走边打，风一样卷过密密丛丛的莽原，向新加坡逼近。

新加坡位于太平洋与印度洋之间航运要道马六甲海峡的出入口，1824 年沦为英属海峡殖民地的一部分。它的守军人数不算少，近 14 万人，是一支多国部队，有英国人、澳大利亚人、柔佛苏丹人等。他们没有坦克，也没有制空权。

100 多年来，英国殖民主义者警惕着来自海上的入侵，炮台上的大炮，炮口朝着南面的大海。新加坡的北面是马来半岛，因此北边没有任何防务。日军正是钻的这个空子，他们不是从南面的海上进袭新加坡，而是从北边的陆地上，从新加坡要塞的背后入侵新加坡，不能让英军有时间掉过头来。

1942 年 1 月下旬，日军逼近马来半岛南端。他们仅用 7 周时间就从泰国打到了新加坡。途中仅阵亡 1800 人，兵力尚有 68000 人。

2 月 8 日夜晚，柔佛海峡水位最低的时候，日军乘浮船，甚至淌水渡过海峡。到天亮的时候，已有 20000 多人进入新加坡市区。从这时起，战斗在新加坡市内进行了。

新加坡有一座水库，解决全市的饮用淡水。这是日军冲上水库堤坝的一刻。日军占领了水库，捏住了新加坡的脖子。

失去了淡水供应，往下的仗不能打了。英国派驻新加坡的殖民总督马克·扬爵士在新加坡九龙半岛饭店向日本第 23 军团司令佐木中将递交投降书。

新加坡之役，英军阵亡1200多人，日军阵亡人数不到英军的一半。大批驻新英军成为战俘。

日军占领香港。

马尼拉成为不设防的城市，日军未经战斗，坦克便开进了马尼拉。

巴丹半岛位于马尼拉湾和苏比克湾之间，面积1000多平方公里，是控制马尼拉湾的要地。美国远东军控制了半岛，就从地形上制约了首都马尼拉。麦克阿瑟说：“敌人也许抓住了瓶子，但是我掌握着瓶塞。”美国远东军在这里的抵抗，为珍珠港事件后阴云笼罩的美国带来了一线生机。

守岛美军用猛烈炮火击退了日军的进攻。这时的美国远东军比较整齐，一度困住日军第65师团的一个团。10万军民困在巴丹半岛上，终究不是长久之计。他们的淡水、粮食供应被切断，每天吃的就是撤退时带出来的那些。麦克阿瑟每天安慰部队的话是，增援正在路上。这种话说久了就没人信了，二战期间最动摇军心的歌曲开始在守岛部队中传唱：“我们是巴丹苦兵卒，没有爹妈和山姆大叔，没有叔没有婶，没有飞机和大炮，也没有人在乎。”

部队士气最低落时，麦克阿瑟离开了巴丹半岛。通常的说法是，他接到命令去澳大利亚担任新成立的西南太平洋战区司令，所以才会在这种时候离开部队。其实不是。他离开时没有接到任何任命。罗斯福总统和他有40年交情，不愿意让他落在日本人手里，只是让他离开菲律宾。临行前，他撂下一句话："我还要打回来。"这是一句誓言。

4月9日，本森率日军攻陷巴丹，30 000多美菲联军士兵成为俘虏。余下的从巴丹撤往附近只有几平方公里的克里克道尔岛，听候命运的安排。一个月后，日军攻陷克里克道尔。麦克阿瑟的继任者，乔纳特·温纳特将军向本森投降。

美军在菲律宾守卫队投降后被押往日本集中营的途中。10 000多名美军战俘死于劳累和饥饿。

日本士兵欢呼胜利。

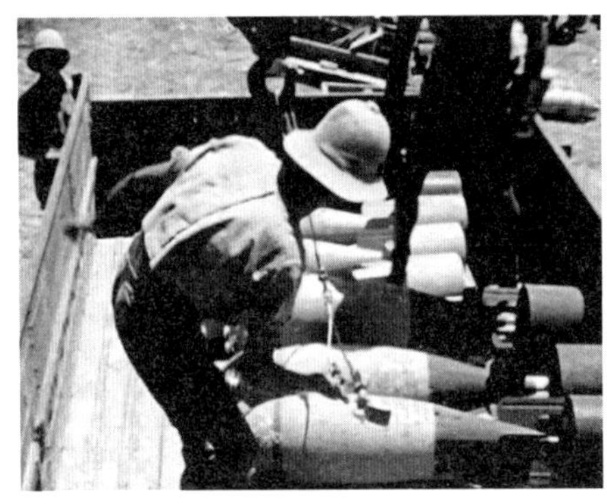

日军的下一个目标自然是荷属东印度（印度尼西亚），那里有南洋最大的油田。这是荷兰殖民军在备战。

日本获得了战争须臾不可离开的石油资源。

日军占领了荷属东印度。

1942 年春，日军不仅已占领香港、马来半岛和新加坡、菲律宾、荷属东印度，而且占领了新几内亚的西部和中部、阿德米雷尔提群岛、新不列颠岛、新爱尔兰岛、吉尔伯特群岛和所罗门群岛大部。

太平洋

从珊瑚海到中途岛 »

偷袭珍珠港得手后，日本人忘乎所以，嚣张到了顶点。这幅宣传画反映了日本法西斯的心态：他们要把美国海军全部消灭，独霸太平洋。

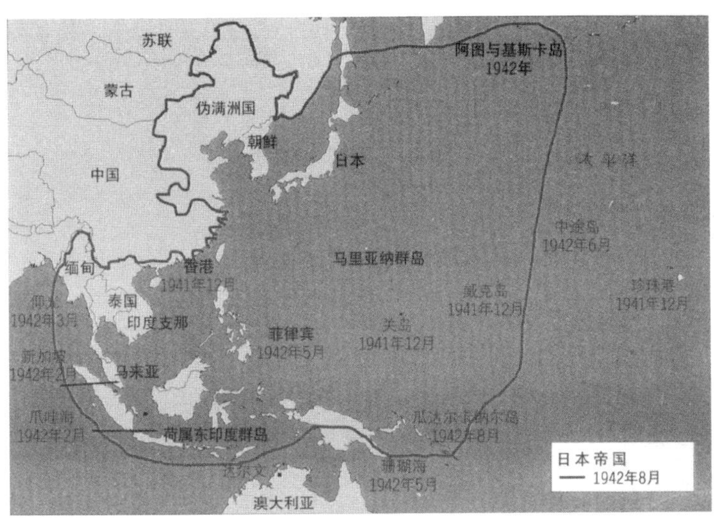

从 1942 年的年初到春季，被二战史家通俗地称为“日本大闹太平洋”时期。强大的日本舰队独步太平洋，扩张到了极至，几乎到了澳大利亚和夏威夷。而美国还没有从珍珠港的阴影中走过来，态势上非常被动，对日本海军只敢进行一些所谓“打了就跑”的行动。

日军占领了太平洋诸多重要岛屿，构成现实威胁的是距离澳大利亚较近的所罗门群岛，日本即便没有能力在澳大利亚登陆，也可以这里为基地，切断美国到澳大利亚的海上运输线。麦克阿瑟来到澳大利亚后，任西南太平洋战区司令，计划把莫尔斯比港建成阻止日军进攻澳大利亚的基地。

珍珠港事件后，美国海军做了重大人事调整，海军部航行局局长切斯特·尼米兹接替金梅尔上将，担任太平洋舰队司令。

4月中旬，太平洋舰队得到情报，日本庞大的运输船队在两艘航空母舰作战编队的掩护下，驶向珊瑚海。尼米兹判断，日本要在瓜达尔卡纳尔岛北面的图吉拉岛建立机场。这个机场将直接威胁到莫尔斯比港。

4 月 30 日，哈尔西将军率领的第 17 特混舰队离开珍珠港，驶向珊瑚海。这支舰队包括“约克城”号和“列克星顿”号航空母舰，在图吉拉岛附近重创日本舰队，从而揭开了珊瑚海之战的序幕。

5 月 6 日，从澳大利亚起飞的 B-17 轰炸机穿过莫尔斯比港，偶然发现从所罗门群岛方向开过来的日本舰队，其中包括“祥风”号航空母舰。美军的 B-17 轰炸机出动，攻击“祥风”号，但是被从航空母舰上起飞的零式战斗机撵走。

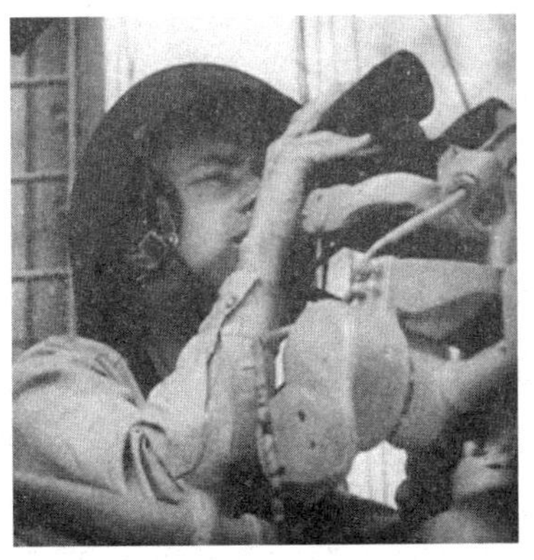

5 月 7 日，日军搜索机在珊瑚海上空发现了美国第 17 特混舰队的位置，距离日本航母编队只有 175 海里。日本航母编队迅速赶来。第 17 特混舰队严密注视着空中。美日两国海军的第一次正式交手，一触即发。

5月8日，爆发珊瑚海海战。这是军事史上首次航空母舰对决。日本出师不利，13000吨的“祥凤”号航空母舰和几艘舰艇被击沉。美国损失了1艘巡洋舰和1艘超大型油轮。

“列克星顿”号航空母舰上只剩下十几架战斗机了，它们全部起飞为母舰护航。

日本轰炸机投掷的重磅炸弹把“列克星顿”航空母舰的加油管炸毁，引发一连串大爆炸，引发大火。

谢尔曼舰长下令弃船。

全舰3000余名官兵大部分得救。为了防止“列克星顿”号航空母舰落入日军手中。尼米兹下令，“菲尔普斯”号驱逐舰施放4条鱼雷，将其击沉。

太平洋中央有一条国际日期变更线。这条线东边一点，有一个小珊瑚岛。由于它大体处于太平洋东岸与西岸的中间，所以被称为中途岛。中途岛的陆地面积还不到5平方公里，由环礁形成泻湖，是天然良港。美国1867年占领该岛，1903年改建为海军基地，是美国在北太平洋的耳目。

日本航母编队的主力舰“赤城”号航空母舰。日本对外公布排水量为26900吨，实际上达到30000吨。它的甲板前部右舷有一个小型岛式上层建筑。

日本航空母舰“苍龙”号，标准排水量为15900吨，载攻击机28架，轰炸机36架，侦察机9架。

“列克星顿”号航空母舰在珊瑚海海战中沉没，太平洋舰队只有“企业”号、“大黄蜂号”和“约克城”号3艘航空母舰。这是“约克城”号，标准排水量19800吨。

日本海军的无线电通讯被美国海军截获。截获的电报中屡屡出现“AF”字样。“AF”显然指一个重要目标。美国海军部反复研究，确定“AF”是指中途岛。美国海军部相当精准地推断出：日本航空母舰部队将在6月4日早晨6时，从西北方向，方位325度，距离中途岛175海里的海面上发起进攻（战役开始后，尼米兹表扬做出这一判断的参谋莱顿：“你的预测只差了5海里、5度和5分钟。”）

“约克城”号载机81至90架，主要机种是道格拉斯公司研发制造的“无畏”俯冲轰炸机，在美军舰载机中颇负盛名。它的烟囱和上层建筑连为一体，从而形成美国航空母舰的基本型。“大黄蜂”号是“约克城”号的改进型。

“约克城”号航空母舰在珊瑚海海战受创，正在修理。尼米兹下令尽快修复“约克城”号航空母舰。并且决定修复后，埋伏在中途岛东北 200 海里的海面上。这是一个相当有远见的决定。

美国航空母舰的调动十分隐蔽，保密工作十分出色，致使日本海军一直摸不清它们的实际位置。山本五十六认为，美国幸存的航空母舰远在所罗门群岛。带着这个要命的错觉，日本舰队抵达中途岛附近海域。6 月 4 日早晨，水平轰炸机和零式战斗机从“赤城”号、“加贺”号、“飞龙”号和“苍龙”号航母上起飞。

美国“黄蜂”号航空母舰，标准排水量 14700 吨，是“约克城”的缩小级。舰载机 80~84 架。

美军早有准备。日军飞机逼近时，中途岛机场的战斗机中队腾空而起，冲入日军舰载轰炸机群。

美国轰炸机被密集的弹雨一架架击毁，施放的鱼雷全部被规避，没造成伤害。日本舰队始终没有发现美国的航空母舰。实际上，“企业”号航空母舰就在附近设伏。美国海军也在焦虑地确定日本航空母舰的准确位置。

这是一场死亡游戏，谁准确把握出击时机，谁就得分。

“企业”号航空母舰甲板上的一个瞬间。美军轰炸机几个波次的攻击，虽然没有给日本航母舰队造成损失，但让司令官南云中将一惊一乍，指挥越来越乱。美军轰炸机一批批飞临，空袭警报一次次响遍舰队。航母上的军械士刚装上鱼雷，怕影响飞机起飞离舰，又匆匆卸下。这样折腾了几次，整个舰队被调排得疯狂暴躁，疲惫不堪。

美军几个批次的轰炸机群几乎全军覆没，仅存的几架飞走后，激战的喧嚣逐渐平息下来。零式战斗机回到母舰上加油。就在这时，从“企业”号和“约克城”号航空母舰起飞的轰炸机群逼近了，恰恰在日本人无法还手的最佳时机来到。从空中望下去，庞大的日本舰队排成一个环形，护卫圈的当中是4艘航空母舰。所有飞机都整齐地排在甲板上。美国俯冲轰炸机从晴空呼啸而下，没有一架零式战斗机来得及起飞迎击，舰上的高炮直到最后一分钟才开火。

南云的旗舰“赤城”号是头一个报销的。炸弹穿透甲板，在舰体深处爆炸，引起舰内炸弹爆炸，舰体由深处引起一阵阵颤簸，把燃烧的飞机抖落进大海。仅6分钟，它就完了。

仅存的“飞龙”号航空母舰上，零式战斗机飞行员听到这样的训示：他们是大日本帝国仅存的舰载机飞行员了，不惜性命，全力以赴，炸沉“约克城”号航空母舰。

“飞龙”号上的舰载机尾随美国返航舰艇，发现了“约克城”号，于是一股脑涌上去。这是护卫“约克城”航空母舰的舰只拦截射击。

中途岛之战。

“约克城”号挨了几颗致命的炸弹。

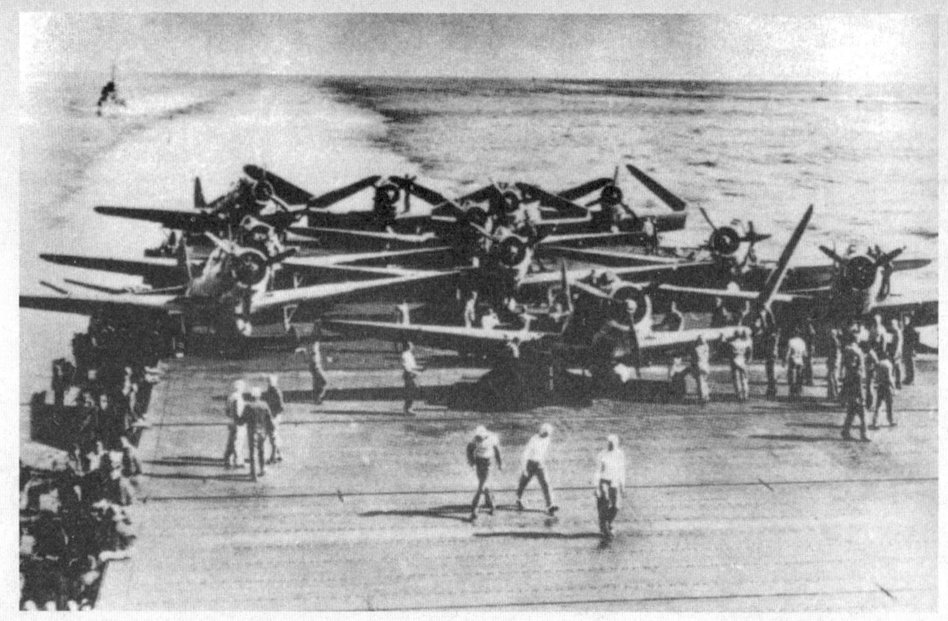

随后，“约克城”号沉没了。

B-25 轰炸机也飞临战场，它们竟然是从遥远的珍珠港赶来的。

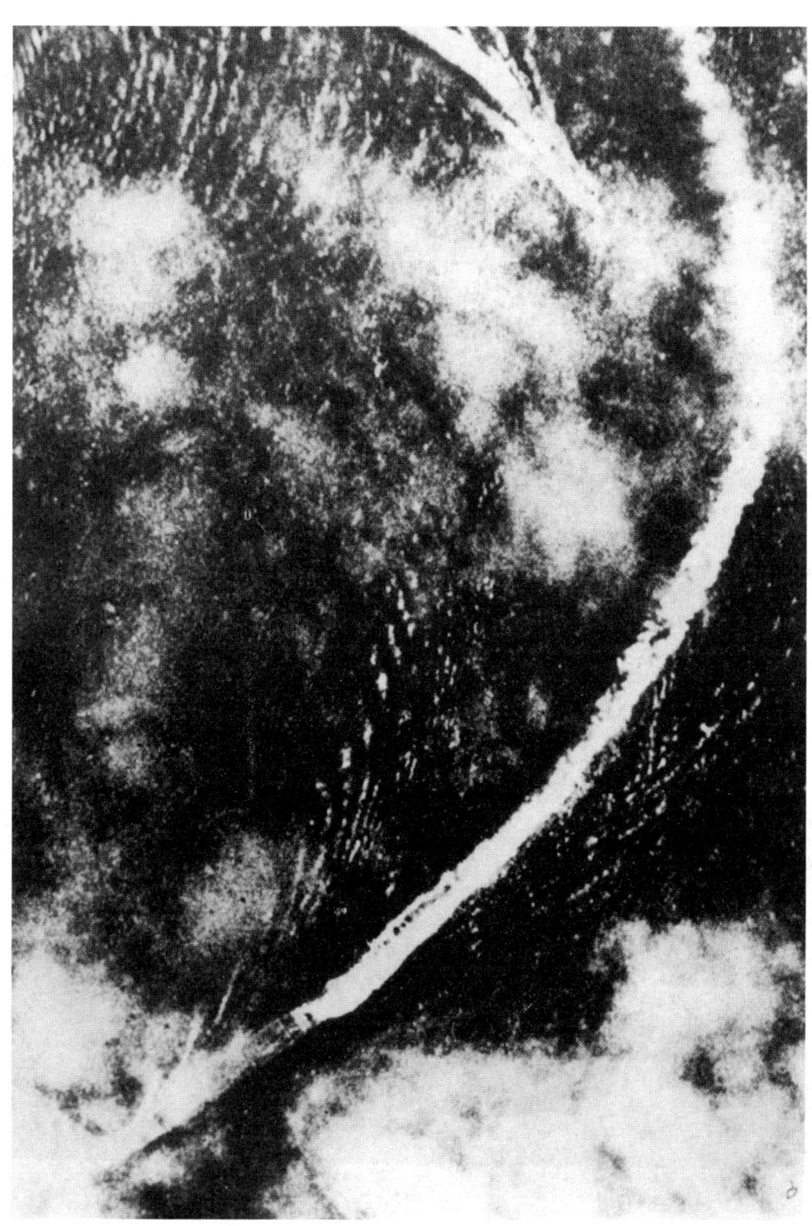

空中已经没有零式战斗机了。日本舰队仅存的航空母舰“飞龙”号，成为任由美国轰炸机摆布的躯壳。

日本舰队的4艘航空母舰全部报销。山本五十六于6月5日凌晨下令“取消中途岛占领行动”。对日本来说，中途岛的惨败，不在于丢了几艘航母和几百架飞机，也不在于损失了几百名经验丰富的飞行员和机务人员，而是在中途岛的面前，它称霸太平洋的企图被截止在中途。

重返烽烟现场

——肉眼所见的二战进程

转折

从哈尔科夫到斯大林格勒 »

德军从莫斯科城下撤退后，1942 年的进攻方向改弦更张，重点不再是中央方向了，而是放在了南线，集中力量进攻高加索油田。为什么会把重点放在这个方向上，希特勒说得明白无误：一旦俄国人没有石油了，坦克开不动，飞机上不了天了，工厂没燃料了，也就只有退出战争了。

这是德军精锐部队“骷髅师”的官兵。“骷髅师”参加了 1942 年的春季攻势，一路上打得顺手。5 月初，德军攻陷连接黑海与亚速海的刻赤半岛，随后攻占了哈尔科夫。

5 月中旬，苏军向哈尔科夫反攻。图为德军在哈尔科夫周边防御。战役刚推演 3 天，斯大林便感到不对劲，在苏军后侧游动着德军第 6 军团，走势飘忽。苏军总参谋长华西列夫斯基预感到大麻烦来了，提出马上中止哈尔科夫战役，全力对付德军第 6 军团。但为时已晚，德军反攻的同时，德军游动的第 6 军团席卷而下。5 月 23 日，两股德军在苏军背后合龙。

据德军战报，苏军此役死伤及被俘达25万人之多。苏军公布，苏军在这个方向上的方面军副司令、集团军司令及战役集群司令等皆阵亡。

德军第6军团参加过比利时和法国战役，官兵近30万人，配备了700多辆坦克，1200多架飞机。司令是如日中天的保卢斯将军。希特勒给保卢斯打气说：带着这样的部队，你连天堂也能攻下来。6月28日，德军第6军团在从库尔斯克到罗斯托夫的广阔战线上，由摩托化步兵开路，发动了规模巨大的夏季攻势。

苏军预备队集中在莫斯科附近，南方草原没多少兵力，斯大林格勒苏联守军不足19万人，有300多辆坦克和300多架飞机。这一带一马平川，没有阻挡坦克前进的森林、高山、丘陵和沟壑。无法抵御德军冲过顿涅茨盆地，涌入顿河河曲。

第6军团的坦克在辽阔无际的草原上旋风般向前驱驰，为加快推进，摩托化步兵睡觉都不离开摩托车。

斯大林格勒居民不足10万人，是联接高加索油田与苏联中部的枢纽。伏尔加河从城边缓缓流过，高加索石油沿河溯流而上。德军一旦占领这座城市，便敲开了高加索油田的门锁。甚至不用去进攻油田，从这里就能截断伏尔加河航路，使高加索石油无法供应急需油料的中部和东部地区。

9月10日，德军进入斯大林格勒市区，警觉地四处搜索着，却难以发现人踪。他们以为苏军撤离了。

苏军并没有撤出市区，而是据守在市区各要害位置上。苏军在房屋里，德军在街道上，双方在打一场坦克、火炮和摩托化步兵都无法展开的战斗，这就是近战、巷战、肉搏战。它后来被称为“老鼠战争”。

从9月13日起，进入斯大林格勒市区的德军向伏尔加河沿岸挤压。他们从一个废墟冲向另一个废墟，“老鼠战争”开始了。第二次世界大战中最动人心弦的白刃格斗便发生在这些废墟中。

被炸毁的工厂成了抵抗中心。拖拉机制造厂仍在制造坦克和装甲车。十月革命工厂，一半厂房被德军占领，而在另一半厂房中，生产照旧进行。9月，在硝烟弥漫的工厂中，居然生产出200辆坦克和150辆装甲车。它们下了流水线便开火。

莫斯科。9月12日，斯大林召集刚从前线返回的朱可夫和华西列夫斯基。同他们研究了一个大问题：挽救斯大林格勒的唯一办法是在那里组织一个更大规模的战役，这就是用斯大林格勒吸引住德国的重兵集团，再用强大的预备队对德国重兵集团实施合围。它就是“天王星计划”。

苏军统帅部按照“天王星计划”的要求，组建了一支6个军团的预备队。赶赴斯大林格勒。

伏尔加河从斯大林格勒后面缓缓流过，在市区坚持的苏军，补给是通过伏尔加河的各个渡口运来的。保卢斯以3个装甲师开路，8个步兵师为后援，从城中杀出一条血路，一直打到伏尔加岸边，夺取渡口。这是参加突击的一名德军士兵。

参加突击的另一名德军士兵。在德军挤压下，苏军阵地只有伏尔加河两岸25公里长的地段，阵地伸入市区的瓦砾半公里到一公里。有的破碎的建筑物，德军占据了一半，苏军占据另一半。11月11日，保卢斯发起最后一次进攻。严冬快降临了，他想在最短的时间内到达几百码外的伏尔加河，进攻地段仅有400米。冲击部队被挤在一个刀尖上，双方士兵都杀红了眼。

苏军老兵起劲抽打驭马。苏军预备队正披星戴月地赶赴斯大林格勒。11月19日，他们赶到了战场。

保卢斯第6军团的两翼，由罗马尼亚仆从军队掩护。当苏军预备队越过阴沉的卡尔穆克草原猛扑过来时，罗马尼亚军团一触即溃。

苏军的一路从顿河中游南下迂回包抄斯大林格勒，另一路从斯大林格勒以南的盐湖地区挥戈北进，形成钳形攻势。11月23日晚，苏军两支先头部队在斯大林格勒的正西，保卢斯军团背后约30公里的地方会师。

德军官兵被突如其来的进攻打懵了，无法判明苏军攻势的规模和方向。德军这时还不太慌乱，只要能得到补给就坚守在那里，直到增援的德军发起大规模解围攻势为止。

第 6 军团在包围圈内赶建了机场。德军运输机突破苏军空中封锁，突入包围圈运送伤员。

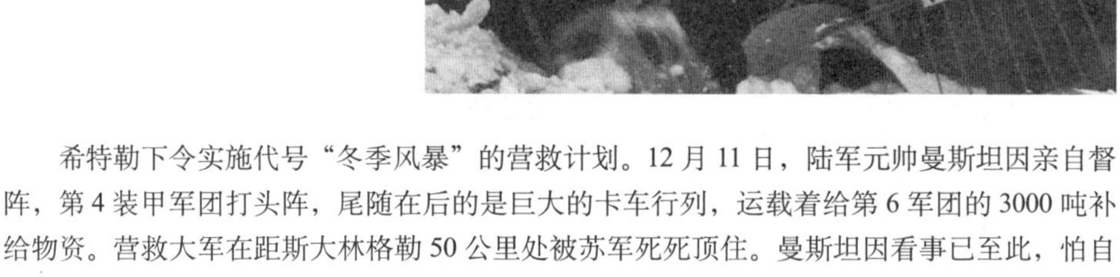

希特勒下令实施代号“冬季风暴”的营救计划。12 月 11 日，陆军元帅曼斯坦因亲自督阵，第 4 装甲军团打头阵，尾随在后的是巨大的卡车行列，运载着给第 6 军团的 3000 吨补给物资。营救大军在距斯大林格勒 50 公里处被苏军死死顶住。曼斯坦因看事已至此，怕自己也陷进去，干脆掉头回去了。

“冬季风暴”营救计划失败，第 6 军团绝望了。致命的俄罗斯严冬已近在眼前，保卢斯军团被围困在一个狭小地域内，它的前面是永远打不过去的伏尔加河，后面则是永远退不回去的顿河河曲。

1943 年 1 月 8 日，苏军派信使进入包围圈内，劝说德军投降。苏方表明，保证给放下武器的德军官兵以人身安全，并在战争结束后送他们回国。这些条件是体面的，保卢斯将苏方最后通谍的原文发给希特勒，并报告说，部队已经弹尽粮绝，在零下 30℃的严寒中，药品已经用完，为减少伤员的疼痛感，只好置于雪地中冻死，切望准予投降，以挽救残部生命。希特勒答复说：不许投降！要战至最后一兵一卒一枪一弹，以对拯救西方世界作出永志难忘的贡献。

1 月 10 日晨，苏军 5000 门大炮齐鸣，展开了斯大林格勒战役最后攻势。苏军的炮兵阵地不断前推，挤压包围圈。苏军步兵把曾经煊赫一时的第 6 军团的残兵余卒分割在 3 小块袋形阵地中。

就在苏军大批俘获德国军官时，希特勒却忙着给包围圈内的 117 名军官封官晋爵。

他们刚收到任命，升了官，转眼就成了俘虏。俘虏大军中包括 24 名将军。

希特勒给保卢斯发报说："在德军历史上，从来没有一个陆军元帅是被生俘的。"这是暗示保卢斯自杀殉职。保卢斯没有自尽，第6军团也没战到最后一兵一卒。保卢斯被俘了，去见苏军将领。他这时想起自己已是元帅了，要求苏军以元帅身份对待他。斯大林的儿子雅科夫在战争初期被德军俘获。德军统帅部想用雅科夫交换保卢斯。斯大林这时说了一句有名的话："用一名元帅换一名中尉，这种吃亏的事情我不干。"

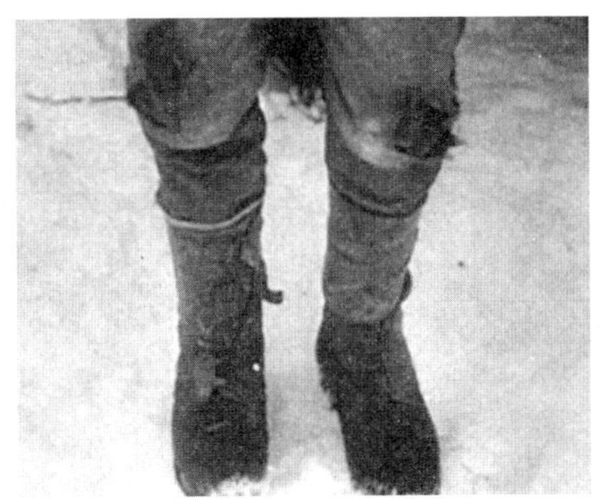

两个月前，第6军团近300 000人，除了空运回国的两万多名伤员外，战死近15万人，被苏军俘虏的人数为123 000人。他们在冰雪中走向西伯利亚战俘营。战后，斯大林格勒战俘的下落成为一个尴尬问题。据西德政府统计，斯大林格勒被俘的德国人大部分死于次年春季流行的伤寒病，战后只有5000余人回到德国。

斯大林格勒是纳粹德国军队的墓场。这个十字架，使人们回想起半年多前的哈尔科夫战役。那一仗，据德军宣布，苏军死伤及被俘为25万人。现在，苏军将领仅仅是认为报了哈尔科夫战役失利的一箭之仇。甚至《红星报》发表的社论中也在强调这一点，而没有察觉出更深远的意义。

全世界反法西斯国家的人民在欢庆斯大林格勒的胜利。当时，包括苏联人在内，这个世界还没有意识到，苏军在斯大林格勒取得的胜利，会成为整个第二次世界大战地面战场的转折点。

重返
烽烟现场

——肉眼所见的二战进程

地中海

从“火炬”到“赫斯基” »

北非濒临地中海的国家，多是西方大国的殖民地。从东向西，埃及刚脱离英国统治，意大利是利比亚的宗主国，法国拥有突尼斯、阿尔及利亚和大半个摩洛哥。

法国战败后，完整无损的法国舰队大部分停泊在法国土伦军港。不列颠战役期间，丘吉尔担心德国利用法国舰艇在英国登陆，命令皇家空军轰炸土伦军港。丘吉尔说，轰炸法国兄弟是他一生中最痛苦的决定。皇家空军轰炸土伦军港后，法国舰队分散配置，部分舰艇离开法国本土，分别停泊在阿尔及利亚的阿尔及尔港、奥兰港和摩洛哥的卡萨布兰卡。

1942 年 8 月，丘吉尔访苏期间，斯大林向他发了通火。苏德战争爆发后，苏军单独与德军作战，美英一再允诺开辟第二战场，却连个影都没有。丘吉尔心里不服，当初英军单独与德军作战，苏联可没打算开辟什么第二战场。揭短的话不便说，这把盐不能搓进俄国正流血的伤口。丘吉尔说，英美说话算数，不会食言，一旦条件成熟，马上开辟第二战场。即使目前条件不成熟，也准备实施一个替代方案。话说到这儿，丘吉尔掏出“火炬”计划。美军和英军在北非的法属殖民地登陆？斯大林难以理解这么做有什么价值。丘吉尔说，打鳄鱼有时不用打脑袋，打击“柔软的下腹部”，效果可能会更好。

1942年年中，英国战时首相丘吉尔出访美国，和罗斯福总统谈妥了一件事：英军和美军组成一支联合部队，在法属北非登陆。计划的代号是“火炬”。马歇尔听说“火炬”计划后有些惊诧，大战中美军要做的事情很多，跑到法属北非干什么？他怀疑丘吉尔是打小算盘。隆美尔在北非把英军打得够呛，丘吉尔是要让美军给英军解围。美国参谋长联席会议的疑虑尽管很多，但总统既然同意了，就只能执行。

1942 年夏秋之交，联军出发。由于出征人数太多，部分美军搭乘海军部临时征用的客轮。这是一支庞大的舰队，77 艘客轮和军舰上共有 74000 名英军和美军。直到这时，他们并不知道前方目的地是哪里。另一支 32000 人的美国特别行动部队从美国本土出发，直接前往目的地。率领这支军队的是巴顿将军。

登陆地点的法军是否会抵抗？盟军吃不准。盟军舰队驶近目的地时，维希政府三军总司令达尔朗海军上将突然来到阿尔及尔。维希法国的最高军事首脑本来是看望他的儿子的，却无意间闯入了即将成为世界关注热点的地区。他的态度对法军是否抵抗有决定作用。走在前面的那位就是达尔朗。

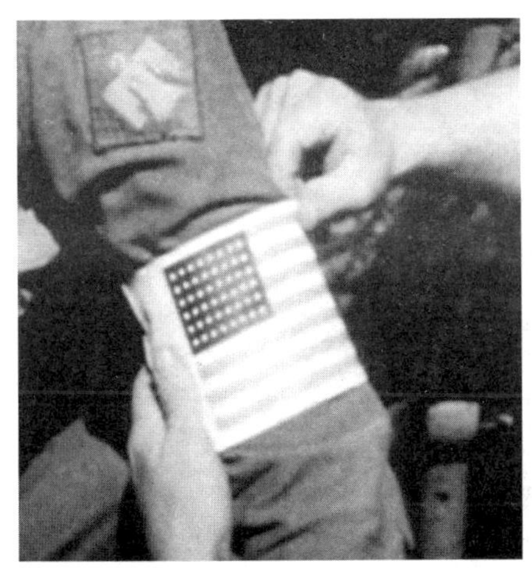

盟军舰队分为两路，巴顿带一路去卡萨布兰卡，其余进入直布罗陀海峡，前往阿尔及尔。之所以如此，是怕德军封锁直布罗陀海峡，所以在海峡之外留了一路，内外有个照应。舰队接近卡萨布兰卡时，巴顿在军舰上广播，给士兵留了个活话："我们到现在也不知道法军会不会抵抗。如果抵抗，就地歼灭；如果缴枪，平等相待。请记住：法国人不是德国人和日本人。"话虽然是这么说，巴顿的心里还是比较踏实的，因为美军与法军没有积怨，美国与维希法国保持着外交关系。在军舰上，美军士兵缠上了美国国旗的臂章，为的是登陆时以至登陆后方便一些。

在阿尔及尔市内，美国公使找到达尔朗海军上将和法国驻军司令，请他们给法军下令，不要给盟军找麻烦。后者态度鲜明，坚定地站在盟军一边，但是要看达尔朗如何定夺。达尔朗的态度一时有些暧昧，说如果允许盟军登陆，德国就会占领法国全境，这笔买卖对法国太不上算。由于上峰莫衷一是，直到最后一刻，法军还是犹豫的。法国的残山剩水，成了希特勒悬在法国人头上的一把剑，他们也不知道该怎么办才好了。在阿尔及尔港，情况比设想的复杂。法军对皇家空军企图炸沉法国舰队一事憋了一肚子气，不打算轻饶了英国人。英国舰只只得躲在后面，由美国舰只打头阵。法军进行了轻微抵抗，美军登陆后，收拾了并不认真的法军。

奥兰港的法军进行了猛烈抵抗，初出茅庐的美军打了个硬仗；正式抵抗发生在卡萨布兰卡，法军甚至出动了飞机。在这幅照片中，这名美军的电话兵吓得够呛。其实不独他，整个美国陆军差不多都是初次参战。

所有抵抗都在几天内平息了。联军大部队从容登陆。

美军登陆部队在卡萨布兰卡码头。

盟军在北非登陆，“火炬”计划画上了句号。

图为《卡萨布兰卡》的电影海报。这部由汉弗莱·博加特和英格丽·褒曼主演的故事片，无疑是第二次世界大战期间最叫座的娱乐片之一。好莱坞好像有一种先知先觉，这部影片于 1942 年感恩节公演。当时美英联军在卡萨布兰卡登陆不过两个星期。

法国人的犹豫彷徨，使他们又上演了一出悲剧。盟军在法属北非登陆后，希特勒命令德军占领法国全境。艾森豪威尔请达尔朗给土伦军港下令，让法国舰队迅速冲到北非来。达尔朗下了命令，而土伦军港给了两个字的答复："放屁！"转眼间，德军包围了土伦军港。刚刚强硬地拒绝了达尔朗的土伦海军将领，更强硬地拒绝了德军，下令把法国舰队全部凿沉。如此巨大的反复，反映了法国人心态的苍凉。

蒙哥马利率领第 8 集团军，从利比亚的黎波里向突尼斯挺进。自阿拉曼战役后，他再次与隆美尔对决。

法国舰队是外路财，得到更好，得不到也没什么。得失与否，都不影响盟军进攻“火炬”计划的下一个目标，它是法国在北非的又一个殖民地：突尼斯。

1943年3月初，隆美尔动用了所有部队，主力是3个德军装甲师，连续发动进攻，却遭到惨败。丘吉尔说："在隆美尔的各次非洲征战中，这恐怕是他最严重的一次失败。"这也是隆美尔在非洲最后的作战。败下阵后，他立即回国治病。

巴顿率部参加了突尼斯会战。他57岁，虔诚的天主教徒，却被称为"魔鬼"；骑兵出身，却创建了美国第一支坦克部队；外表很强硬，心肠却极软。他的兵都没有怎么打过仗，他要带他们去体验"地狱是什么样子"。

据前线记者报道，突尼斯境内，到处有德军军官打听，战俘营在哪里。在这些俘虏中，有不少人表情轻松，因为他们活着走出了这场可赌咒的战争。

突尼斯战役中，俘获的德军和意大利官兵达到创纪录的25万人。

盟军进攻西西里岛的作战计划，代号“赫斯基”。7月8日，3000多艘舰船载着盟军离开突尼斯港口，开始横渡突尼斯海峡。

意大利在地图上的形状，就像一只伸入地中海的高跟鞋，西西里岛则像“高跟鞋”踢出来的一块石头。无疑，希特勒是不愿意放弃西西里岛的，因为盟军攻占了这个岛屿。就等于踩上了进攻意大利的跳板。但是这个意大利人的岛屿又是守不住的。希特勒在迟疑间，下令德军在西西里岛抵抗，打上一阵子，仍然要撤回意大利本土。

盟军的目标是墨西拿港口，它位于岛的东北角，与意大利大陆仅隔狭窄的墨西拿海峡。德军补充来自这个港口，人员进出也通过这个港口。盟军一旦拿下这个港口，德军不仅补充断了，而且后路也断了。盟军从开始就往岛的东北角压，德军边阻击边往东北角缩。英军和美军登陆之后就暗中较劲，看谁先攻占墨西拿。这是英军士兵。

希特勒第一次表现出“宽宏”，守不住就撤，撤得越干净越好。他知道西西里岛守不住，要求保存有生力量，收缩到意大利固守。由于盟军推进快，还是抓住不少俘虏。

德军统帅部基本上实现了计划，在日夜不停的撤退中，从墨西拿撤到海峡对岸 40 000 多人。来不及撤退的成了俘虏。

美国第 7 集团军在西西里岛登陆后，仅用 12 天就攻下巴勒莫，而后向墨西拿推进。巴顿的个性得到鲜明体现，军队表现出了令人胆寒的特色——速度。他像马贩子般拽着坦克往前赶，用连续不断的进攻使后撤的德军来不及组织防御。8 月 17 日，巴顿的先头部队占领墨西拿，英军随后赶到。他们占领的是一座空城。盟军在 38 天的战斗中重创德军 30 000 多人。从墨西拿海峡西岸望出去，隔着一道水就是意大利的“鞋尖”。

重返烽烟现场

——肉眼所见的二战进程

中国

从正面战场到敌后战场 »

卢沟桥事变之后，日军占领了北平；淞沪会战之后，日军占领了上海和南京。北平在北面，上海、南京在南边，日军大本营决心打通南北战场的联系，因此分南北两路沿津浦线进攻。徐州位于北平和上海之间，是津浦铁路和陇海铁路的交汇点。日军大本营的目标是占领徐州。

策划指挥徐州保卫战的蒋介石和第五战区司令长官李宗仁（左）、副总参谋长白崇禧。徐州自古为兵家必争之地。第五战区部队很杂，中央军、桂军、滇军、川军各一部，武器陈旧落后。

1938 年初春，日军乘装甲列车南下，直逼徐州。徐州会战展开。

第10师团濑谷旅团久攻不下，被第五战区增援部队围困，伤亡万余人后突围。抗日战争爆发后，中国军队第一次在正面战场上击败了日军。

徐州会战初期，中国军队实行韧性防御，在防御作战中，捕捉战机反冲锋。

台儿庄位于徐州东北约30公里的大运河北岸，是徐州的门户，由第2集团军孙连仲部防守。日军第10师团于3月下旬进犯台儿庄，飞机大炮昼夜轰炸，进攻十余次均被击退。第2集团军伤亡过半，孙连仲交代下属，士兵死光了，你们填进去，你们填完了，我填进去。

台儿庄大捷使得蒋介石过分乐观，遂调集大量兵力，以图扩大战果。日军大本营侦知这一情况后，命令华中派遣军和华北派遣军协同作战，从南、北两个方向上夹击徐州，意在消灭中国野战军的主力部队。由于日军强大的火力优势，集中过来的中国各路部队只得趁隙突围。日军于 5 月 19 日占领徐州。

徐州会战期间，日本航空兵即开始轰炸武汉。

南京失陷后，国民党政府迁都重庆，但政府军事委员会和部分机关仍然在武汉。作为政治、军事指挥中心和抗战物资集散地的武汉三镇，成为日军进攻的主要目标。徐州失守后，日军大本营认为，攻占武汉、控制中原要地，将是压迫中国政府投降、结束中国战局的最好机会。为了保卫大武汉，武汉儿童在街头募捐。

武汉会战中，日军投入的轰炸机和战斗机，都是刚装备部队的新式飞机，其中96型战斗机于1936年定型投产。中国空军主要部署于河南省的周口机场，使用的N-15和N-16战斗机，均为苏制。到1938年2月，苏联援助的中国空军的飞机共390架，其中战斗机230架，轰炸机160架。在武汉地区，中国空军和日本航空兵总共进行了3次空战，击落日机40余架。苏联政府不仅向中国提供作战飞机，还组织志愿航空队来华助战，先后在中国参战的多达两千多人。但是，由于地面战场失利，空战成果显示不出作用。

日军进入武汉。旁边站立的是守卫汉口租界的西方军警。

1939 年 4 月，国民政府军事委员会决定发动春季攻势，主要目标是反攻南昌。日军占领南昌后，以为大功告成，没有想到中国军队在新败之余能转入反攻。冈村宁次急忙调遣海军陆战队进入南昌，与中国军队争夺了一个星期。蒋介石看到反攻南昌已失去奇袭之效，攻城无望，遂令部队撤出战斗。

长沙会战中，中国军队与日军激战。

自从国民党政府迁都重庆后，素来受人冷落的大西南顿时被看好。由于此间远离华北、华中、华南战场，随着政府部门及重要的工厂、学校向西南转移，大量人口也向这一带迁徙。据估计，这次全国性大迁徙的人口达数千万。

从1938年2月18日至1943年8月23日，日本陆海空军航空部队联合对重庆实施“航空战略轰炸”，时间持续了5年半，史称“重庆大轰炸”。共造成两万余人死伤，其中被炸死者将近10 000人，被炸伤者万余。前往防空洞避难的重庆市民。

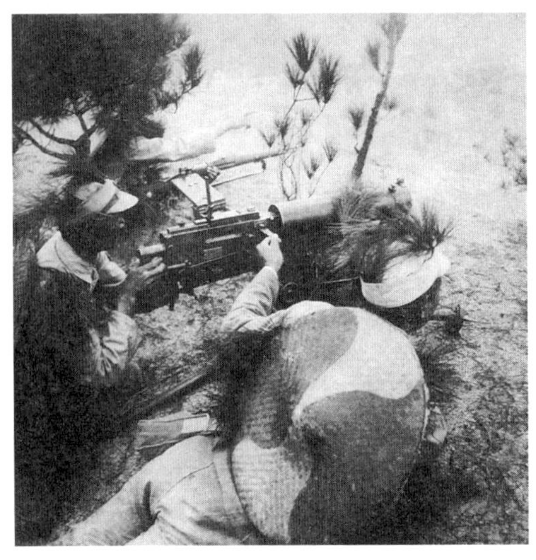

有史家认为，二战的起点应在中国。为什么这种说法得不到认同呢？因为直到这时，中日两国竟未正式宣战。日本为麻痹舆论，把明目张胆的侵华称为“事变”；中国政府幻想通过大国调停而和平解决，对应方针是“抗战、应战”，“不宣战、不绝交”。这些半死不活的说法，迟滞了世界的反应。于是，大而孱弱的中国面对东方法西斯元凶，孤零零浴血苦战。

1939 年秋，第二次世界大战爆发，中国不再是独自作战了。当年冬季，蒋介石决定向长江中下游地区发动反攻，预定把武汉等 14 个城市夺回，为此还拟定了数额不等的赏金。图为冬季攻势中的中国军队。

1939 年 11 月，日军为了切断当时中国最重要的国际交通线滇越铁路，在广西南部的钦州湾登陆，占领了广西重镇南宁，并继续北上占领了昆仑关等要地。图为日军在南宁举行入城式。中国军队随即实施反攻计划，先收复昆仑关，然后寻机收复南宁。1939 年的最后一天，中国军队攻克昆仑关。1940 年初，日军从广东抽调两个师团到桂南反攻，昆仑关再度沦入敌手。

抗战初期，中国并非处于绝对劣势。日本海空军数量虽然数倍于中国，但后备兵员不足，坦克年生产能力不过几百辆。相较而言，中国兵源潜力极大，国民政府有陆军步骑兵191个师、52个旅，总兵力200多万人。尽管军工底子薄弱，但只要充分动员、组织和武装民众抗战，本能遏制住日军侵略势头。国民党政府片面抗战，存侥幸之念，这就使中国人民的抗战热情和伟大潜力无从发挥。

八路军穿越村庄。

新四军部分中层指挥。

共产党领导的抗日武装，武器简陋，毫无外援，在抗战中却发挥了国民党正规军未曾发挥的作用。这是为什么？延安所信奉的是“兵民是胜利之本”。日军停止战略进攻之后，侵华兵力之大部用以进攻八路军、新四军和华南抗日武装，从此，敌后战场成为中国抗日战争的主要战场。

1940年8月20日至12月5日，八路军在华北发动了百团大战，目的之一是要打破日本在华北加紧推行的治安肃正计划和以铁路为链、碉堡为锁的囚笼政策。这是百团大战的指挥者、八路军总司令朱德和副总司令彭德怀。八路军一共出动了105个团。

百团大战中，八路军一度收复了 40 多个县城，最后巩固了 20 多个县城。

抗日军政大学的学员。

毛泽东说：“固然，游击战在决战中不起任何作用，但游击战争可以充分发动群众，组织民众武装，扩大军队，影响全国，在持久抗战中，积小胜为大胜，把自己造成粉碎日本帝国主义的决定因素之一。”这不仅是高明的见解，也是高明的实践。至 1940 年底，华北抗日根据地人口达 6000 万，八路军、新四军的主力部队达 213 个团，约 50 万人。这支抗日武装力量，抗击了当时侵华日军近六成。敌后抗战打破了日军掠夺中国占领区国防资源的计划，也打乱了日军妄图迅速结束侵华作战之后对英美作战的计划。

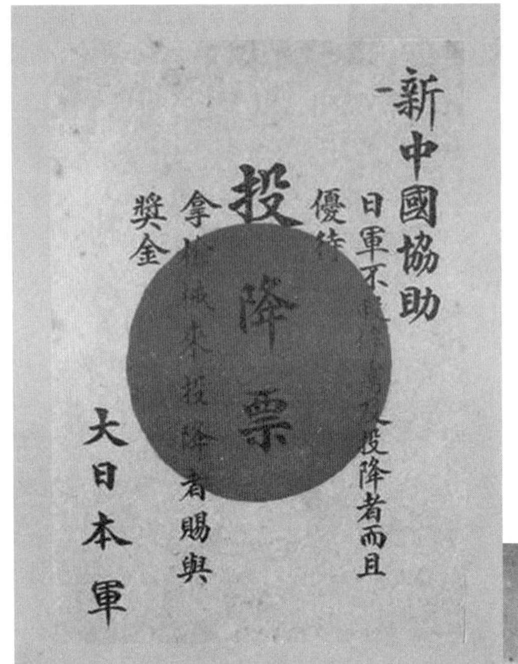

日军大本营印发的“投降票”。它留存至今，既是个“文物”，又是对当年日本法西斯的嘲讽。他们怎么会狂妄和愚蠢到如此地步，印刷和散发这种玩艺儿。

侵华日军阵亡了多少人，没有确切统计。从几个间接数字推断，当在50万人至70万人之间。而日本军方称，在中国战死的日本军人超过百万。

八路军、新四军、华南抗日武装紧紧依靠人民群众，不断发展壮大。1945年4月中国共产党七大召开时，华北、华中、华南16省范围内，敌后抗日根据地已建立了678个县政权，人口9500万。八路军发展到65万人，新四军发展到26万人，华南抗日武装达20 000余人，民兵220万人，抗击着侵华日军的大部和几乎全部伪军，并逐渐为不屈不挠的中华民族创造出一个举行战略总反攻的大势。

吨位战
从南大西洋到北大西洋 >>

1939 年 8 月，纳粹德国入侵波兰在即。对海事一窍不通的希特勒满脑子想着怎么把波兰砸成肉酱，不可能想到海军的宏观运作问题。但海军仍记着上次大战的惨痛教训，提出：德国舰艇进入大西洋不易，与其战争打响后让英国海军封锁，不如在战争没打响时就放出去，在大西洋等着。希特勒同意了。

“斯佩尔伯爵”号是纳粹德国海军的骄傲。它配备极强火力和 1 架舰载飞机，既有巡洋舰的灵活性，又有战列舰的有效性，而且航速达到 28 节。

舰长是毕业于恺撒海军学校的汉斯·朗斯托夫上校。

德国舰艇进入北大西洋不易，“斯佩尔伯爵”号离开基尔军港后，没有打算再回后方港口补充。为此，为它专门配备了“阿尔特马克”号大型补给舰，供给燃料、食品、弹药。

“斯佩尔伯爵”号进入大西洋后，悬挂法国三色旗。英国货轮遇到挂法国国旗的船自然不在意，还友好地打招呼。但这艘悬挂法国国旗的德国战列舰开炮了。

9月30日，“斯佩尔伯爵”号击沉了第一个受害者——英国“克莱曼特”号货轮，并俘虏了英国船员。

被它击沉的有英国货轮陆续有“牛顿”号、“汉斯特曼”号、“约芬尼”号、“非洲”号等。“斯佩尔伯爵”号的战绩越大，包袱就越重，舰上塞满了被俘的英国船员，官兵疲惫不堪，却无法回后方港休整。不得已，它驶向印度洋，避了几天风头。12月初，它从印度洋回到南大西洋时，装扮成英国军舰，船身漆成灰色，伪装了一个烟囱和炮塔。凭着这个样子，它又击沉几艘英国货轮。至此已击沉了总吨位达50 000吨的9艘英国货轮。

英国皇家海军一直在搜寻这艘神秘的战舰。

“斯佩尔伯爵”号上配备的水上飞机。大大扩展了搜索范围。水上飞机搜索回来后，降落在附近海面上。

12月13日，“斯佩尔伯爵”号舰长朗斯托夫上校走眼了。他远远看见几条船，以为又是英国货轮，便靠上去准备击沉。但到了近处才发现是英国巡洋舰。

战斗持续了一个多小时，一艘英国巡洋舰完全丧失战斗力，另两艘也受到程度不同的损伤。

“斯佩尔伯爵”号是一艘战列舰，按说对巡洋舰占有优势，但英国巡洋舰是3艘，而且更擅长于海上战斗。它实实在在挨了几炮，率先撤出战斗，沿南美洲海岸逃窜。

国际法规定，交战国的战舰在中立国港口停留时间不得超过24小时，否则予以扣留。经过交涉，乌拉圭外交部破例同意“斯佩尔伯爵”号停留72小时。即便如此，朗斯托夫已陷入绝境，“斯佩尔伯爵”号的伤残不是72小时所能修好的，到时间不出港会被扣留，而伤痕累累地驶出又会马上被击沉。

“斯佩尔伯爵”号驶入乌拉圭蒙得维的雅港，英国巡洋舰则在港湾外守候着。只要它出来，就击沉它。

12月17日下午5时，遍体鳞伤的“斯佩尔伯爵”号起锚，缓缓驶出港口。蒙得维的雅万人空巷，人们涌到岸边，想看看这艘德国战列舰的结局。

“斯佩尔伯爵”号出港没多久就停下来，不大会儿，从内部发出一声闷响，而后一歪身子缓缓下沉。德国人不愿让它被英国巡洋舰俘获，自行凿沉了它。

英国是岛国，生命线在海上，封锁英国海洋运输线，就卡住了脖子。一战期间，德国海军为了窒息英国，攻击来往于英伦三岛的货船，开创了“吨位战”。二战开始后，纳粹德国海军连可供舰艇自由出入的后方基地都没有，却狂妄到要继续打吨位战。纳粹德国占领挪威后，拥有了一系列面对大西洋的港口，从此有了实施吨位战的充裕条件。

吨位战集中在北大西洋。美国实施租借法案后，大量军用物资从美国东海岸运往英国，这些船队成为德国海军觊觎的目标。苏德战争开始后，英国商船队开始通过大西洋航线向苏联提供物资。运载的军火，一部分是英国支援苏联的，一部分是从美国来的租借法案物资。

英国支援苏联的第一批物资是旋风式战斗机，由英国"阿尔戈斯"号货轮运往苏联北方的摩尔曼斯克港。因为摩尔曼斯克是主要接受港口，这批战斗机将用于港口防空。

德国海军打吨位战的主要武器是鱼雷。这是在挪威港口安装鱼雷的场景。

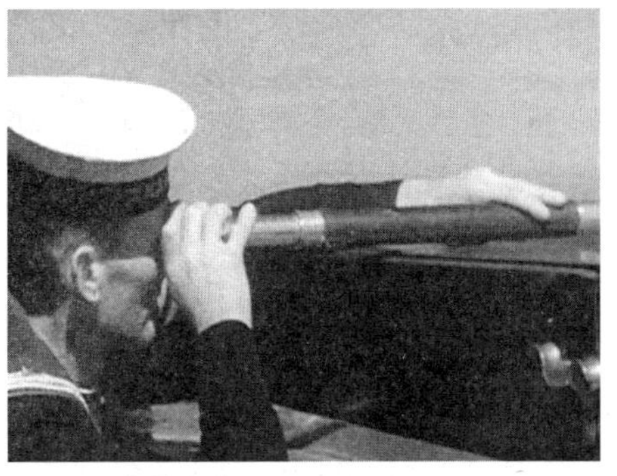

英国船队由皇家海军护航。护航的水兵紧张地监视着海面。英国随即运往阿尔汉格尔斯克的是200架战斧式战斗机，还有300万双短统靴，以及大羊毛、呢绒等。英国政府的一个大动作是把10000吨橡胶运到阿尔汉格尔斯克。为了这件事，丘吉尔专门写信向斯大林说明，大宗橡胶不是外来的，而是从英国本土的战略储备中调拨的。

水上飞机一旦发现目标，就通知基地的航空兵，德国空军即从挪威基地起飞。来往于北极航线的盟国运输船，大部分不是被德国海军击沉的，而是被德国航空兵炸沉的。

德国海军还派出伪装船，从外表看是货船，而且看不到舰炮。到发现目标后，船体前部的护板打开，才露出火炮。

由于德军层层封锁，盟国运输船队损失惨重，通过北极航线运往苏联的物资少了。丘吉尔在回忆录中说，1942 年 8 月，他在克里姆林宫的地下室里和斯大林吵了一架。斯大林指责英国支援苏联的物资不足量，而且截留美国租借法案物资，留足了自己用的，其余的才运到苏联。丘吉尔直截了当地驳斥了斯大林的指责，只是“不带辱骂性的字眼”。

北极航线太危险，被称为“死亡运输线”。为此，盟国又开辟了一条运输线，它被称为“南线”。

南线不仅路途遥远，而且运输过程非常繁杂：盟国运输船队从英国港口出发，穿越南大西洋，绕过好望角，进入印度洋，在印度洋南端进入波斯湾。货物卸在波斯湾尽头的伊朗港口，再用卡车运输到伊朗的里海沿岸，再装船，运输到里海北岸的苏联。南线只有一个好处，那就是相对安全。

为了保护南线，苏军一部进驻伊朗，英国皇家海军在波斯湾的伊朗港口护航。伊朗成为同时有英军与苏军进驻的唯一中东国家。

由于南线有种种弊端，即便开通后，盟国也照旧维系着北极航线，只不过加强了护航力量。丘吉尔回忆录中提及，北极航线之所以有所成效，是每次行动都动用七八十艘舰艇为运输船队护航。

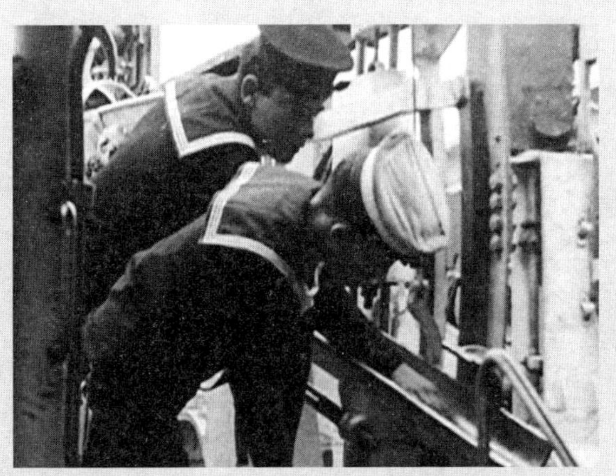

参加护航的英国皇家海军士兵。丘吉尔回忆录中收了不少他写给斯大林的信件，1943年3月的一封信中说：德国海军在挪威北方纳尔维克港口新增了“一艘拥有6英寸大炮的巡洋舰和8艘驱逐舰”，由于盟军将要向西西里岛发动进攻，抽调走不少运输船，因此今后数月将暂停北极航线运输，到初秋再恢复。作为补充，南线的运输量将大大增加，而且美国将大大增加取道符拉迪沃斯托克的运输量。斯大林的回信冷冰冰的。他说，他理解英美领导人这样做是迫不得已，但南线的运输量从来微不足道，取道符拉迪沃斯托克的运输也靠不住，“这种情况，势必要影响苏军的作战”。

二战期间的海上运输是一条重要战线。在险象环生的海上交通线上，不知有多少作战物资沉入大海，也不知有多少水手和水兵葬身于波涛之中。

但是，在战后的冷战中，出于意识形态斗争的需要，盟国间军援的事情被扭曲了。美国人说，是美国援助的军火帮助苏联人取得了胜利；苏联人说，这种说法是胡说八道，他们罗列了大量数字证明，苏德战争的胜利是苏军自己打赢的，盟国援助的作战物资只占苏军使用的军火的4%，仅是个零头。当双方恶语相加时，那些动人心魄的往事被一风吹了，倒是朗斯托夫上校和“斯佩尔伯爵”号战列舰的那些行径，间或成为舆论津津乐道的话题。

重返烽烟现场

——肉眼所见的二战进程

库尔斯克

从弧形防线到坦克会战 »

斯大林格勒战役之后，苏军士气高涨。

苏联国土广袤，政府把有限的资金用于铁路，公路是个烂摊子，只要降雨就泥泞不堪。从莫斯科垂直向南有一条铁路，从北向南的几个大站依次是图拉、奥廖尔、库尔斯克、别尔哥罗德、哈尔科夫、扎波罗热，终点是黑海军港塞瓦斯托波尔。1943 年 3 月，苏德战场其他地方出现了短暂的沉寂，唯独南线宁静。苏德两军大体沿莫斯科—黑海铁路东西对峙，最不太平的是铁路中段的奥廖尔、库尔斯克、哈尔科夫等地。

3 月 16 日，一条坏消息传到最高统帅部：德军重新占领哈尔科夫，沿着铁路线继续向北边的别尔哥罗德发展突击，为避其锋芒，苏军大部分部队向后撤，但有一个方面军却没有撤下来，在这一带的防线上形成了一个前突的鼓包。这个鼓包裹着库尔斯克，后来称为“库尔斯克弧形防线”。

斯大林听到这事非常恼火，严厉斥责没有撤下来的沃罗涅日方面军措施不力。3 月 18 日，德军占领别尔哥罗德，从哈尔科夫到别尔哥罗德的铁路沿线完全被德军控制。据侦察，德军下一个目标是别尔哥罗德与库尔斯克之间的奥博扬。斯大林听说后吃了一惊，他担忧的事情被证实了。

德军善于捕捉战机，而现在就有一个战机："库尔斯克弧形防线"楔入德军防线之中，里面有苏军中央方面军和沃罗涅日方面军。德军控制着库尔斯克以北的奥廖尔和库尔斯克以南的别尔哥罗德，形成对库尔斯克的夹击之势，只要顺铁路线南下，北上，弧形防线内的苏军就被合围了。这时，苏德双方都很清楚，决战将在库尔斯克弧形防线进行，时间将在夏季，问题只是看谁准备得更充裕。

1943 年的战争与头两年有所不同。经过两年的交手，苏德双方都摸清了对方的战斗力。仗打到这个份儿上，双方主要是拼实力，或者说拼国家军事经济潜力。重要的是，战争到了这个阶段，双方已能大体计算出对方在什么情况下能打什么样的战役，不同规模的战役能同时展开几个。

苏军是在本土作战，后勤能对前沿保障到什么程度，后方能支持前线多大的战役容量，德军吃不准。但德军深入苏联腹地，补给线是有数的，在什么方向上能打什么规模的战役，持续时间有多久，苏军算得比较清楚。苏军总参谋部经过计算，认为 1943 年夏季，德军只能支持库尔斯克弧形防线决战；而且只能支持对库尔斯克南北夹击时的进攻兵力；在弧形防线的当面无力进攻，将取守势。随着决战临近，双方都调集坦克。装甲部队的准备，成了决战准备的重头戏。

半个欧洲在给德国人生产飞机，制造厂 24 小时连轴转。半个欧洲的资源，半个欧洲的熟练技工，半个欧洲的军工大师，全被用之于飞机、坦克和“裴迪南”式自行火炮的研制、改进、定型与大批量生产。

德国坦克曾横扫欧洲，“虎式”、“豹式”坦克说不上最先进，但最实用。苏联坦克素来不被看好，但到德军入侵苏联后，领教到天外有天。苏联的 KV 重型坦克装甲厚，火力强，机件简单而坚固。苏制 T34 坦克速度快，装甲倾斜度大，正面几乎无法击穿。1943 年，苏联的坦克生产能力超过德国，在春夏之交，苏军拥有的坦克和自行火炮达到创纪录的 9500 辆。

5月上旬，苏联最高统帅部向库尔斯克弧形地带部队下达30123号指示，指出德军可能于近期进攻。7月2日统帅部向各方面军通报，德军可能于7月3日至6日发起进攻。阵地前沿静悄悄的，这是决战前特有的宁静。静得老兵心里发毛，新兵张惶不安。

7月5日凌晨，德军发起进攻。德军作战飞机飞临苏军防御地域上空投弹扫射，德军炮兵开火。一如苏军统帅部事前的分析，他们的进攻点放在库尔斯克弧形防线的底部，库尔斯克以南的德军沿着铁路线向北攻，库尔斯克以北的德军沿着铁路线向南进攻，企图在库尔斯克形成合围。

苏军炮兵反击。投入会战的德军达50个师，其中有16个装甲师和摩托化师。7月5日攻了一整天，库尔斯克弧形地带的南北两翼都没有突破。两边比较，南翼德军打得更有板眼，它是苏军的老对头曼斯坦因元帅指挥的。

7月7日，曼斯坦因投入新的坦克集团，矛头直指库尔斯克南边的门户奥博扬，德军坦克突破了沃罗涅日方面军的第一防御地带，又楔入第二防御地带，奥博扬告急！瓦杜丁把所能抓到的预备队全部投入奥博扬危险地域，才勉强堵住口子。这是突破口上的德军在躲避苏军的炮火。

库尔斯克弧形防线中的苏军士兵。

7 月 16 日，曼斯坦因乖巧起来，不把口张得太大，而是把兵力集中在较窄地段。榔头砸不动，就用锥子扎进去。锥子尖的前方是一个名不见经传的小村落，叫普罗霍罗夫卡。在战役的关键时刻，普罗霍罗夫卡村处在关键地段。曼斯坦因的坦克一旦打通了这个地段，就可以绕过奥博扬，直逼库尔斯克。小村一下成了双方争夺的焦点。

7月11日。沃罗涅日方面军洞察出曼斯坦因的意图，把预备队的坦克部队及近卫坦克第5集团军紧急调往普罗霍罗夫卡方向。这支坦克大军约有800辆T34型坦克和自行火炮。苏军的俯冲轰炸机部队随之出动，与装甲部队协同。

苏军坦克于7月12日早晨赶到普罗霍罗夫卡附近的田野，与轰轰隆隆开来的德军坦克撞了个正着。军事史上最大规模的坦克大会战就此爆发。

在这片原野上空，飞机对飞机；原野中火炮对火炮，步兵对步兵；但打得分外火爆的还是坦克对坦克。

普罗霍罗夫卡坦克大会战中到底投入了多少坦克？苏联战后有两种说法，一种说法为1200辆，另一种说法为1600辆。且不说哪个数字更接近事实，重要的是经过这次坦克大会战，曼斯坦因的老本基本拼光了。

苏军关于库尔斯克会战的宣传画。

德军从南翼突入库尔斯克已然无望。几天后，希特勒命令曼斯坦因把部队撤回到进攻发起地。这是德军士兵对着被击毁的坦克祈祷。

在奥廖尔弧形地带的当面，苏军的布良斯克和西方方面军于7月12日转入进攻，库尔斯克弧形地带中的中央方面军于7月15日转入反攻。三个方面军从三个方向插向奥廖尔。

在库尔斯克弧形地带的南翼，沃罗涅日方面军和草原方面军于 8 月 3 日发起反击。

在 8 月 5 日，布良斯克方面军解放了奥廖尔。

被俘的德军。对这件事，朱可夫有点小小的遗憾。在解放奥廖尔时，本来打得稳一些便可以对德军形成合围，但斯大林等不急了。他说，我们的任务是把德寇尽快赶出我国领土，等敌人进一步削弱时，我们会合围他们的。苏军等于把德军从奥廖尔撵走了，所以被俘获的不多。

8月5日晚，为庆祝奥廖尔和别尔哥罗德的解放，莫斯科鸣放了礼炮。120门大炮齐鸣12响，这是苏德战争中第一次为祝贺苏军的战功而鸣放的礼炮。从此形成制度，苏军取得的每一个巨大胜利，莫斯科的120门大炮总要齐鸣12响。

礼炮在鸣放，库尔斯克会战并没有结束，直至8月23日科涅夫元帅的军队收复哈尔科夫，苏德战场上最大的会战才结束。这次会战消灭了希特勒在政治上、军事上寄予厚望的德军主要集团，而当完成了这一任务后，苏军战线中的弧形也消失了，形成了一道新的、更坚挺的战线。

重返烽烟现场

——肉眼所见的二战进程

跳岛

从瓜岛到马里亚纳群岛 »

日本没有海军陆战队，登陆作战任务全部由陆军师团承担，这是登陆艇上的一名日军士兵。珍珠港事件后，日军迅速占领了太平洋诸多岛屿。这些岛屿大部分没有形成国家，日本打算据为己有。从军事意义来说，日本军国主义者企图从广阔的大洋搞一条拱卫日本的所谓“岛屿锁链”。

澳大利亚的东北方向上，有两个大群岛，一个是新几内亚群岛，另一个是所罗门群岛。新几内亚是仅次于格陵兰的世界第二大岛，日本占领它的中西部。盟军得到情报，大批满载兵员和物资的运输舰只和补给船驶向新不列颠岛的腊包尔。无疑，日本人要在腊包尔修建一个强大的海空军基地。

1942 年 5 月 3 日，日军占领图拉吉岛，随即开始修建工事。图拉吉岛很小，但是所罗门群岛中距澳大利亚最近的一个岛。日本人占领图拉吉岛的目的也是既可以从更近的位置上威胁美国—澳大利亚交通线，又可以从这个方向上为腊包尔基地提供一道保护屏障。

美国海军部长兼海军司令欧内斯特·金上将，一位64岁的老水手。他平时住在稍加改装的“勇敢”号驱逐舰上，到海军部的时候不多。他这次来，先给一个8岁女孩回信，告诉她可以给猫起名为“金上将”。接着根据参谋长联席会议的决定下达了一个命令：进攻瓜达尔卡纳尔岛和图拉吉岛。

美国海军陆战队行动起来，集中到澳大利亚港口。这时日军还没有占领瓜岛。美军打算先占领瓜岛，再把瓜岛作为进攻邻近的图拉吉岛的跳板。

美国舰队向瓜岛开进，陆战队员的心态放松，在甲板上玩儿纸牌消磨时间。7 月 1 日，驻澳大利亚的麦克阿瑟正在安排攻占瓜岛事项时，收到一份电报：日军刚占领瓜岛。

8 月 7 日清晨 6 时，美国舰队向瓜岛发起了震天动地的炮击，航空母舰轰炸机对瓜岛腹地进行了轰炸。炮火准备之后，陆战队离开军舰，抢滩登陆。总共有 17000 名陆战队士兵登上海岸。

美国海军陆战队未遇到抵抗，便置身于遍地椰树、充满异国风光的热带海岛中。瓜达尔卡纳尔岛是所罗门群岛中最大的岛。它长 145 公里，宽 40 公里。岛上气候温热，山地崎岖，森林密布。1893 年，它成为英国保护地。可是，除了极少数传教士来这里向拉美尼西亚人布道以外，其他西方人就没来过。

瓜岛上只有不到2000名修建机场的日本工兵，他们未经战斗便溃散了，美军得到一座近乎完备的简易军用机场。

这时，尼米兹的想法和山本五十六差不多。瓜岛的战略位置并不十分重要，但双方都认为，对方将在这里集结并投入重兵；双方都认为，这是大量歼灭对方有生力量的机会。于是，双方都调集人员、舰艇、飞机，使得一支美国海军陆战队对一座海岛丛林机场的袭取，演变为一场决定太平洋战争前途的宏大战役。

山本五十六认为，瓜岛之战将会把美国舰队的主力诱入这一带海域。他迅速组织了一支拥有4艘航空母舰、3艘战列舰和众多巡洋舰、驱逐舰的庞大舰队。金上将也觉察到恶战即将爆发，不仅派出中途岛战役中战功卓著的“企业”号、“大黄蜂”号航空母舰，而且命令美国东海岸刚刚下水的重型舰只迅速取道巴拿马运河开赴太平洋战区。8月下旬，双方在所罗门群岛以北海域爆发了大海战。

在瓜岛上，围绕简易机场的争夺，双方不断增兵。美军所能增的兵，除了陆战队还是陆战队。日军不同，为了中途岛之战，它训练了不少丛林作战的特种部队，有急袭的，有破坏的，还有敢死队，是拼命的。在中途岛，这些五花八门的特种兵没用上，这次一并派到了瓜岛。

9月12日，双方认真地打了一次。战斗地点后来被称为“血岭”。日本鬼子凶猛异常，但缺乏连续进攻能力，久攻不下就狂呼着“万岁”集团冲锋，粉身碎骨在所不惜。

美国陆战队员射击。夜里，几千名“武士”分数批连续猛攻，狂喊着战斗口号，从黑暗的丛林中冲到岭上，在美军防线上爆发了肉搏战。

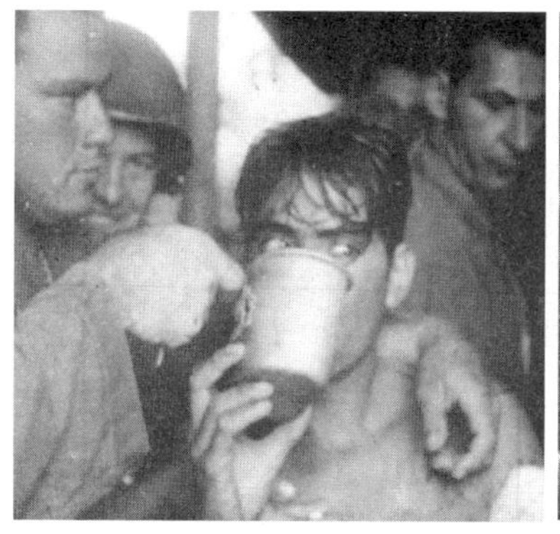

直至次日天大亮，美国人才懵懵懂懂地发现，在这场存亡攸关的血腥战斗中，他们赢了。10 月中旬，包括 5 艘航空母舰在内的联合舰队，把 10000 名日军送上瓜岛。这是日军磨刺刀，准备为“血岭”之战复仇。

美军伤亡很大。当持续了数天的战斗结束时，简易机场还在美国人手里，美国人称它为“亨德森机场”。

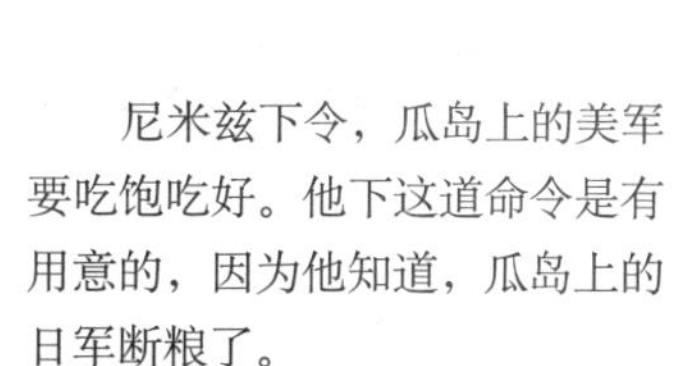

尼米兹下令，瓜岛上的美军要吃饱吃好。他下这道命令是有用意的，因为他知道，瓜岛上的日军断粮了。

由于美军对瓜岛持续不断的海空封锁，岛上的日军真的是断粮了。不仅如此，连药品也没有了。

10 月 26 日，爆发圣克鲁斯大海战，4 艘日本航母围攻 2 艘美国航母。战斗结束时，日本的几艘航母受创，“企业”号拖着受伤的躯体逃离战场。这是“大黄蜂”号。

一艘驱逐舰接走了“大黄蜂”号的舰员。随后，它又遭到日本驱逐舰的攻击，于次日沉没。

一架日本99式俯冲轰炸机正对着“大黄蜂”号作自杀攻击。与此同时，两枚鱼雷命中它的中部。

瓜岛之战到11月中旬结束。战役结束时，美军仍控制着机场和主要高地，而日军退出。据美军战报，美军阵亡1592人，日军阵亡52000人。日军称，伤亡人数不像美国人说得那么悬殊。日军大本营认为，双方在海空基本打平，各损失24艘战舰和几百架飞机；日军死亡人数是美军的3倍，为20000人，大部分不是战死的，是饿死的和病死的。日军给养运输线被切断，全岛断粮断药。他们把瓜岛之战称为“饿岛死战”。

美军增援人员在瓜岛登陆。瓜岛战役是太平洋战场的转折点。从此美军转入进攻，日军转入防御。美军的进攻方式是跳岛，以一个岛为跳板，进攻下一个岛，依此类推，直至日本本土。瓜岛是美军夺取的第一块跳板，成为跳岛反攻的起点。跳岛不是平推，不是日军占领的岛屿都打，而是拣主要的打，有些岛屿不予理会，那里的日军失去主岛的支持，就自生自灭了。这是聪明的战法。

瓜岛战役后，日军主动放弃所罗门群岛，把力量集中在新几内亚，拱卫新不列颠岛的腊包尔基地。在澳大利亚，麦克阿瑟忙碌起来。瓜岛战役虽然是在他的战区打的，但由金上将坐镇华盛顿亲自指挥，他插不上手。现在他要在澳大利亚组织美英澳三国的舰艇和飞机，进攻腊包尔。

联合舰队司令部认为是空中聚歼的好机会，迅速向腊包尔调集空中打击力量，准备于 1943 年 4 月发动大规模空中歼灭战。行动代号为“5 号作战”。这是集中到腊包尔基地的日军飞行员。

日军飞行员跃跃欲试，准备投入“5号作战”。但在4月18日山本五十六的座机被从亨德森机场起飞的美国空军上尉兰菲尔击落。美国对此事只字不提，也不奖励作战有功人员，主要原因固然是不能泄露美国海军已能破译日军密码。另一个原因是，兰菲尔上尉有个弟弟是空军中尉，空战失利被日方俘获。如果日方知道他的身份，必然处以极刑。

盟军没有即刻进攻腊包尔，而是去进攻北太平洋阿留申群岛的阿图岛和吉斯卡岛。阿留申群岛像是顺着美国阿拉斯加半岛甩出的一串珠子，被认为是逼近美国和加拿大的踏板。它的最西端为阿图岛和吉斯卡岛，从这两个岛到当时属于日本的千岛群岛仅600海里。

1943 年 5 月 7 日，美国舰队炮击阿图岛日军基地。炮击之后，海军陆战队登陆。这一带是高纬度地区，海水冰凉刺骨，而美军的装备并不适应，特别是经海水浸泡之后，致使不少士兵冻伤致残。

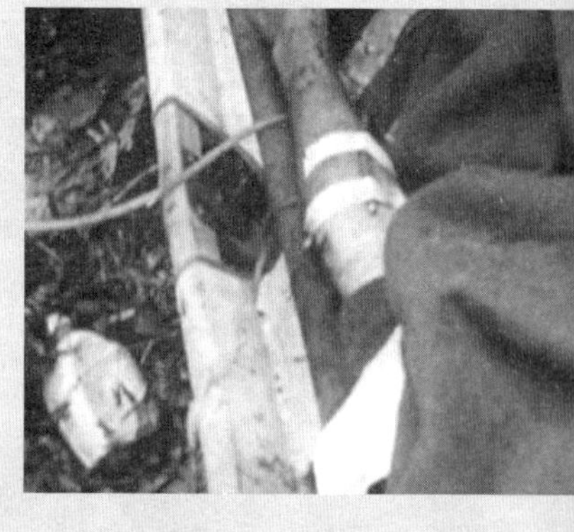

阿图岛战斗的双方力量对比悬殊，日军发动了自杀性的集团冲锋，只能更快被歼。日本守军原有 2300 人，战斗结束后仅存 22 人。美军战死 500 多人，还有大量士兵冻伤。

6 月 1 日，美军进攻吉斯卡岛。炮火准备很充分，又轰又炸，足足两个多小时，然后美军登陆。

吉斯卡岛上一片寂静，没有抵抗迹象。日本人在哪儿呢？美军搜遍全岛，除当地居民，没有发现一个日本人，原来日军在头一天夜里悄悄撤走了。此战被称为跳岛反攻中“最奇特的一仗”。

1943 年下半年，美军对西南太平洋岛屿展开全面攻势。

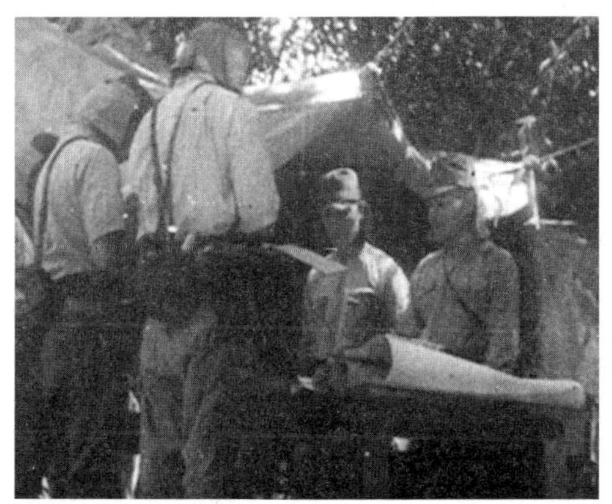

美军的一个主要目标是吉尔伯特群岛的主岛塔拉瓦岛。塔拉瓦岛为三角形的珊瑚礁，陆地面积不足 20 平方公里，却驻有一支不小的部队。

美国海军陆战队第2师是从瓜岛战役中死打硬拼出来的部队，不少士兵有实战经验，在瓜岛和日本鬼子拼过刺刀。

前往塔拉瓦岛的海军陆战队员有18000人，对攻打巴掌大的珊瑚岛不上心。接近战场了，仍然有士兵在甲板上赌钱。

11月20日早晨，美军实施火力准备。舰炮轰击，舰载轰炸机出动。经过两个多小时火力准备，把地犁了一遍。海军陆战队下船时，以为岛上的日本人全完了。

美国海军陆战队上岛后发现，岛上的日军非但没有被密集的炮火打垮，而且保持着很强的战斗力。日军的轻重武器组成火网，压得陆战队抬不起头，前进不了，被困在了滩头。头一天的战斗，滩头留下一片尸体，到处散落着轻重武器。第二天，美军的损失比头一天还大。中午涨潮，后续部队大批上来，靠着人数和武器的优势，日军的气焰才被压制下去，主动权回到美军手里。

日本鬼子打仗也鬼鬼祟祟，但是挺有章法。

对于美国海军陆战队来说，第四天近乎于打扫战场，日本人躲在一个个的地洞里，仍然顽抗的，就用火焰喷射器烧死或用手榴弹解决战斗。

美军打到第三天时，绝望的日军又使出了自杀冲锋的亡命手段。

据战斗后统计，塔拉瓦岛上的日本守军共4500人，最后仅存17人。军官全部战死，俘虏中最高军衔者是一名军士长。但美军也战死1000多人。

1944年到来之前，盟军的跳岛行动席卷西南太平洋岛屿。“空中堡垒”轰炸腊包尔的日军基地。

美军逐岛争夺，越战越勇，把日军赶出了吉尔伯特群岛、新不列颠岛的腊包尔和新几内亚岛，并占领了俾斯麦群岛上的重要阵地。

1944 年，盟军仍通过跳岛反攻挤压日本人退却，逐步缩小日本太平洋占领地的半圆形弧。1 月底，在美国太平洋舰队司令尼米兹的指挥下，美军动用 54000 人的登陆部队和包括 12 艘航空母舰的强大舰队，在马绍尔群岛登陆。2 月 1 日，美军占领群岛最西端的夸贾林岛，全歼日本守军 5000 人。

太平洋岛屿的原住民也参加了驱逐日军的战斗。

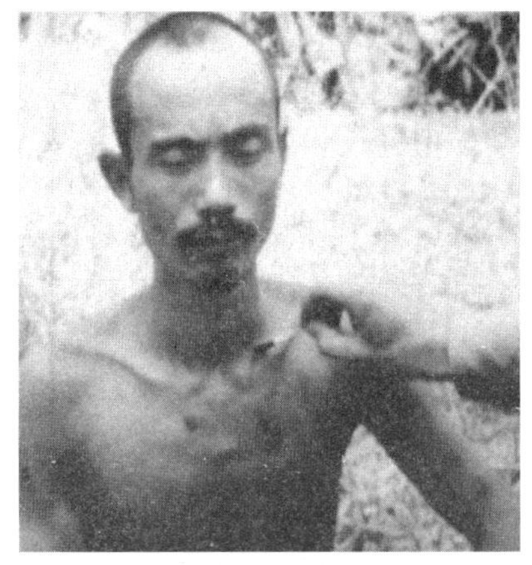

美军又夺取了马绍尔群岛最南端的埃尼威托岛。这是美军士兵给一名日军俘虏擦红药水。

马绍尔群岛上的另一批日军俘虏。

1944年年中，日军步步后撤，美军在步步紧逼中逐步接近马里亚纳群岛，那是保卫日本列岛的最后一道岛链。

重返烽烟现场

——肉眼所见的二战进程

意大利
从修道院到海滩

»

这是墨索里尼极盛时的照片。别看他煞有介事地从望远镜中观察着什么，其实他对军事问题一窍不通，屡战屡败，成为世界军事史中的超级笑柄。1943 年 7 月 24 日，这个在欧洲政治舞台上不可一世长达 20 年之久的人，气数到头了。那天，意大利国王责成法西斯最高委员会召集会议，会上以 19 票对 6 票解除了墨索里尼的全部职务。国王气愤地对墨索里尼说："你已成为全意大利最令人憎恶的人。"接着，一辆救护车把这个最令人憎恶的人押往警察局。

连年战争，把美丽的意大利折腾得破败不堪。

9 月 13 日，德国伞兵从亚平宁山脉大萨索山的山顶旅馆中救出墨索里尼。送到主子那里。这是他被救出后上了德军飞机的一刻。从此，他再也没有回过罗马，而是被希特勒安置到意大利北部的加米纳特堡。这个人从政治上被一笔勾销了。

意大利的一个车站前，惶惶不安的德军士兵。墨索里尼刚下台时，的确闪出一个机会：新政府表示要同盟国停战，希特勒尚未来得及在意大利部署重兵。盟军如果这时从海上直逼意大利的“膝盖”处，历史可能会出现别样景观。

英美部队登陆西西里，开始快速作战，几乎没有遇到意大利军队的抵抗：从 1943 年 7 月 10 日到 8 月 17 日，仅在 38 天的时间里，整个西西里就落入同盟国手中。

美国人对丘吉尔的意见素来是有保留的。他们钦佩他的战时领导能力，又害怕他意气风发，天马行空的脑子，不知道会把美国兵支到什么地方打仗。9 月 3 日，美军照章办事，按照原计划从西西里岛渡过墨西拿海峡，在意大利的“鞋尖”登陆，而后顺着脚面一路北上。机会转瞬即逝，丘吉尔提出的时机没有抓住，往后进军罗马就没有那么便当了。

盟军押解着意大利战俘走过街道。他们的表情轻松，有的战俘居然洋溢着笑容。意大利人早就不想打仗了。被盟军俘获，是他们脱离战争的最佳途径。

在意大利南部，一群欢快的美国大兵。他们以为，意大利的战事将会很快结束。

9月9日，意大利新政府宣布投降。对意大利人可能的反叛，希特勒早就留了后手。在意大利北部部署了8个德国陆军师，从西西里岛成建制地撤回几万德军，加上从东部战场迅速增援的部队，德军在意大利集结了20个师。

意大利新政府刚宣布退出战争，德军便以迅雷不及掩耳之势接过意大利的全部防务。从照片看，德军接防时，意大利军官不大痛快，有抵触。

巴顿将军来到意大利南方。

1944年1月，马克·克拉克将军率领的美军占领那不勒斯，但是再往北打，被古斯塔夫防线挡住了去路。

卡西诺峰修道院修建于公元529年，已有1400多年的历史。经年累月，僧侣们在这里过着与世无争的生活。但由于这个修道院位于从南方去罗马的必经之途上，不幸被德国人相中了，要把这里改造成一个坚实的要塞。

希特勒管的事够多了，却也注意到一个山头的攻防，他说必须保住卡西诺峰。这里的关系是：卡西诺峰一旦失守，古斯塔夫防线将崩溃，通往罗马的大门便敞开了。而要守住卡西诺峰，关键在于峰顶的修道院。

在卡西诺山地，美军无法运用机械化作战。意大利的冬天帮了德国人的忙，盟军坦克运动不上去，补给品也很难运上去，只得靠步兵慢慢向峰顶推进。

卡西诺峰和峰顶的修道院，是检验盟军部队战斗力的试验室，美军36师是第一个试验品。英军继续进攻。他们推进到距修道院仅有1000码处，似乎挺顺利。但这一切都是在德国人眼皮底下进行的。英军再心存侥幸地向前拱时，德军开始向山下每一个活动的物体开火。这次进攻又失败了。

盟军拾起了最有效的法宝，而在目前，又是最没办法时的办法：轰炸。修道院是有上千年历史的宗教建筑，也是意大利的重要保护文物，让它毁于一旦，多少有心理障碍。但事已至此，顾不得了。轰炸机临空，德国随军摄影师抓住了修道院守军仰头观看的瞬间。

但是，轰炸未能炸毁德军的主要防御工事。德军的猛烈射击把新西兰人赶走了。盟军终于明白了，那些扼守着岩石工事的德国伞兵是撵不走的。盟国这时正筹备几个月后的诺曼底登陆，在意大利只保持有限的作战行动，兵力只有第15集团军。这么少的兵力很难突破古斯塔夫防线。

这么一来，远在伦敦的丘吉尔就要干预了。他出了一个点子：既然从南面突破不了古斯塔夫防线，那就把一只“野猫”投入防线北面，南北合击，把防线碾碎。丘吉尔的想法被采纳了，因此拟定的作战计划，代号“鹅卵石”。“鹅卵石”计划确定的登陆地点是古斯塔夫防线北面近百公里的安其奥。它是一个小渔港，德军很少，只有一座德军疗养院。

1 月 21 日，当美军正从古斯塔夫防线以南猛攻卡西诺峰时，由 200 多艘舰艇组成的入侵舰队，装载着 36000 名英美士兵，从那不勒斯港启航。

安其奥的少量德军夺路而逃。盟军未遇抵抗，通往罗马的主要公路便成了掌中之物。

盟军原以为突入敌后的“野猫”会搅乱德军部署，逼迫古斯塔夫防线的德军回撤。但老谋深算的凯塞林猜透了盟军的意图，没有动用前沿部队，而是迅速地调集预备队。

数月来在俄国、北非和西西里连遭败绩的德军，现在一心一意地要在安其奥翻本。他们终于在安奇奥这个小渔港网住了一条大鱼。

2月初，突入敌后的“野猫”快成为一只搁浅在沙滩上的“鲸鱼”了。凯塞林调集了40 000名德军进剿登陆的盟军，甚至定下了把盟军赶下大海的具体日期。

盟军的反攻被遏制住，不得不固守滩头。滩头阵地宽十几公里，纵深不过二十几公里。几万人被挤压在这片不大的海滩上，没有预备队，也没有多少弹药了。

原本是令人振奋的安其奥奇袭，却变成困兽之斗。德军占据着附近高地，盟军的一切活动都在他们观察范围内，也在他们的炮火射程内。几万盟军被包围在一片滩头上，让希特勒激动不已。眼下他太需要一场胜利给德军提气了。在一个又一个拂晓，包围安其奥的德军实施火炮掩护下的强攻，但进攻一次次被阻挡住。

盟军发动安其奥登陆，原本是要从敌后牵制德军，以使正面进攻卡西诺峰更容易些。现在事情颠倒过来了，发动对卡西诺的大规模进攻，为了使困在安其奥的盟军尽快脱身。修道院炸了，盟军已无顾忌，决定先把卡西诺城炸平，再发起进攻。轰炸程序是：先由 B-25 型轰炸机集中轰炸，然后每隔 15 分钟进行一次轰炸，最后由 B-26 型轰炸机彻底结束轰炸。

5 月，盟军对卡西诺峰发动攻势。担任主攻的是英国第 8 军团。它是一支多国部队，有英国人、印度人、摩洛哥人、加拿大人、美国人、波兰人、法国人、阿尔及利亚人和新西兰人。廓尔喀人是山地战专家，他们有枪，却更喜欢用刀。5 月 15 日，波兰部队战领了卡西诺峰。

安其奥解围了。历经 4 个月的围困，“野猫”这才可以伸展利爪。

尽管不远处的阿尔本山上，德军对盟军的一切尽收眼底，但经过一场炼狱的盟军，已经无所畏惧了。

英军开始反攻。凯塞林元帅不得不放弃对安其奥的围攻，命令部队阻挡突破古斯塔夫防线后潮水般北上的盟军。

在安其奥，盟军指挥克拉克将军面临两种选择：或是沿亚平宁大道北上罗马；或与突破古斯塔夫防线的盟军全歼德军，由于古斯塔夫防线已崩溃，这点是做得到的。但是，克拉克选择了前者，也就是直接向罗马推进。

6 月 4 日，星期天的早晨，美军进入罗马。

盟军坦克在罗马大剧场前举行胜利游行。

照片中间的是克拉克将军。他作为“不朽之城”的救星，在欢迎的人群中着实风光了一阵。但是，由于让古斯塔夫防线上的两个德国军团溜走了，不久后，他又被指为“沽名钓誉”。平心而论，这一批评确有在理之处。

重返烽烟现场

——肉眼所见的二战进程

第二战场

从加莱到诺曼底

»

伦敦。1940 年 6 月，英国远征军从敦刻尔克撤回时，丘吉尔向法国人民发表广播讲话：从海峡重返欧陆，是英格兰民族永不停止，永不厌倦，永不放弃的任务。1943 年 11 月召开的德黑兰会议上，美英苏三国领导人就关于 1944 年 5 月在法国开辟第二战场问题达成协议。这是 1944 年的伦敦。这年年中，盟军将从这里和英国其他港口出发，盟国将执行“霸王计划”，在法国西海岸登陆，开辟欧洲第二战场。

为了执行“霸王计划”，英伦三岛上出现了史无前例的军事集结。从美国和加拿大源源不断地输送来 100 多万名军事人员和 500 万吨武器及其他战争资源。不大的英伦三岛成为世界上军队最密集的地方，这里竟拥塞了 300 万各国官兵。

由于没有语言隔阂，美军士兵很快就融入了当地生活，喜欢打棒球的美国人也玩儿起了英式板球。

不少美军士兵和英国姑娘谈恋爱，成了英国当地一景。这种现象经美国记者报道后，美国女界嚷嚷起来：不能让英国美人儿抢走我们的男人。但是谁也拦不住，美军上层也不吭气，美军中不少小伙子娶英国姑娘为妻。

1943年圣诞节前夕，罗斯福总统任命艾森豪威尔为欧洲远征军最高统帅。艾森豪威尔回忆录中说，他事先不知道这件事，和大家一样是从广播里听说的。他说，这个新职务的名称听起来很气派，但是“最高”一词有些受用不起。顾名思义，“欧洲远征军”指的是从美国派往欧洲的军队，美国远征军统帅不能指挥别国军队。盟军攻占北非后，罗斯福总统和丘吉尔首相抵达卡萨布兰卡，决定艾森豪威尔担任欧洲盟军最高统帅，也是执行“霸王”计划的总负责人。美国总统罗斯福最初提议由马歇尔任盟军统帅，由于参谋总长一职离不开，才改派艾森豪威尔的。从军事经历上说，艾森豪威尔与马歇尔一样，属于“办公室军人”，没有领兵打仗的经验，但有独特的领导艺术，能把盟军的各路奇才捏到一起。

为防止盟军重返欧陆开辟第二战场，纳粹德国招募了25万法国劳工，日夜在法国海岸抢修工事。

希特勒一再鼓吹的“大西洋壁垒”，从挪威北部延伸到西班牙海岸，号称由15000个坚固堡垒组成。

卡车日夜穿梭，把建筑材料运往法国西海岸。负责法国海岸防卫的德军西线总司令伦斯德元帅是老派帝国军人，认为在法国海滩上不可能顶住盟军的进攻，只能葬送德军有生力量，不如把盟军放进来慢慢收拾。隆美尔认为，如果盟军越过了法国海滩，那么德国也就完了，因此必须在海滩上把盟军挡住。在两种意见之争中，隆美尔的意见更对希特勒的胃口，他命令隆美尔加固法国沿岸的“大西洋堡垒”。

在隆美尔近乎残忍的推动下，所有盟军可能登陆的滩头都架起了登陆障碍物。在海滩的沙土中，断崖下，沟渠内埋设地雷，从小型弯环杀伤地雷到足以炸毁坦克履带的烤饼式地雷，总数量达到6000万枚。隆美尔预料到，盟军在登陆作战时，将辅以大规模伞降和机降，遂下令于空旷地区立木桩，让滑翔机无从着陆。这些木桩后来被戏称为“隆美尔芦笋”。

隆美尔认为，盟军必将在空军掩护下抢滩，能够阻止盟军登陆的，不是这种巨大的堡垒，而是坦克。登陆部队没有或者只有少许轻型坦克，而且不可能在沙滩上迅速展开。因此德军在海岸防御中要配备足够的坦克，把登陆部队撵回大海。这一见解遭到伦德尔的激烈反对。伦德尔认为，大量装甲师前置，只会成为盟军轰炸机部队的靶子。伦德尔和隆美尔的争论到了希特勒那里，被折中了一把，只有少量坦克前置，大部分坦克后退到距离海岸线一段距离。希特勒这把和稀泥是致命的，致使在后来的诺曼底登陆战役中，前沿的德军只有凭借机枪等轻武器抵御盟军抢滩。

和伦德尔不同，隆美尔出身贫寒，有宿命的悲情。他清楚地知道海岸防务的要害在哪里，因此对部下说了一段语重心长的话："战争的输赢就在海滩上。我们只有一次机会阻止敌人，那就是他们依旧在水里挣扎着要上岸的时候。因此，考虑使用预备队是一件蠢事。主抵抗就在海岸上，我们的一切所有都务必放在这里。相信我，登陆的头一个小时，对盟国，也对德国，都具有完全的决定性。那将是最长的一日。"后来，好莱坞拍摄了一部反映诺曼底登陆战役的大片，片名就取自隆美尔的这段话，为《最长的一日》。

艾森豪威尔和他的副手、英国皇家空军司令泰德忧虑地注视着隆美尔的举动。法国西海岸钉下的每根桩子，都加重了他们的忧虑。他们对登陆能否成功并没有十足把握。1942 年 8 月，盟军组织过地培突袭行动，以小股部队在法国西海岸登陆，结果仅参加突袭的加拿大部队便伤亡 3400 人。这是对"大西洋堡垒"强度的第一次测试，测试结果是对盟军的警告。从那之后，盟军再没有作过这方面冒险。盟军实行严格的保密措施：外国使节一律禁止出入英国各港口；未经检查的信件不得寄出；无关人员不得涉足海岸线 10 英里范围。

美军训练攀岩，这就意味着登陆地点有陡壁。那么，在哪里登陆呢？1943 年制定"霸王作战计划"时，盟军面临着两种选择：或在加莱登陆，或在诺曼底登陆。加莱港濒临英吉利海峡的最窄处，从英国一侧的多佛尔到加莱仅三十几公里，但这里是德军守备力量最强的地区。相比之下，从英国海岸抵达诺曼底地区，虽然航程在 100 公里以上，但德军的守备力量相对薄弱。盟军最终把登陆点定在了诺曼底。

美军在英国投入紧张训练。横渡英吉利海峡在法国海岸开辟欧洲第二战场的计划，代号“霸王”。据艾森豪威尔回忆录，“霸王”计划的规模最初很小，只有几个师，后来才越搞越大，越来越完善，也越来越像回事。

盟军面临两种选择，德军也面临两种判断：加莱或诺曼底。他们先入为主地认为，加莱方向更危险。毕竟，几千年前英国和法国是陆地相连的，连接地点就是英国的多佛尔和法国的加莱，后来海水淹没了陆桥才断开，但所形成沟堑却是海峡的最窄处。在德国军人那机械的脑子里，很难想象有人会舍近求远，从海峡的宽阔处渡海。

1944年3月，距实施两栖登陆作战尚有3个月，艾森豪威尔命令放弃对德国本土的轰炸，集中轰炸集结在法国西部的德军。同时展开欺敌行动，目的在于使德军产生错觉，把注意力放在加莱。盟军空军每向诺曼底投掷一吨炸弹，就向加莱投掷两吨炸弹；每向诺曼底派出一架侦察机，就向加莱派出两架。加莱正对着多佛尔。盟军在多佛尔展开了忙忙碌碌的建设，军营、仓库、铁路支线、输油管压力站纷纷开工，动作认真而夸张。德国人习惯于卡片索引式的思维，盟军制造的假情报无一遗露地被记录在案。终于，德军西线司令部小心翼翼地上了钩，伦斯德和隆美尔都坚信盟军将在加莱登陆。而战后缴获的文件表明，希特勒倒还没有完全上钩，出于外人无法理喻的直觉，他反复叫嚷，要注意诺曼底！

巴顿有发表爆炸性讲话的天才，大凡公开讲话，喜欢以惊动听众为已任。到英国后，巴顿在一次集会中说，战后将由美国和英国联手管理世界。这番讲话掀起轩然大波。艾森豪威尔在回忆录中说，要想封巴顿的嘴，就给他安排一个职务，他就没时间放炮了。诺曼底登陆准备期间，巴顿被放在多佛尔，指挥一个不存在的军团。隆美尔的老对头抵达多佛尔，好像真的要在那里与隆美尔再见个高低上下。德军最高统帅部更加认为，盟军要从海峡的最窄处进攻加莱。

既然要在法国登陆，就要事先轰炸德军防御中可能使用的桥梁、货站和铁路干线。但是，这样一来必须伤及无辜百姓。据盟军计算，这种轰炸会至少造成 80 000 法国人死亡。这个估算被大大打了折扣，仍然使得丘吉尔震动。他说：法国是英国的朋友，是不是轰炸法国，不是人道主义问题，而是英国的基本国策问题。艾森豪威尔向丘吉尔一再保证，在盟军轰炸之前，会采用广播和传单，告知法国人以及比利时人尽快离开空袭地区。丘吉尔最后被说服了。盟军遂按照计划破坏德军机动部队所可能使用的设施。

登陆作战需要无风天气和有利潮汐。德军气象部门预测，盟军发动进攻的最好时机是 5 月，6 月气候恶劣。5 月，盟军没有动静，到了月底，西线司令部松了口气。事实上，分散在英伦三岛的盟军官兵和作战物资开始向出发港口集中。

盟军走向登陆舰队。直到这时，盟军统帅部仍然通过电台，不断地给加莱方向假设的地下组织发布命令，提出策应盟军登陆的种种要求。

6月1日，英国有关港口被登陆舰队塞满了。它们是3000艘战舰，上面搭载着2000艘小型登陆艇、1500辆坦克、5000辆装甲车、10000辆吉普车和推土机，以及第一批登陆的25万名官兵。

暴风雨来了。舰艇上的士兵忧郁地看着海面。停泊在港口的战舰还没待出发，就有大量人晕船。

武器集中了，人员集中了，海峡上空也逐渐集中了积雨云，它们夹带着强大的低气压逐渐逼近。

按照原定计划，6 月 4 日盟军舰队驶出港湾。海峡白浪滔天，动荡不安，舰队走了一半又被水上飞机召回。

欧洲盟军统帅部的会议。原定6月5日为D日，这一天盟军要在法国西海岸与德军打响，而盟军登陆部队与德军守备部队的接火，则是第二战场开辟的标志。D日不得不推迟了。

6月5日，据气象部门报告，风暴将在6月6日早上暂时停止。艾森豪威尔淡撇撇地说："OK，我们上路吧。"

登陆部队再次上船。

巨大的铁锚从水里拉出来。战后人们得知，在舰队启航的一刻，艾森豪威尔是忐忑不安的，而且做好了登陆失败的准备，为此还草拟了一份新闻稿，全文为："我们的登陆已经失败，我已下令将部队撤回。我在此时此地发动进攻的决定是根据能够得到的最可靠情报作出的。我们的军队都非常勇敢和尽职。要说有什么缺点和责任的话，全都是我一个人的。"

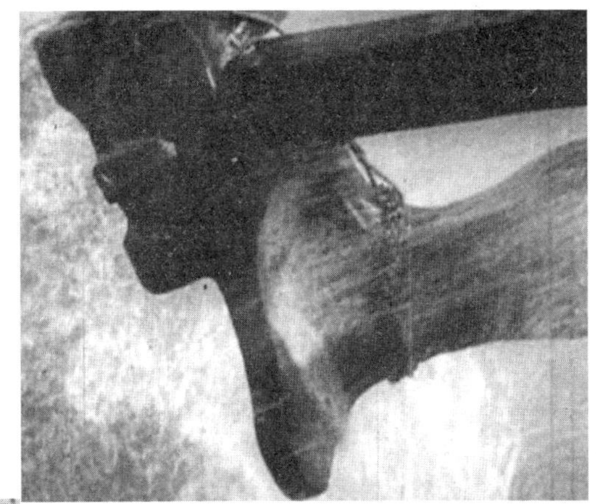

登陆舰队第二次驶入波涛汹涌的海峡。云层密布低悬，天海茫茫的彼岸，他们的前方，那片薄雾低垂的地方，就是期待已久的"第二战场"。

在登陆舰队出发前，艾森豪威尔专程来到伞兵兵营，看着这些伞兵往脸上涂抹黑色的油彩。他一直把这批伞兵的最后一个送上运输机，看着他们离去。

在登陆部队抵达之前，6月6日凌晨1时到3时，分乘925架飞机的13000名伞兵在德军阵地后面空降。这是英国伞兵，他们倒没有涂成花脸，而是认为，大花脸是噱头。

诺曼底登陆战役是由伞兵揭开序幕的。蒙哥马利对这次空降始终不看好，总是问：这笔投资能有多大的红利？实际上，这次伞兵行动的效果确实一般化，主要是夜间跳伞，风太大，降落伞被吹散，落地散布的面积很大，难以聚拢部队。这是被德军击落的运输机。

轰炸机部队起飞。

6月6日拂晓之后，2500架盟军轰炸机开始轰炸德军据守的80公里长的海滩，对“大西洋堡垒”的打击开始了。

诺曼底是法国北部一片包含数省的地区，盟军登陆地点仅是塞纳湾的一小段海岸线。登陆计划是蒙哥马利制定的，规定：登陆时美军在右，突击奥马哈海滩；英军和加拿大军队在左，突击瑟堡半岛的犹他海滩。整个进攻战线长60多英里。蒙哥马利预言，隆美尔指挥部队的特点是，把从师一直到营，甚至到连一级的任何立即可用的部队投入连续的攻击。他不相信隆美尔指挥的德军会在一条坚固的防线据守，而是会立即着手组织最大的兵力向滩头阵地发起反攻。

登陆舰队接近诺曼底海岸线，立即开炮。注意，登陆舰的前甲板上依次摆放着小型坦克。它们是专为这次登陆行动设计制造的水陆两栖坦克。

参加过奥马哈海滩防御作战的德军士兵诉说当时的情景是："那天，当晨雾逐渐消散时，海平面上出现一片模糊的阴影，起初我们以为是德国海军的巡逻舰队，谁也不曾注意，当这片影子越来越大时，我们才意识到可怕的事情终于发生了，有人喊起来：他们来了！话音未落，美国军舰就开炮了，一阵铁雨从海面上席卷过来。"

轰炸和炮火准备之后，一名等着上登陆艇的美军士兵。

临上登陆艇之前，再紧一紧身上的装备。

士兵跳下登陆艇，在齐胸深的海水中涉向沙滩。

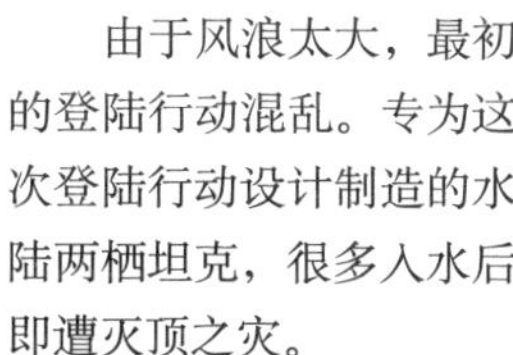

由于风浪太大，最初的登陆行动混乱。专为这次登陆行动设计制造的水陆两栖坦克，很多入水后即遭灭顶之灾。

盟军登陆行动展开后，德军西线司令部仍然认为，如此恶劣的天气里，不可能有像样的大规模进攻。盟军的轰炸、空降、登陆都只是佯攻，真正的攻击地点将在加莱。

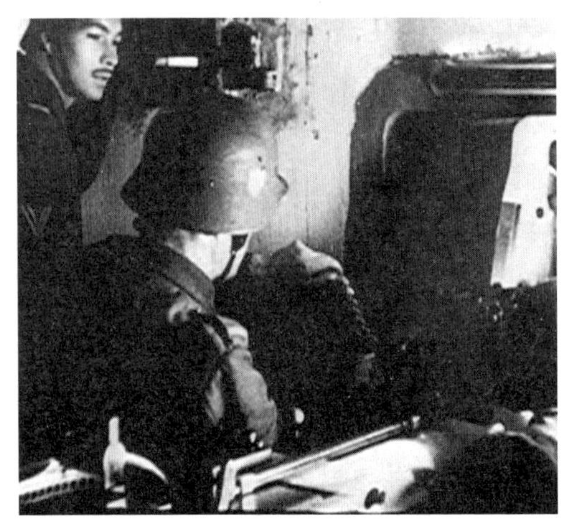

在奥马哈海滩，碉堡里的德军猛烈拦阻射击。事后一名德军士兵给家人写信说："陡峭的海滩上，美国人一开始就抢滩了250米，这是致命的。我们向一切移动的物体开火，海滩上很快就布满了美国士兵的尸体。他们不断地匍匐前进，爬行几寸，就射击一阵。我们开始向那些尸体开枪，因为没有人能够分清哪些是尸体哪些是将要成为尸体的活人。"

和那次阿拉曼战役一样，当D日到来的时候，隆美尔不在军中，而在家里。但他在“大西洋堡垒”下的工夫得到了回报。经过猛烈轰炸和炮击之后，竟然有80%的工事保存下来，并能向盟军滩头部队开火。这不能不说是滩头部队的灾难。

隆美尔最担忧的情况发生了，守备的德军只有轻武器，由于装甲部队后置，诺曼底滩头连一辆坦克都没有。

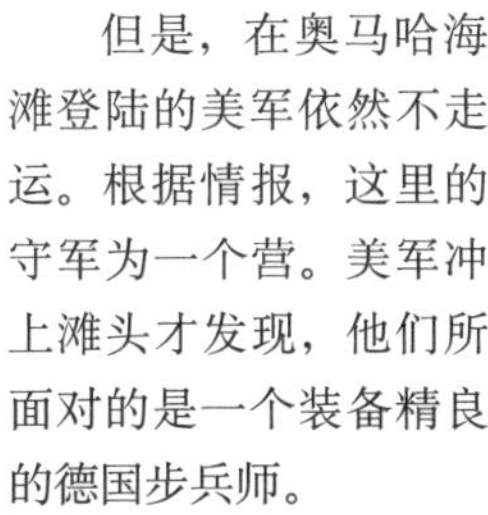

但是，在奥马哈海滩登陆的美军依然不走运。根据情报，这里的守军为一个营。美军冲上滩头才发现，他们所面对的是一个装备精良的德国步兵师。

美军在奥马哈滩头死伤惨重。大批美军趴在海滩上，被密集的火力压制得抬不起头时，美军上校泰勒留在这个滩头上的话后来被广为传播："这个滩头上只有两种人：已经死了的人和正等着死的人。还是跟着我闯出这个地狱吧！"

美军在奥马哈海滩上的阵亡人数超过 10000 人，其中有将近 2000 人是被一名德军下士用机枪射杀的。那名德军下士正好处于炮弹和炸弹打击不到的死角，因此没头没脑地猛烈射击。他事后说自己杀死了一个团的美国人。

参加登陆的英军第 2 军团，官方定名"英国解放军"，而英国人更愿意称它为"雪耻军"。如果是在加莱方向登陆，它们几乎是顺着当年敦刻尔克撤退的路线原路打回去。

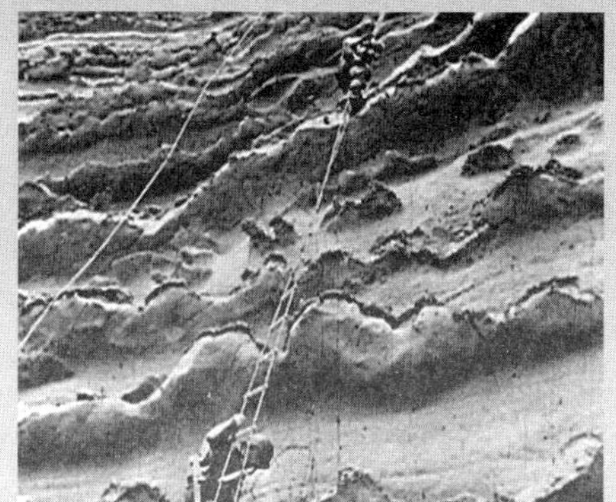

长达 80 公里的海岸并非全部是海滩，加拿大军队的登陆地段是陡峭的峭壁。由于风浪太大，登陆船只靠不了岸。德军抢先攀上峭壁，居高临下射击。加拿大军队只能被动地在山岩间与德军周旋。

一个加拿大士兵利用绳梯攀爬峭壁。后来，这片高出其他海滩的地方，却被称为诺曼底的“陷阱”。

6 月 6 日黄昏的时候，战况不尽如人意，规定 D 日应达到的目标，一个都未达到。但让艾森豪威尔和蒙哥马利聊以自慰的是，在整个 D 日，盟军全部阵亡人数还不到 2500 人。

滩头阵地开辟出来后，可以往回运伤员了。6月7日，在英国分体浇铸的混凝土人工港口被运到诺曼底海滩，又被称为“马尔伯里人造港”。它泊在沿海的水深处，小型运输船只和登陆艇能直接靠泊，作战物资通过一条由浮桥组成的道路直接运抵岸上。D日的第4天，盟军已经在诺曼底滩头站稳脚跟，德军不可能把他们赶下大海了。

6月19日，一场半个世纪未曾有过的6月风暴席卷而来。数十艘船舶被抛上海滩，另外数十艘则葬身海底。人工码头没有能经受住风暴的考验，在海浪中解体了。这是暴风雨之后的情景，海滩上是被海浪抛上岸的军舰。

风暴刮了4天。在风雨大作的日子里，补给没运上来，部分盟军已动弹不得。老天爷赐给德军难得的反扑机会。战后西方二战专家一致认为，隆美尔当时没能抓住这个战机。

6月下旬，诺曼底登陆战役趋于收尾，海滩上到处是德军的遗尸和俘虏。

诺曼底海滩已经牢牢掌握在盟军的手中，它的最后一幕是夺取科坦登半岛上的古老要塞和重要商港——瑟堡。盟军在法国西部作战，不能总依靠海滩和人工港装卸补给，而是必须要有一个现成的、说得过去的港口。

6月12日，诺曼底登陆战役进行当中，德军向伦敦发射了1枚飞弹，造成人员伤亡。

德军陆续向伦敦发射飞弹，总由于命中的精确度很差，给英国造成的损失不大。这是1枚没有爆炸的飞弹，拆除炸药后，立在街头供人参观。当时盟军不知道它是什么东西，称之为“能爆炸的无人驾驶飞机”。

二战后期，美军在德国境内找到了飞弹发射基地。这是1枚安装在发射架上尚未来得及发射的飞弹。美军和苏军各自把缴获的飞弹和科技人员送回国内，从此催生了火箭、导弹以至宇宙飞船的研发。

德军早先发射的飞弹称为“V-1”型，这种带着短翼的称为“V-2”型。1944 年 9 月 8 日，德国陆军第 485 摩托化步兵营首次向英国发射刚刚研制成的 V-2 型飞弹。至 1945 年 3 月 27 日为止，共向英国发射了 1115 枚，炸死英国人 2724 人，重伤 6467 人。事实表明，飞弹不可能摧毁英国民众的士气，也无法阻挡盟军的推进。但是，欧洲盟军首脑艾森豪威尔还是有点怵它，在回忆录中说：如果德国人早 6 个月制成和使用这种武器，那就没有诺曼底登陆，也不会有什么第二战场。

诺曼底登陆战役期间，希特勒险些被干掉。早在 1938 年 2 月，希特勒栽赃德国陆军总司令犯有鸡奸罪，以此为借口革退了一批将领，宣布“亲自接掌整个武装部队的统辖权”。德国旧军人把荣誉看得高于一切，德国陆军总长路德维希·贝克用辞职表明他反对希特勒的做法。从此，以这位下野参谋总长为核心，形成了以清除希特勒为目标的秘密组织。贝克组织了几次暗杀行动，都阴差阳错地失之交臂。盟军发动诺曼底登陆战役后，后备军参谋长施陶芬堡上校于 7 月 20 日进入东普鲁士腊斯登堡的“狼穴”。希特勒的会议室中央有一张厚橡木板的长方形桌子。希特勒坐在桌子一边的中央，二十几位将军站了一圈，听作战处长豪辛格讲东战场形势。施陶芬堡进屋后，把手提箱放在靠近希特勒的桌下，借接电话溜了出去。他出门后，手提箱被人无意间从桌旁移开，远离了希特勒。12 点 42 分，炸弹爆炸，死亡 4 人，希特勒只受了点轻伤。这是他和墨索里尼心有余悸地观看暗杀现场。

这是被胜利前行的盟军俘虏的一名德国军官，他的脸上表现出了这场令人疲倦的战争带给他的痛苦和疲惫，也表现了战争的戏剧性收场。

隆美尔并没有参加贝克为首的秘密组织。但是秘密组织的几个将军找过他，向他全部托了底。隆美尔那时建议，不要暗杀希特勒，让希特勒当烈士太便宜了，应该在战后把希特勒交付法庭审判。在以后的交往中，秘密组织提出，一旦暗杀希特勒成功，请隆美尔担任临时国家元首，以避免内战。隆美尔含混地表态："告诉柏林人民，我是可以信任的。"盟军发动诺曼底登陆后，希特勒怒气冲冲地兴师问罪，要前线指挥官承担失守责任。一向俯首听命的隆美尔大胆陈言，德国败局已定，趁尚有谈判本钱，尽快结束战争。在德军将领中，当面要求希特勒结束战争的，隆美尔是第一人。7 月 17 日，他在前线视察时遭到美军战斗机袭击。汽车向一个村庄急驶时撞树（后来得知，赶巧了，那个村庄名为"蒙哥马利"）。隆美尔在医院抢救时发生了"720 事变"。在清查中，有人吐出隆美尔的名字，并且供出了他的原话。10 月 14 日，党卫军包围了隆美尔家，带来了希特勒的条件：要么服毒自尽，以民族英雄名义下葬；要么立即受审绞死。为了全家人的安全，隆美尔选择了前者。希特勒兑现了承诺，为隆美尔举行了国葬，只是他没有参加仪式。在对"720 事件"的清查中，有 7000 余人被捕，处死了将近 5000 人，17 名陆军元帅中有 3 名送命，36 名陆军上将中有 5 名丧生或革除军职。有不少将军是吊在屠宰场的肉钩子上，用钢琴丝绞死的。战后，隆美尔的儿子曼弗里德·隆美尔说，他的父亲确实说过这样的话："施陶芬堡上校把事情干砸了。干嘛要暗杀希特勒呢？如果真要干掉希特勒的话，前线的士兵就可以下手。"

重返烽烟现场

——肉眼所见的二战进程

第三战场

从瑟堡港到马赛港 »

就欧洲盟军统帅部而言，诺曼底登陆的最主要目标是占领一个港口，这个港口就是瑟堡。只要拿下瑟堡，来自美国和英国的作战物资就能通过这个港口源源不断地上岸，给前线打仗的部队提供补给；拿不下瑟堡，就什么也别说了，大部队不能在海滩上坐等弹尽粮绝，统统得打道回府。布莱德雷向艾森豪威尔保证说，最快 10 天，最迟 30 天攻占瑟堡。

瑟堡是一个只有几万人的小城。美军 3 个师一举跃入科坦登半岛，把 40 公里宽的半岛截为两半，随即突入瑟堡。

希特勒给瑟堡守军下了死命令：不准撤退！不准投降！他要瑟堡守军进行一场自杀性的战斗。但这里的守军多是雇佣来的，德军人不多，来自东欧和巴尔干的雇佣军无心恋战。

瑟堡城防司令被俘后，认为自己之所以没有打好，主要原因是部队成分太杂。他说："你不可能指望，一个东欧人或巴尔干人，在法国人的土地上，为了德国人的利益，而与美国人和英国人拼命。"他的话很快得到了证实。

美军履行了这个手续，又放了几炮。即刻，400 名守军集体列队出来投降。

6 月 26 日，瑟堡只剩下一个德军据点了，那是个海军军械库，有 8 英尺厚的混凝土工事。如果愿意坚持，是能坚持一阵的。美军派了个心理战小组，用麦克风向军械库的守军喊话。不大会儿，军械库指挥官出来谈判。他说："我们可以向大炮投降，总不能向那个麦克风投降。给点面子，关上那个麦克风，再打几炮过来。"

6月27日，D日之后的整三个星期，盟军占领瑟堡，它被认为是诺曼底登陆战役最重要的成就。尽管海港已被德国人破坏到无法使用的地步，但盟军专家仅用19天就修复了这个海港，并迎来第一艘船。

驻守瑟堡的一名美军士兵。

诺曼底登陆战役的目的是开辟欧洲第二战场，早在准备“霸王”行动时，欧洲盟军统帅部就认为，仅开辟第二战场还不够。只是在诺曼底登陆，驻法德军只是一面受敌，为了分散德军，还要开辟另一个战场。第三战场的登陆地点选择在法国南部的地中海港口，那里有马赛、土伦等著名港口城市。最初，在法国南部地中海港口登陆的计划，代号为“铁砧”，后来改进计划，代号为“龙骑兵”。问题是“龙骑兵”计划什么时候实施？“霸王”计划集中了盟军绝大部分登陆舰只和主力部队，不可能在诺曼底登陆的同时再在法国南部海岸发动登陆战役。那么，暂且把“龙骑兵”放下，至于什么时候让“龙骑兵”驰骋起来，还得边打边看。

艾森豪威尔回忆录中说，“霸王”计划的D日，丘吉尔要跟随部队一起渡过英吉利海峡，怎么拦也拦不住。英国国王知道了，说：既然首相要随登陆部队出发，那么我也去。丘吉尔这才罢休。诺曼底登陆战役打响后，虽然盟军登陆抢滩时发生了困难，在滩头阵地站住脚后，后面的仗打得顺风顺水。这时，老男孩叼着雪茄烟，美滋滋地乘船渡过海峡。

盟军在法国西部登陆成功，而在法国的南部，还盘踞着不少德军。在这种情况下，需要不需要继续实施“龙骑兵”计划？艾森豪威尔和丘吉尔“发生了一场在这次战争中持续时间最长的争论”。丘吉尔认为，拿下瑟堡后，盟军不需要继续攻占法国南部的地中海港口，而且马赛等地与法国战场没有必要的战术联系，与其实施“龙骑兵”计划，还不如把这些兵力投入意大利战场。艾森豪威尔则认为，瑟堡吞吐量太小，如果不能迅速攻占马赛港的话，盟军的补给就跟不上了。两个人争执不下，把矛盾交给罗斯福总统。罗斯福说：不能因为一个战役而牺牲了另一个战役。言下之意是，不能因为“霸王”成功了，就抛弃了“龙骑兵”。丘吉尔在回忆录中说：“至此，我没话说了。”“龙骑兵”计划因此得以实施。

在马赛港执勤的德军士兵。法国南部过去驻扎德军14个师，其中4个调往诺曼底附近作战，仅剩下10个师守卫300多公里长的海岸线，而在盟军登陆地点附近的，只有3个师。

“龙骑兵”计划的参战部队是帕奇指挥的第七集团军，包括7个法国师和3个美国师，外加1个美英混合空降师。

这次新的远征是从意大利和北非两地出发的，以那不勒斯、塔兰托、奥兰为主要装运港口。

“龙骑兵”舰队离开港口，驶向法国南部海岸。

军舰上的美军官兵。他们表情轻松。诺曼底登陆战役中，驻扎法国的德军大部分北上了，南部的马赛港地区防御空虚，盟军正好乘虚而入。

登陆艇只能容纳首批登陆的3个师，由有经验的美国师登陆抢滩。

到了第二天早晨，3个美国师都已登陆。

圣马克辛是个小码头，被“龙骑兵”舰队的登陆艇挤得满满登登的。

登陆部队立即向土伦和马赛两个港口推进。

马赛港的德国守军负隅顽抗。8月28日，盟军占领马赛港。

守卫马赛港和土伦港的德军几乎被全歼，40 000 多人被俘获。

在法国抵抗组织的协助下，附近的布克港保持完整。美国军需品立即从这里大量上岸。

美国坦克进入法国弗莱尔村庄的一个富有预见性的场面，它表现了战斗的激烈，是希特勒辉煌梦想注定要破灭的一个序曲。

丘吉尔始终看不上艾森豪威尔，对艾森豪威尔力主的“龙骑兵”计划也耿耿于怀，说自己根本不同意这项计划，是在不得已的情况下被压服的。他后来在回忆录中说得很坦率：“龙骑兵”行动太不划算，它对于与艾森豪威尔正面作战的德军没有起到任何牵制作用，欧洲盟军却为此付出了战略代价。这个代价是，驻扎在意大利的盟军被抽调去执行“龙骑兵”计划，从而失去了一个沉重打击驻扎意大利德军的机会。如果不是因为“龙骑兵”计划，盟军会及早穿越意大利北部山区，在俄国人之前占领奥地利首都维也纳。

水下
从潜艇战到反潜战 »

U是德文潜艇一词的第一个字母，而不是型号。1906年初，德国建造了以柴油机为动力的U型潜艇。1914年9月5日，德国U21号潜艇用一枚鱼雷击沉英国军舰“开路者”号；1914年9月22日，德国U9号潜艇在比利时海外用不到90分钟的时间就击沉3艘12000吨级的英国装甲巡洋舰，舰上1500人死亡。一战中，德国潜艇击沉商船总数达5906艘，总吨位超过1320万吨；击沉舰艇192艘，其中有战列舰12艘，巡洋舰23艘，驱逐舰39艘，潜艇30艘。各参战国共建造了640余艘潜艇，德国建造的潜艇300多艘。一战之后，《凡尔赛合约》禁止德国建造潜艇。纳粹拐了一个弯，与英国签订海军协定，自愿把海军兵力限制为英国海军的1/3，但潜艇可以达到英国潜艇的一半弱。由此，1935年6月，德国于战后建造的第一艘U-1型潜艇下水，到9月共建造了9艘，组成了“威迪根”潜艇队。到了当年年底，德国潜艇部队已经拥有24艘潜艇，其中10艘是U-2型潜艇。这种新型潜艇的水下操纵性能良好，可以在20秒内完全潜入水中，水下航速为16节。在采取了一定改进措施后，续航力有望达到10 000海里。

U-2 型潜艇内部。它有 5 具鱼雷发射管，艇首 4 具，艇尾 1 具，每次可以携带鱼雷 12 枚至 14 枚。艇内空间狭窄，为了作战方便，鱼雷发射管与一部分水兵的床铺挨着。它有两种不同的推进方式，两台迪塞尔柴油发动机是在水面高速航行时使用的，水下则使用电池。

到了希特勒那里，雷德尔的 Z 计划和邓尼茨的计划都胎死腹中。二战爆发时，几个主要海军国家拥有各类潜艇 910 艘，德国潜艇数量最少。数量依次是：苏联 218 艘，英国 212 艘，意大利 115 艘，美国 112 艘，法国 77 艘，日本 63 艘，德国 57 艘。这是停泊在基尔军港的 U 型潜艇。

1939年初，德国海军元帅雷德尔向希特勒提出Z计划，要求建造大型水面舰只，编成战斗群，从德国港湾出发，经北海直插大西洋，攻击英国商船队和护航舰队，窒息英国的海上生命线。指挥德国潜艇的海军上将卡尔·邓尼茨（左）不同意Z计划。德国主海岸线在波罗的海，最重要的军港是日德兰半岛的基尔军港。上次大战中，英国海军在狭窄的北海上布署了一条严密的封锁线，既阻碍了德国潜艇溜进北大西洋，又使德国商船不能出海。英国的这一手，曾把德意志帝国窒息得喘不过气来。德国的地理位置不适于发展在大西洋作战的水面舰只集群，况且德国在大西洋水域没有舰艇修理所，一旦舰艇损坏，处境相当困难。邓尼茨要求建造300艘供第一线使用的潜艇，只有这种水下舰只才适于执行切断英国海上生命线的任务。

战争初期，在德国的57艘潜艇中，只有26艘能够执行作战任务。按照1/3的战勤率，只有八九艘在作战。即便是这样，也把盟国折腾得不轻。

U型潜艇冲出水面的一刻。邓尼兹计划的依据是，潜艇战勤率为1/3，如建造300艘潜艇，只能有100艘用于战场，100艘在基地修整，另外100艘来往于战场与基地之间。用100艘潜艇打击英国漫长的海洋交通线勉强够用。可见这个听起来吓人的计划，实际上是已压缩到了最低数量。

U 型潜艇的内部。1939 年 9 月 3 日，纳粹入侵波兰的第三天，英国对德宣战。这时英国在欧洲大陆没有一兵一卒，与德国无地面战争可言。但德国在宣战几小时后便从海上打响了。晚 9 时，英国赫布里底群岛以西海域，从利物浦开往加拿大魁北克的“雅典娜”号邮轮被“U-39”号潜艇施放的鱼雷击沉。船上 1400 名乘客中 112 人死亡，其中有 28 名美国人。对海军在大战中的第一个军事行动，希特勒不仅不感到快慰，反而恐慌，他怕美国提前介入战争。一战初期美国没有参战，到德国潜艇击沉美国“卢西坦尼亚”号客轮后，美国才参战。这次大战刚开张就打死了几十名美国平民，绝非好兆头。希特勒急忙否认击沉“雅典娜”号与德国有关；戈培尔造谣说，“雅典娜”号是英国人自己击沉的，目的在于挑逗美国人参战。

9 月 17 日，英国“勇敢”号航空母舰被 U 型潜艇的鱼雷击沉。这是皇家海军在二战中遭受的第一个重大损失。10 月 13 日晚，德国潜艇潜入奥克兰群岛东部海域，突入斯卡帕湾，击中皇家海军的几艘战列舰。皇家海军还没反应过，德国潜艇已经迅速转舵，全速撤离柯克海峡。

1940年年中，挪威和法国相继沦陷后，德国潜艇不必走从基尔军港到北海的危险航路，也不必通过丹麦海峡了，而是可以从挪威和法国的大西洋港口出发，有限航行距离大大延长，对英国海运线的威胁日益严重。以下是U型潜艇的一次袭击过程：这是艇长通过潜望镜搜寻海面目标。

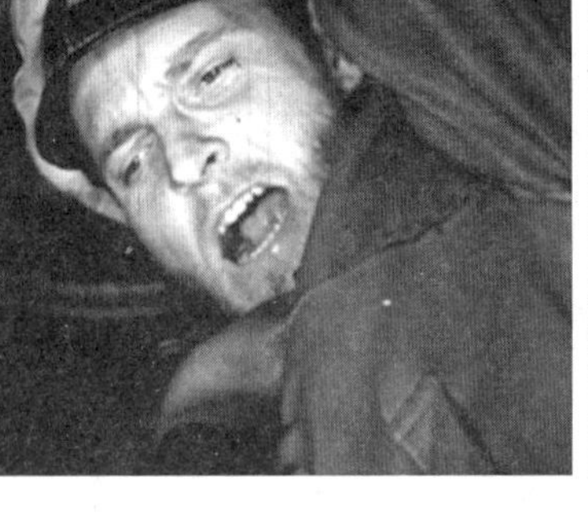

“发现盟国商船！”

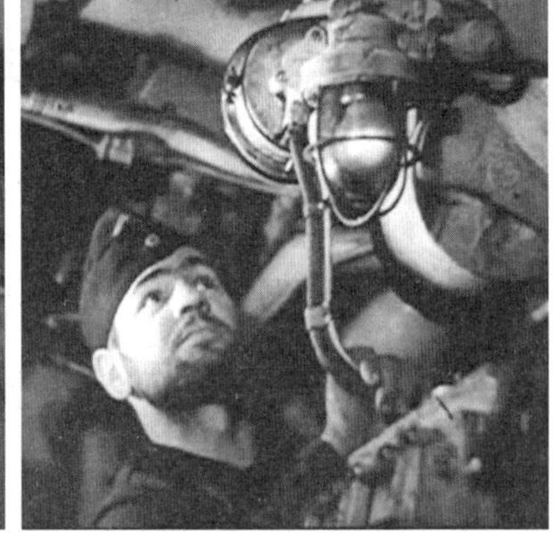

艇内即刻进入战斗状态。

关闭水密舱门。

艇长下达了发射鱼雷的口令。

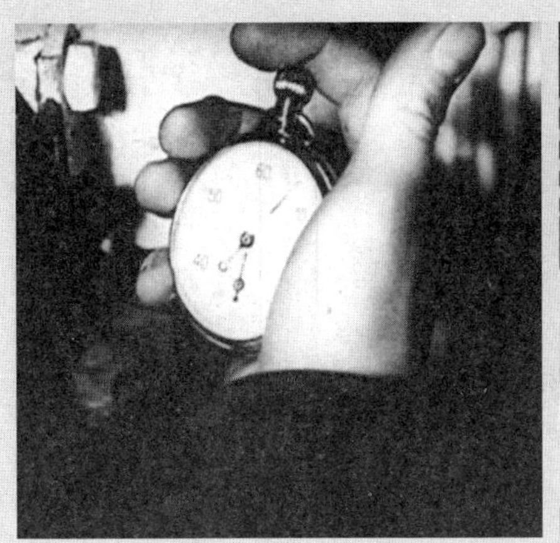

根据鱼雷的航速读秒。

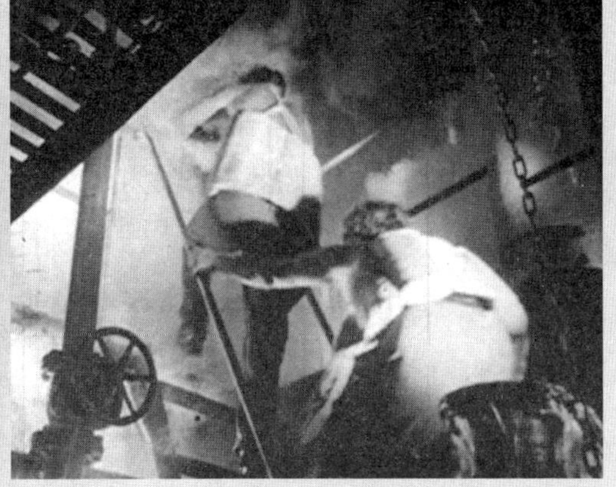

目标被鱼雷击中，水手夺路逃生。

1940 年是 U 型潜艇的黄金时代，击沉 217 艘船舰，总重达 150 万吨。德国也付出了惨重代价，在派出的 39000 名潜艇船员中，阵亡 32000 名。那时，德国潜艇可以巡弋到西经 25 度，而皇家海军的一般只达到西经 15 度左右，在这片空白水域，经常出现英国货轮水手的弃船景象。德国潜艇部队的官兵说，这是他们的"快乐时光"。

潜艇里空间狭小，十分憋屈，战斗之后，水兵们总要出来透透气。

德国潜艇喜欢夜袭。U型潜艇有时甚至进入运输船队的中间，从最近距离上发动攻击。1940年9月之后，邓尼茨把夜袭发展为“狼群”战术：在盟国运输船队可能经过的海域预先布置潜艇战斗群，用6~12艘潜艇白天尾随护航队，黄昏时进入攻击阵位，夜幕降临后，商船或护航舰只高高的舰桥上很难发现潜艇低矮的指挥塔，集中起来的潜艇像狼群冲向黑熊一样，从水面600米的距离上向目标发动鱼雷攻击，使得护航舰只顾此失彼，力求给运输船队以毁灭性打击。

邓尼茨之所以极力推崇“狼群”战术，是由于英国当时在技术上和战术上都没有找到对付潜艇的好办法。邓尼茨说，“狼群”战术是冒险的，但利益巨大，值得铤而走险。1940年10月，一个由12艘潜艇组成的“狼群”就击沉了32艘舰船，而自己安危无恙。到1941年，德国用潜艇击沉盟军舰船的总数已达1150艘；到1942年上升到1600艘。

1941年12月11日，德国对美国宣战。5艘U型潜艇离开比斯开湾基地，开始了横渡大西洋的远航。那时德国已经拥有90余艘U型潜艇，但由于任务太繁重，这5艘是能够挤出来的最大兵力。它们的目标地域是美国和加拿大附近海域，在那里进行“连敲带打”的战斗。

1942 年是德国潜艇部队战绩最辉煌的一年，年初的 4 个月被德国潜艇艇员称为“大开杀戒时期”，“猎获美国舰船时期”。4 个月内德国潜艇共击沉美国船只 500 余艘，总吨位达到 300 万吨。

盟国采取的是最笨也是最不划算的方法，那就是拼命建造货轮，让每月货轮的下水量超过被击沉的货轮数量。

猖獗的德国潜艇使得盟国深受其害。为了对付德国潜艇，英国研制出声呐和舰用雷达，并发展出专门对付潜艇的猎潜舰，在广阔的水域搜寻德国潜艇。

猎潜舰发现敌踪的工具是声呐。一战期间，协约国潜艇探测研究委员会就搞出了一种叫“水听器”的东西，后来不断改进，按照美国的叫法称为“声呐”。30年代，皇家海军半数以上的驱逐舰配备了声呐。1939年，皇家海军在标准声呐上增加了距离显示器。大战开始后，英国在声呐研究方面投入大量人力物力，使得声呐质量有了明显提高，成为挫败邓尼茨“狼群”战术的利器。

猎潜舰通过声呐发现德国潜艇的位置，投放深水炸弹。

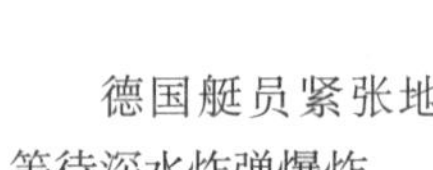

德国艇员紧张地等待深水炸弹爆炸。

深水炸弹爆炸，潜艇部分受损，这是海水涌入的瞬间。

好在无大碍。这次危险躲过去了。

从一艘猎潜舰上看深水炸弹爆炸。

从一艘货轮上看到深水炸弹爆炸。1941年春天，盟国护航队向U型潜艇发动反击。从3月到10月，击沉17艘U型潜艇。1943年，是大西洋战争的转折点。盟国方面，空中和海上双重护航削弱了U型潜艇的攻击力。仅5月份，盟军海面和空中部队就击沉了25艘潜艇。

1943 年，盟国反潜部队给德国潜艇部队以沉重打击。5 月中旬，邓尼茨在向希特勒的报告中说：“我们正面临着潜艇战中最大的危机，因为敌人正在利用新的探测装置，使我们的战斗无法进行。”

5 月 23 日，邓尼茨下令将德国潜艇部队于北大西洋撤回。德国在北大西洋水域的潜艇作战失败，尽管德国潜艇部队最终没能得手，但是希特勒对邓尼茨还是满意的。在第三帝国的最后时刻，希特勒指定邓尼茨为自己的接班人。

这是二战期间反潜作战中最为罕见的一幕：一艘德国潜艇见到一艘英国货船，以为对方毫无抵抗能力，浮出水面，准备将其击沉。英国海员突然撩开蓬布，露出火炮，用这门简陋的大炮将一艘 U 型潜艇击沉。

德国袖珍式战舰“格拉夫·施佩上将”号在大西洋被英国舰队击沉。

虽然德国潜艇在整个第二次世界大战中令人恐慌，但从表面来看，英国战舰具有明显的优势，也许最具戏剧性、最引人注目的插曲是对一直在大西洋上称霸的德国“俾斯麦”号战列舰的追击。1941 年 5 月 27 日，“俾斯麦”号遭遇英国战舰“乔治国王五世”号，“威尔士王子”号，航空母舰“胜利”号和四艘巡洋舰、17 只小船，被击沉。

二战期间，各参战国建造潜艇总数达2100余艘，潜艇沉的作战舰艇达395艘（含战列舰3艘、航空母舰17艘、巡洋舰32艘、驱逐舰122艘），击沉的运输舰船达5000余艘，2000余万吨。德国依仗性能先进的U型潜艇，在大西洋海域有效地攻击了盟军的商船队和护航船队。1943年以后，盟军在舰艇、飞机上加装了反潜雷达，使舰船沉没数量降低了65%，到1944年只有200艘舰船被击沉。第二次世界大战中，德国共建造潜艇1131艘，加上战前造的57艘，共1188艘。这些潜艇击沉了3500艘舰船，造成45000人死亡。到战争结束时，德国有781艘潜艇被盟军击沉。到战争结束时，德国能够在第一线作战的潜艇达到200艘以上。“XX1”型潜艇是德国在二战后期开发出的，下潜深度近200米，水下续航力在8000海里以上。德国总共生产了182艘，却从来没有投入使用。战争结束时，在波兰但泽等造船厂陆续发现了这些潜艇，它们随即被盟国海军分了。

英国皇家海军的“皇家方舟”号航空母舰在大西洋和地中海战功卓著。1941年11月被德国U型潜艇击沉。

纳粹德国曾经尝试建造航空母舰。1938年12月，“齐柏林”号航空母舰下水。但德国人在这个领域是彻底的生手，二战爆发后，突击建造潜艇，把“齐柏林”号的未竣工程放下。1945年，纳粹德国害怕它落到苏联手里，把它自沉了。苏联打捞上来后，往回拖拽时，触水雷沉没。

重返烽烟现场

——肉眼所见的二战进程

法国

从地下抵抗到武装起义 »

1941年6月17日，戴高乐乘飞机来到伦敦。他毕业于圣西尔军校、法国军事学院，一战中曾受伤被俘。二战爆发前任法军坦克旅旅长。德军通过阿登森林突入法国时，他担任装甲师师长。雷诺总理为了挽救败局，改组内阁，他担任国防部副部长。他来伦敦的使命是促进法英联系。而当他踏上英国土地时，法国败局已定，雷诺下台了。

6月18日晚间，戴高乐通过英国广播电台发表演说，号召法国人继续抗战，从而开创"自由法国"。几天后，出现在英国各地的招募人员招贴上印着他的一句名言："法国输掉了一场战役。但是，法国没有输掉这场战争。"戴高乐在《战争回忆录》中说：这次广播之后，"单调的军营生活结束了。我已年近半百，却要开始新的冒险。"6月23日法国投降，6月28日英国政府承认"自由法国运动"，答应提供财政支持。7月初，戴高乐在伦敦海德公园散步时遇到一群法国水兵，他们表示愿意参加"自由法国"。就这样，他有了武装部队的雏形。

戴高乐在《战争回忆录》中说，那些日子里，伦敦涌进来挪威、比利时、荷兰、卢森堡、波兰、捷克斯洛伐克、阿尔巴尼亚国王或政要。这些流亡政府多少带了些钱或军队，唯独法国人两手空空，一无所有，有点寄人篱下的味道。但戴高乐的事业很快就出现了转机。1940年8月27日，第一位法国黑人殖民地总督、乍得总督埃布维宣布投奔“自由法国”。乌班吉沙立（即中非共和国）紧随其后。驻守喀麦隆的勒克莱尔将军响应号召，使整个喀麦隆归附自由法国。拥有300万平方公里土地和600万人口的法国赤道非洲将把从大西洋到英国非洲东部领地和埃及在内的大片领土连在一起。从1940年到1942年，共有2200架盟军飞机在那里着陆。除16000名已经投奔自由法国的军队以外，法国赤道非洲和喀麦隆还在当地招募了5支军队。这些增援部队后来在比尔哈凯姆、意大利以及阿尔萨斯战役中取得了显赫战绩。应戴高乐将军的指示，乍得成为进攻意大利撒哈拉的军事基地。在1941年进攻库弗拉和1942年进攻非赞取得胜利后，勒克莱尔纵队成功地穿过从乍得到地中海的撒哈拉地区，夺取了意大利的防守阵地和绿洲，并于1943年在的黎波里与英国的第8集团军会合，为勒克莱尔将军第二装甲师写下第一个胜利篇章。到1942年底，马达加斯加岛、留尼旺岛和吉布提也加入了“自由法国”。1943年6月，法兰西全国解放委员会在阿尔及尔成立，将战争中除印度支那以外的法国所有海外领地的力量和领土联合在一起。直到1943年以前，布拉柴维尔一直是自由法兰西帝国的首都。戴高乐在那里成立了帝国防务委员会，也是未来自由法国政府的雏形。

“自由法国”军队参加了英军和德军在北非的作战，不仅扩编了塞内加尔营、乍得营，而且用皇家空军的飞机装备了一个轰炸机队。

戴高乐将军在伦敦领导自由法国的同时，法国国内掀起了抵抗运动。由于客观条件限制，抵抗运动最初是分散的，组织也不严密，后来在法国共产党和“自由法国”领导下，发展为专门从事武装斗争的“自由射手和游击队”。

从事武装斗争的战斗组织还有“人类博物馆”、“解放北方”、“解放南方”等。

参加抵抗组织的社会阶层广泛，有工人、商人、知识分子、军人、学生等。他们采取公开的、隐蔽的各种方式打击德国占领军。1942 年 7 月，戴高乐掌握的武装力量达到 70000 人，加强了与国内抵抗组织的联系。这是抵抗组织的一处营地。

1941 年 8 月 23 日，法共党员比埃尔·乔治在巴黎巴尔贝斯地铁站入口处杀死一名德军军官，开创了在光天化日之下袭击德国占领军的先例。抵抗组织在占领区积极从事破坏活动。

德军大肆搜捕抵抗组织成员。

法国市民在夜间收听英国广播电台的播音。

1944年6月，盟军发动了诺曼底登陆战役，在滩头阵地站稳脚跟后，分成几路向法国的纵深发展进攻。

美军进军途中，受到法国人民的欢迎。

法国人发自肺腑地迎接盟军的到来。

法国人拿出珍藏多年的好酒。

无需赘言。

盟军离巴黎很近了。

纳粹德国占领期间，法国人的抵抗运动一直不曾止息。在盟军快要打过来的时候，达到了高潮。盟军接近巴黎时，抵抗组织要求举行武装起义。盟军不愿意让这座著名的文化之都遭受战火。而抵抗组织表示，不会发生大规模战斗，盟军只要象征性地开进部队，巴黎即时就可以解放。

1944 年 8 月 19 日，巴黎全市举行武装起义。

巴黎人在修筑街垒，连半大孩子也参加了。

德军的巴黎城防部队有万余人，起义者毫不畏惧。

在数昼夜的战斗中，有 2100 多名起义者牺牲。

8 月 24 日下午，起义者占领了德军在城内的大部分据点。当天傍晚，盟军坦克进抵已基本解放了的巴黎。

8 月 25 日，盟军开进巴黎时，仍然有零星战斗。

巴黎城防部队停止抵抗，投降了。

如何解放巴黎？不仅是军事问题。法国人的自尊心很强，是一战的大赢家，而在这次大战的初期，法国政府就投降了。要在巴黎解放问题上为法兰西民族挽回尊严。欧洲盟军最高统帅部决定，把首先入城的荣誉给于法国第 2 师。

1944 年 8 月 25 日，按照投降仪式惯例，德国将军把佩枪交给法国第 2 师师长。

1943 年，在卡萨布兰卡会议上，戴高乐以法兰西民族领袖的身份登上国际舞台。同年 6 月 3 日，戴高乐在阿尔及尔就任法兰西民族解放委员会主席，8 月得到美英苏三国承认。1944 年 6 月 3 日，戴高乐将民族解放委员会改名为法兰西共和国临时政府，并任主席。在美国援助下，戴高乐重建了法军，拥有 23 万人，其中战斗部队 15 万人，舰队规模达到 32 万吨，空军拥有 500 架飞机。在盟军登陆前，法国抵抗组织提供了大量情报；盟军登陆后，法军第 2 装甲师随盟军一同推进。

8 月 25 日下午，戴高乐来到了巴黎的圣多明尼克大街。他所看到的，“简直就是一个欢腾的海洋”。

在欢迎中，有的政治家向戴高乐提议：我的将军，现在全国抵抗委员会和巴黎解放委员会都团结在您的周围，请您在这里向人民庄严宣告共和国的成立。

戴高乐回答说：“共和国一直存在着。自由法国、战斗法国、法兰西民族解放委员会一直与共和国休戚与共。维希政权过去和现在都是非法和无效的，为什么还要重新宣布共和国的成立呢？”

战争结束了，蒙受了奇耻大辱的法国人，在尽享胜利欢乐的同时，也要倾泻冲天怒气。

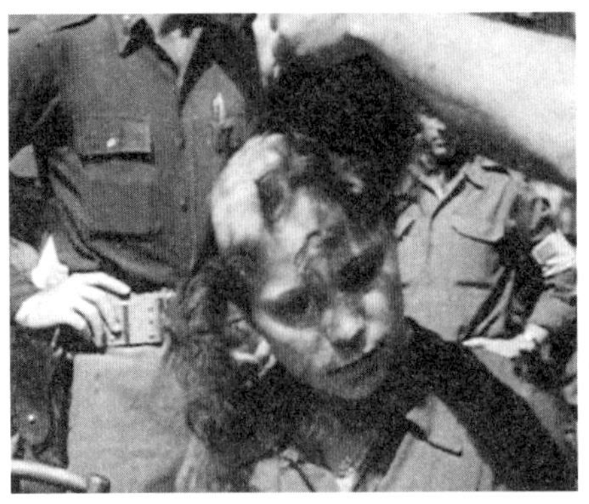

他们把与德国军官有染的法国女人剃光头。剃头匠旁边站着美军军人。当兵的与这种事情无关，只是看热闹，并在适当时候维持秩序。

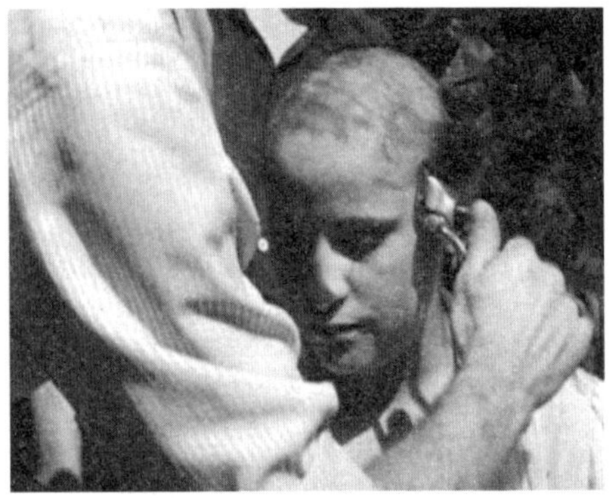

剃光头挺容易，几下子就结束了。在与德国军官同居过的法国女人中，包括著名的时尚大师夏奈尔。战后，夏奈尔没有受到剃光头的惩罚，只是离开了法国。法国人至今仍然使用“夏奈尔 5 号香水”，仍然喜欢夏奈尔设计的套装，而从感情深处，却一直不愿意原谅夏奈尔。

在巴黎，有的法国女人与德国军人生育了子女，也要被勒令抱着德国鬼子的子女游街示众。

解放

从华沙到贝尔格莱德 »

苏军士兵就像土地一样质朴，不考虑建功立业，也不想留芳百世。他们自视为大风扬起的一颗砂粒，大洋掀起的一朵浪花，只是被一场巨大的风暴烘托而起，又追随着战争的潮头履行自己的使命。苏德战争爆发以来，苏军与德军在攻防中互有进退，苏军官兵顾不过来考虑解放祖国。而在库尔斯克会战结束后，“解放”这个想法开始渗入苏军官兵的心底，要把法西斯匪徒撵出去，解放全部国土。

1944 年，苏军连续发动 10 次战略性战役，在苏军史上称为“十次打击”。第一次打击于年初展开，粉碎了德军对列宁格勒长达 900 天的封锁。这幅照片是第二次打击中拍摄的，苏军出动了 177 个师，将战线向西推进了 400 公里，解放了第涅伯河西岸的全部乌克兰领土，进抵苏联西部国境线，占据了通向罗马尼亚和巴尔干半岛的有利阵地。

驻守乌克兰的德军顽抗。

炮弹爆炸的瞬间。

1944 年 6 月下旬，苏军发动第五次打击，又被称为白俄罗斯战役。参加白俄罗斯战役的有波罗的海第 1 方面军，白俄罗斯第 1、第 2、第 3 方面军。还有一支特殊的军队，这就是波兰第 1 集团军。之所以把这支部队的投入白俄罗斯战役，斯大林是有所考虑的，它牵扯到一段悲怆的往事。

十月革命后，协约国武装干涉苏俄。1919 年武装干涉失败，出人意料的是，当各干涉国家陆续撤回自己的军队时，波兰军队却平杀出来，向红军发起了进攻，而且差点占领基辅。波兰复国尚不足两年，在苏波战争中，波军的装备以至军服都是协约国提供的。从那时起，斯大林提出一个以后经常重复的观点：波兰是西方大国闯入俄国门户的主要通道。30 年代，英法采取绥靖主义政策，逗着希特勒这条疯狗往东方咬。纳粹被吊足胃口后，入侵波兰西部。苏军之所以开进波兰东部，就是要把住通往俄国门户的走廊。苏军歼灭波军 20 余万，把俘获的波兰军人押回苏联。这批波兰战俘的大部分是军官，大约 15000 人，关押在苏联西部的在科泽利斯克、久别利斯克和奥什塔斯科夫的 3 个战俘营中。

苏德战争爆发后，经英国政府斡旋，流亡伦敦的波兰临时政府与苏联政府捐弃前嫌，建立外交关系。斯大林与波兰流亡政府军事代表团签署了苏波军事合作条约。照片上是签约后的情景，斯大林的情绪不错。既然建交了，波兰流亡政府提出，苏联战俘营关押着的波兰军官应马上释放，作为抗击纳粹的波兰军队的骨干。这一要求无可指责，而苏联政府只交出 448 名波兰军官，连零头都不到。剩下的哪儿去了？苏联政府说他们通过西伯利亚跑到中国去了。德国中央集团军群的司令部在斯摩棱斯克。1943 年 4 月，德军在附近卡廷森林中发现大批波兰军官尸体。纳粹宣传部长戈培尔宣布：他们是被苏军枪杀的。苏联政府称，即便在卡廷森林发现波兰战俘遗骨，也是德军占领斯摩棱斯克后杀害的。

苏德双方各执一辞，只有请国际红十字会公断。国际红十字会代表到现场，挖开坟茔，被处决的波兰军官军装里的信件和笔记本大都完好，遗物勾勒出事件的轮廓：1940 年春，苏联政府怕波兰战俘暴动，集体枪杀了 15000 名波兰战俘。可怜无定河边骨，犹是深闺梦里人。波兰人苦苦期盼的上万名亲人居然被处决了。波兰流亡政府伤透了心，宣布与苏联断交。

纳粹德国的宣传画，称苏军杀害了波军军官。1990 年 4 月，苏联政府通过塔斯社发表声明，承认卡廷森林事件是苏联内务部所为，直接责任人是内务委员贝利亚。卡廷悬案整整过了半个世纪才真相大白。

波兰亡国后，爱国者如涓涓细流汇集到苏联，波兰流亡政府与苏联断交后，他们要对去留做出选择。追随流亡政府的军人通过中亚地区进入伊朗，乘船前往盟国，参加盟军。滞留在苏联境内的波兰人编入苏军序列，番号是波兰第1集团军。朱可夫曾经问斯大林，这支军队投入哪场战役？斯大林说，波兰第1集团军应该保存实力，将来用于解放华沙。斯大林没料到，解放波兰还有一道政治上的坎儿。

苏军稍事休整，前行到苏波边境。波兰与苏联的界河，叫布格河。河面不宽，枯水期可以淌过去。7月的一天，苏军强渡布格河，德军只进行了象征性阻击。从傍晚到入夜，河对岸的波兰人屏住呼吸，倾听着苏军坦克渡河时发出的吼叫，倾听着德国人匆匆逃窜的脚步声，倾听着苏军此起彼伏地呼喊着“乌拉”，它们组成世间最美的音乐。苏联红军带着波兰人民的子弟兵打过来了。但是，跟随苏军前进的是波兰民族解放委员会，这个委员会的任务是准备接管全国政权。为了与伦敦的波兰流亡政府相区别，西方一般称它为“卢布林政府”。

白俄罗斯战役开始了，苏军在700公里战线上展开。1944年7月中旬，苏军坦克冲进白俄罗斯首都明斯克，进入波兰的道路完全打通。

7月底，苏军进抵维斯瓦河，华沙就在河的对岸。苏军曾经组织小股部队，渡过维斯瓦河，进入华沙市区的河岸街，但这毕竟是苏军第一次出国作战，前线距后方太远，补给一时供应不上来。到了这时，苏军先头部队的坦克，汽油耗尽，弹药也不足，到了华沙市区边缘，又被德军击退。

被德军占领的华沙，长期活跃着一支由流亡政府领导的地下卫国军组织，它的首领是伯尔·科马罗夫斯基将军。当苏军逼近华沙时，伯尔决定发动卫国军起义。按一般理解，这次起义是为了策应进攻华沙的苏军，但实际上，连西方也承认，伯尔的目的是抢在苏军之前占领华沙，造成既定事实，使卢布林政府不能接管波兰首都。

这时，苏军只要对华沙发起进攻，便形成了里应外合之势，但苏军部署在华沙附近的火炮却沉寂下来。坦克停在河岸上，也不再向前拱一拱了。

进入 8 月中旬，德军看到苏军没有进攻华沙的意思，于是从前沿抽调兵力，掉过头来清剿起义的卫国军。重型坦克、重型火炮、斯图卡式轰炸机，投入华沙蜿蜒狭窄的街区。卫国军的武器弹药储备仅够维持一星期左右，盟军距华沙最近的空运基地也远在意大利，苏军控制区距华沙不足 160 公里。盟国急电斯大林，要求苏军迅速对卫国军空投给养。斯大林明确答复丘吉尔首相和罗斯福总统：卫国军起义是对华沙市民极其不负责任的冒险行为，苏军不能与这种盲动发生关系。卫国军最艰巨的时期来临了。濒于绝境起义者甚至企图动用一个“关系户”——出生于华沙的苏军元帅兰考斯乌斯基，要求他下令对华沙的街道、建筑以至地沟进行轰炸，以减轻起义者的压力。波兰人太不了解苏联的政治制度和军事制度，他们这一要求当然不可能得到响应。9 月 23 日，华沙起义失败。伯尔与德军签订停战协议，根据投降条件，大量居民被送入华沙附近的集中营，数千人被放逐到德国工厂服苦役。

希特勒曾下令把莫斯科和列宁格勒从地球上抹掉，那是吹牛。而把华沙从地球上抹掉，却做到了。德军有条不紊地炸毁华沙，城市在爆炸声中一片片倒塌。华沙起义震动了德国，华沙毁灭震动了世界，而苏军在华沙起义中的沉默则震动了人心。朱可夫在回忆录中说，苏军在华沙起义时之所以没有发动进攻，是由于事先不知情，部队太疲惫，坦克没有油料。这固然是事实，但只是浮头上的事实。

真实原因是斯大林经常重复的一个观点：波兰是一条走廊，是西方大国闯入苏联门户的主要通道。这是苏俄政权 1920 年的一幅宣传画。当时，在协约国的支持下，毕苏茨基率领波兰白卫军打进了乌克兰，一度占领了基辅。后来纳粹德国对苏联发动突然袭击，也主要是以波兰为发起阵地的。因此，苏军在解放波兰的同时，也要求战后的波兰由共产党掌权。如果支持卫国军占领华沙，滞留伦敦的波兰流亡政府有可能回来掌权。华沙起义时，斯大林之所以按兵不动，意图很明确：即便牺牲波兰地下卫国军，也不能给波兰流亡政府可乘之机，以在战后确保苏联西部门户的安全。

巴尔干半岛位于欧洲东南，二战期间，罗马尼亚、保加利亚、阿尔巴尼亚、南斯拉夫、匈牙利和希腊被德军占领。纳粹德国在这个多事的半岛扶植了一堆傀儡政权，傀儡们各有千秋，进行了五花八门的表演，都很丑陋，都很残暴，也都不成气候。这是驻防巴尔干半岛的两名德军士兵。他们萎靡不振，知道大势已去。

1944 年 8 月初，苏军向罗马尼亚边境运动，中旬，苏军包围了基斯尼奥夫附近的德军几十个师和独立师团。月底，苏军解放布回勒斯特。随即解放保加利亚首都索菲亚和匈牙利首都布达佩斯。

希特勒不大过问游击战争，唯独对南斯拉夫的游击战分外上心，屡次下令入侵南斯拉夫的德军围剿铁托游击队。1941 年底，铁托组建第一无产阶级旅。以山区为根据地，神出鬼没与德军周旋。

南斯拉夫解放军的一名女兵。1943 年 5 月，德军对南斯拉夫解放军驻地发动进攻。由于缺乏装备和粮食，有几千名伤员随队，解放军处境艰难，突围战斗异常激烈，解放军大约损失了 1/3，最终跨过苏捷斯卡河谷，转移到波斯尼亚东北部。此役解放军逢凶化吉、起死回生，名为苏捷斯卡战役。

苏军打出国门后，铁托抵达莫斯科，与苏联政府签订协议，苏军和南斯拉夫解放军共同解放贝尔格莱德。1944年9月，苏军进入南斯拉夫境内，与南斯拉夫解放军一道向贝尔格莱德发展进攻。铁托性情刚毅，不愿意完全依靠苏军，既然解放南斯拉夫，南斯拉夫武装力量就要参与，不说唱主角，起码得尽心尽责。后来铁托与斯大林闹翻，与铁托的鲜明个性不无关系。

1944年10月20日，贝尔格莱德解放。居民涌上街头欢迎苏军，欢迎自己的子弟兵打回家乡。不久后，南斯拉夫解放军改名为人民军，投入解放全国的战斗。

这幅画出自何人之手，无从查考，当是纳粹画家所作。它居心叵测地暗示苏军正在如恶魔般席卷欧洲，目的是挑拨盟军与苏军的关系。平心而论，大战打到这个份儿上，纳粹德国败局已定，盟国政治家早先那种对红色苏维埃警觉的意识苏醒了，也担心苏军在欧洲获取更多地盘。

丘吉尔看到苏军在巴尔干半岛推进迅猛，怕整个半岛落入苏联囊中，没顾得上和罗斯福打招呼，就匆匆飞往莫斯科，与斯大林会谈在巴尔干半岛的势力划分。如果认真追溯战后冷战起源的话，丘吉尔 1944 年 10 月访苏，可以算个起始点。丘吉尔讳言自己是“一匹反共老马”，斯大林对此人也不感冒。但在莫斯科这次晤面，他们相谈甚欢。

苏军横扫巴尔干半岛后，又解放了奥地利与捷克斯洛伐克。英法的绥靖政策把这两个国家放在了纳粹的祭坛上，而苏军把盘踞在这两个国家的德军打跑了。

1945 年初，苏军解放华沙。其实华沙已经被焚毁，不复存在，只是一个飘着青烟的空弹壳。苏军随即便向西进攻波兰工业重镇波兹南市，德军把这里视为柏林的东大门，拼命顽抗。而苏军其他部队则绕过波兹南，直逼奥德河。奥德河是波兰与德国的界河，苏军大部队向奥德河集结，沿途受到波兰人的欢迎。在冰河铁马的日子里，什么都可以抛掷脑后，而一旦消停下来，隐痛还会隐隐作痛。时间的流逝会淡化许多事情，而卡廷森林事件和华沙起义事件很难被岁月的波涛冲刷干净。它们在波兰人的心底落下了疤痕，旧日的创伤将长久地折磨着人民的感情，并一直影响到战后的波兰人对苏联的整体认识。

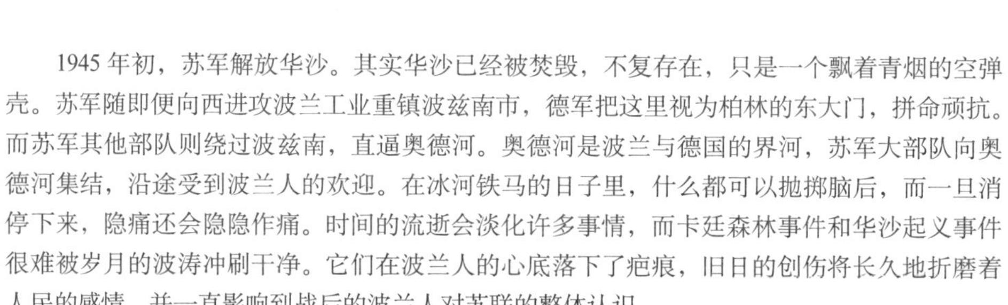

重返烽烟现场

——肉眼所见的二战进程

菲律宾
从莱特湾到马尼拉

»

太平洋中部的马里亚纳群岛位于日本列岛、新几内亚岛和菲律宾群岛之间，到这三地的距离都差不多。美军如果从澳大利亚向日本列岛发展进攻，马里亚纳群岛是一道屏障。为此，日军大本营制定了“阿号作战”计划，一旦美军向马里亚纳群岛发动进攻，即动用海空军主力与美国人决一雌雄。这是日本的陆基飞行员，他们是“阿号作战”的一支重要力量。

罗斯福总统强调，要更多地建造护航航空母舰。海事委员会提出批量生产航空母舰的方案。凭借强大的工业力量，美国船船建造了50艘护航航空母舰，命名为卡萨布兰卡级。从战术角度看，航空母舰的最大技术进步是装配了雷达，包括对空搜索雷达、火控雷达、对海搜索和导航雷达。

日本联合舰队总司令丰田副武下令，实施“阿号作战”计划。6月19日，以9艘航空母舰为主力的日本舰队抵达塞班岛以西海域。同时陆基航空兵出动，飞临战场上空。

西太平洋的马里亚纳群岛，最大岛屿关岛，美西战争后被美国占领，并辟为海空军基地。群岛的其他部分，于一战后成为日本委任统治地，首府为陆地面积122平方公里的塞班岛。美军一直在寻找能够轰炸日本本土的空军基地，马里亚纳群岛的主岛塞班岛和提尼安岛符合条件，“空中堡垒”可以从岛上机场起飞，轰炸日本之后，再返回基地。1944年6月初，美国舰队驶近塞班岛海域，准备一举拿下。

在中途岛大海战中，日本战前培养的舰载机飞行员全部拼光了，执行“阿号作战”的舰载机飞行员是匆匆培养起来的，都是生手。有一定作战经验的陆基飞机飞行员是日本空中打击力量的最后一张牌。

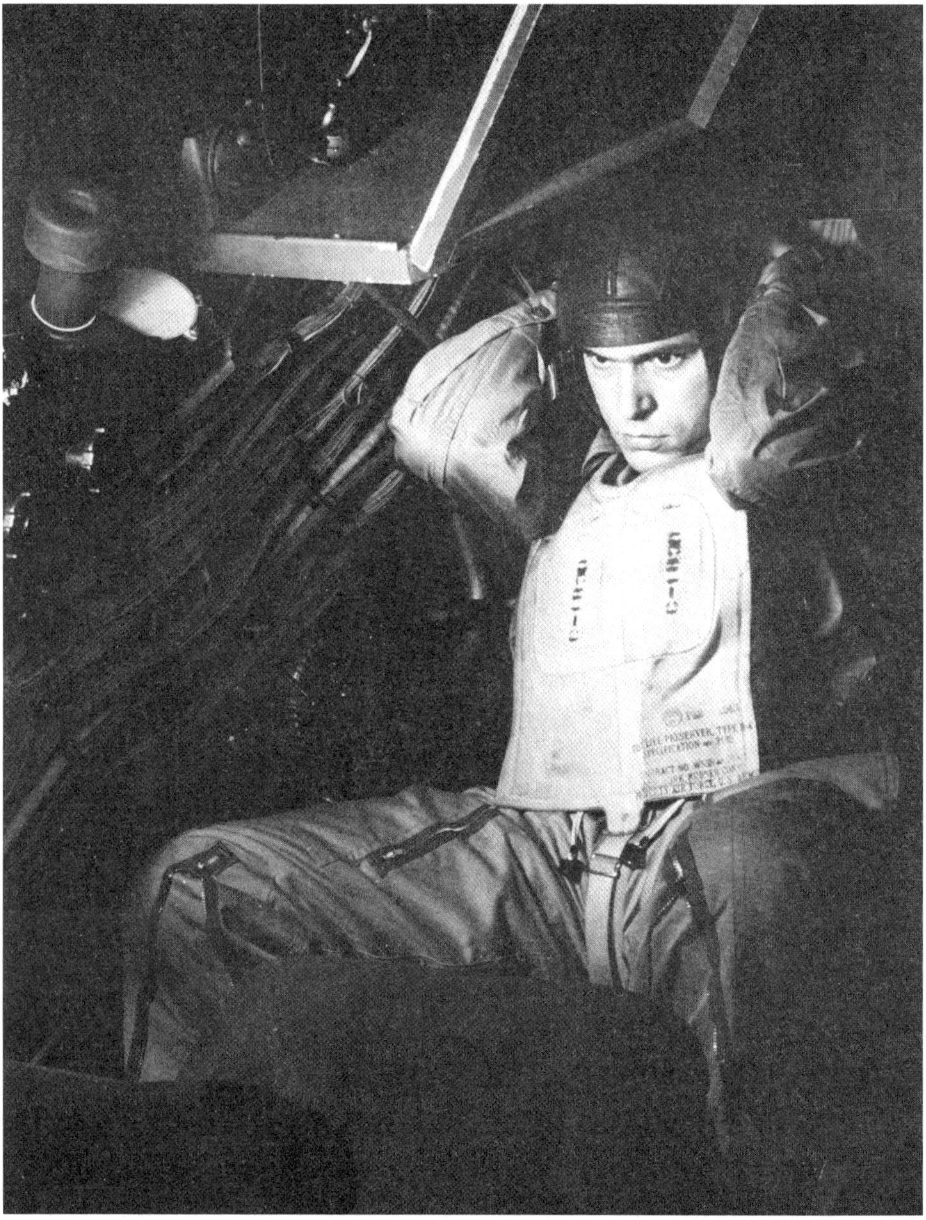

美国海军“空中堡垒”轰炸机的驾驶员。“空中堡垒”航距远，载弹量大，是轰炸日本的利器。

6月15日，美国海军陆战队的两个师在塞班岛登陆。与此同时，在附近海面爆发了海空大战。这次大海战打了将近两天，在马里亚纳群岛临近菲律宾一侧，因此被称为“菲律宾海战”。日本联合舰队的9艘航空母舰被击沉3艘，击伤4艘，360架舰载机只剩下25架。而美国只损失了几架飞机，舰艇的损失微乎其微。

参加菲律宾海战的日本飞行员。照片上留下了名字，他们是来自“桑田军营”的。这可能是他们最后的留影。

美军在塞班岛作战。

塞班岛上的日军构筑了坚固工事。为了对付碉堡和山洞中的日军，美军大量使用火焰喷射器。

7月7日，美军攻占塞班岛。守岛部队大部分被击毙，而美军的伤亡也很严重，达到16500余人。

美军相继攻占提尼安岛和关岛，伤亡数千人。守备日军被击毙 17000 余人。

尼米兹指挥进攻马里亚纳群岛时，麦克阿瑟正在攻打澳大利亚东北的新几内亚岛。离开菲律宾几年了，他考虑打下新几内亚岛之后，就率部打回菲律宾。

麦克阿瑟刚到澳大利亚时，驻在墨尔本。他是陆军将领，不懂海上作战指挥，而澳大利亚又没有任何地面战役让他指挥，坐了一阵冷板凳。他的司令部迁到布里斯班后，他拿出当年在菲律宾组建美国远东军的路数，和澳大利亚政府打交道，得以把一部分澳大利亚人招至帐下，实力日渐增强。这幅照片反映的是那时的情景，这些澳大利亚军人连枪都没有。

美国海军陆战队在新几内亚岛作战。美军消灭了新几内亚岛上的日本航空兵，占领几个主要港口，随即向腊包尔基地挺进。部署在俾斯麦、新不列颠和所罗门群岛的80 000余日军被孤立起来，得不到任何援助，美军的取胜指日可待。至此，麦克阿瑟就可以考虑打回菲律宾的问题了。

10月中旬，美国一支由700多艘舰艇组成的庞大舰队向菲律宾海域开进，其中包括18艘航空母舰和6艘战列舰。

美国海军将领在商议下一个目标是哪儿？是台湾还是菲律宾？不仅美军将领有所争论，就是罗斯福总统和马歇尔也举棋不定。按照美军的内部分工，如果进攻台湾，属于中太平洋战区，由尼米兹指挥；如果进攻菲律宾，属于西南太平洋战区，由麦克阿瑟指挥。参谋长联席会议最初决意进攻台湾，但在1944年7月底，麦克阿瑟指挥美军一举夺取了新几内亚岛最西端的桑萨波，艰苦的新几内亚之战趋于尾声，美军与菲律宾只有一水之隔，相距600海里。至此，参谋长联席会议决定是先进攻菲律宾，只要占领了菲律宾，再切断日本本土与台湾的联系，台湾的日军防备力量必然枯萎，打不打都得完蛋。

日军大本营早就知道麦克阿瑟要打回菲律宾，只是不知道枪口瞄向哪里。他们判断美军的目标是棉兰老岛或莱特岛，先打棉兰老岛的可能性更大，所以在那里部署了重兵。没想到，10月20日，美国海军陆战队在海空力量掩护下，率先在莱特岛登陆。部署在莱特岛的日本陆军第16师团参加过巴丹半岛战斗，是麦克阿瑟的老对手，在这一轮很快就溃败了。中午，美军已抢占了大面积滩头阵地，运输舰泊在莱特湾里。

菲律宾群岛所在位置，对日本战时经济供应的影响举足轻重。美军如果攻占这里，将会切断从荷属东印度到日本的石油运输线。日本海军为此制定了“捷1号作战”计划，一旦美军在菲律宾登陆，就倾全力与美军决战。

当天下午，麦克阿瑟迫不及待地命令登陆艇载着他向滩头驶去，在水深及膝盖的地方，他下了登陆艇，向岸上走去。他在回忆录中说：“虽然我只跨了几十步就到了干地，可是这几十步却是我有生以来意义最长的步子。当我站在沙滩上，我确实相信我又回来了，回来打击巴丹半岛的死敌来了。”据美联社记者报道，麦克阿瑟浮想联翩时，附近有个低级勤务军官在调度乱哄哄的登陆艇，见到一帮人涉水上岸，不知道里面有个大人物，吆喝着让他们尽快离开，不要找不痛快。这个插曲有点煞风景。照片上的麦帅紧锁眉头，表情不那么痛快。

得到美军在莱特岛登陆的消息，日本机动队即赶赴战场。它拥有 6 艘航空母舰，9 艘战列舰，13 艘重巡洋舰，6 艘轻巡洋舰及 31 艘驱逐舰。但是，美国舰队已是今非昔比，无论在水面舰艇和舰载机方面，都占有明显优势。

为弥补空中力量的不足，夺取战区制空权，日军大本营从本土和台湾调集大量陆基飞机飞赴战区。自从菲律宾海战后，日本的陆基飞机飞行员已经所剩无多了。他们是硕果仅存，这时又要参加莱特湾大海战。

日本的零式战斗机飞临战区上空。

10月23日，莱特湾海战爆发，一共进行了3天，至10月26日结束。海战从始至终贯穿着空中绞杀。

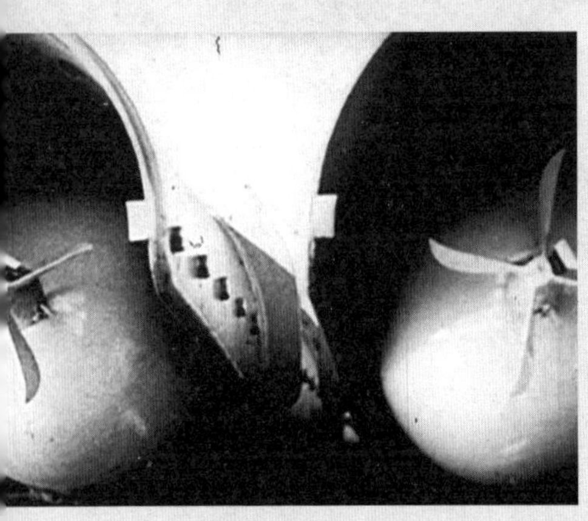

日本机动舰队分为中央纵队、北方纵队和南方纵队3部分。大战之初，美军就用鱼雷重创中央纵队3艘重巡洋舰。这是美国军舰上的鱼雷。

10月24日傍晚，日本最大的战列舰“武藏”号被美军舰载机击沉。它历时5年建成，号称“永不沉没的战舰”，挨几个炸弹也没事，按说舰载机奈何不得。但禁不住舰载机轮番攻击。有史家说，这头巨兽是被蚊子叮咬致死的。

美国“富兰克林”号航空母舰受到重创，被迫退出战斗。

莱特湾海战中，美军的软肋是停泊在莱特湾内的巨大的运输舰队。如果日本集中攻击运输舰队，它没有还手能力，美军为菲律宾战役准备的所有物资将沉入海中。这是麦克阿瑟最担忧的。莱特湾海战高潮时，美国舰队跃到外线作战，无暇顾及湾内的运输舰队。日本北方纵队向莱特湾入口处驶来，美国舰队主力在距离莱特湾 300 海里外杀性正酣，回撤来不及了。正当运输舰队坐以待毙时，海战史上最富于戏剧性的一幕发生了，北方纵队突然撤退。栗田为什么放弃唾手可得的胜利？大致情况是栗田不了解战局，害怕孤军深入遭到美军全歼。他的判断失误，使得近在咫尺的“捷 1 号作战”胜利化为泡影。

美军的一艘航空母舰被日军舰载机击中。护航的巡洋舰全力拖救。

莱特湾海战是太平洋战争中最后一次大海战，也是战争史上时间最长、海域最广、规模最大的海战。双方共投入作战舰艇 293 艘，飞机 1996 架。作战结果为：日本损失航空母舰 4 艘、战列舰 3 艘、巡洋舰 10 艘，伤亡 7400 余人；美军损失航空母舰 1 艘、护卫航空母舰 2 艘、巡洋舰 2 艘、驱逐舰 3 艘、飞机 100 余架，伤亡 2800 余人。从此，菲律宾海域的制空权、制海权完全掌握在美军手中。莱特湾海战之后，海面上随处可见日本逃生水兵。

美军按照海上救援的惯例营救了他们。

莱特湾海战后，美军向莱特岛纵深发起进攻，从而开始了莱特战役。山下奉文从菲律宾各岛以及上海调来4个师团的援军，美国第6集团军增加到7个师。

莱特战役中的美军坦克。这场战役一直打到1945年初才宣告结束。麦克阿瑟在回忆录中说，是役美军阵亡了3320人，负伤12000余人；日军阵亡人数达到80557人，仅有798人被俘。足见战斗之酷烈。

直至这时，菲律宾集结着25万人的日军。由于美军拥有巨大的空中优势，仍然在仁牙因海湾登陆，向菲律宾首都马尼拉挺进。这是刚刚进入马尼拉市的美军士兵。

1945 年 2 月 7 日，美军在日军坚硬的防御壳上敲开了一个缺口，突入马尼拉市区。麦克阿瑟不顾手下劝阻，搭乘一辆坦克跟进去。他迫不及待地发表了一份公报："现在，我站在马尼拉的街头上宣告，美军已突入马尼拉城区。"

麦克阿瑟之所以加速对马尼拉的进攻，不是为了向世界炫耀自己的指挥艺术，而是为了尽早解救战俘。自从在巴丹半岛被俘后，美军战俘在战俘营中过着非人的生活。他们就像畜生一样活着，不如畜生的是，他们每天还要遭受凌辱。

日本随军记者以为日军将长久地霸占南洋，所以拍摄了这样的昭示日本法西斯罪行的照片。

美军战俘在排队打饭。美军在莱特岛登陆后，日军大本营想到日后美军会进攻日本本土，为了留下一部分人质，下令将1618名美军战俘从菲律宾运往日本，路途上，由于条件过于恶劣，抵达日本九州的只有450人，70%的人死在船舱里了。

菲律宾战役期间，日军变本加厉地迫害美军战俘。山下奉文放出话："不让麦克阿瑟见到一个活着的巴丹老兵。"为了保护战俘性命，美军制定了一个大胆的计划，一支别动队向马尼拉快速穿插，一直冲到日军阵线的后面，从圣托马斯大学战俘营救出一批战俘，而后用运输机运回。

这是劫后余生的战俘。美国远东军在巴丹半岛被俘人数为17000余人，最后留在菲律宾战俘营的只有5000余人，也就是说，有2/3的战俘在日军战俘营中被虐待致死。

麦克阿瑟在回忆录中说，马尼拉的战斗还没有停止，炮声不绝于耳时，他随美军进入一处战俘营，衣衫褴褛、污秽不堪的战俘们向他涌来，把他挤到了墙边。他们的眼泪就像泉水一样流满面颊，歇斯底里地又哭又笑。这幅照片不是当时拍摄的，而是过了一些日子，当战俘们逐渐缓过来一些时拍摄的。即便是这样，他们每个人的脸上都留着饱受摧残的痕迹。

重返烽烟现场

——肉眼所见的二战进程

供应

从安特卫普到些耳德河口 »

盟军的诺曼底登陆战役中，德军虽然没有顶住，但损失并不大，在法国领土纵深仍然保持着较强的实力。德军退到一定位置后，重新集结起来，形成了新的防线。

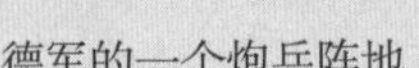

德军的一个炮兵阵地。

欧洲盟军统帅部发现，在德军防线中，法莱斯地区形成突出部，决定用4个集团军展开歼灭德军重兵集团。

1944 年 8 月 10 日，盟军展开法莱斯战役。美军、英军和加拿大军队从一个巨大半圆形的周围朝着一个共同的中心进攻。由于是多国部队，缺乏统一指挥，而艾森豪威尔是“办公室军人”没有指挥过地面战役，担心盟军各部队打红了眼，会与对面的盟军误伤，因此让布莱德雷将军专门协调盟军各部队，在该停止进攻的地点停下来。

法莱斯包围战中的英军士兵。尽管有布莱德雷全力协调，这一仗仍然打得缺乏章法。战后，蒙哥马利在回忆录中说，美军轰炸机投掷的炸弹和燃烧弹，有一半以上扔错了地方，误伤了相当多的英军官兵。

依靠巨大的空中和地面优势，美军全歼了法莱斯地区的德军。8 月 25 日，法莱斯战役结束。美国人喜欢玩儿投标，希特勒的头像成了标靶。

法莱斯包围战中捕获的德军士兵。这个年轻人仍然处于强烈惊悸状态。法莱斯战场也被称为“死亡阵地”。艾森豪威尔在回忆录中说：“所有的道路、公路都被死亡的士兵和牲口所阻塞。在这个包围圈封闭后的48小时内，有人领我步行通过这个地区，那里的景象只有但丁才能形容，你完全可以在死尸和烂肉堆上一气儿行走几百码，而不会踩着别的东西。”可与艾森豪威尔的话相佐证的是德军将领的话：战役结束时，德军阵地“就像月亮上那般荒芜”。

艾森豪威尔长期在首脑机关从事幕僚工作，养成了勤勉而谨慎的工作作风。这样一个人担任欧洲盟军统帅，不会出什么大手笔，他每天考虑的紧要问题，是保证对部队的供给。

就像人要吃饱饭才能干活一样，部队要吃饱喝足穿暖并且有充足的弹药，才能打仗。艾森豪威尔将诺曼底登陆战役之后的盟军一个阶段的战斗，概括为“供给之战”。

盟军没有仓库，补充物资都露天堆放。这是盟军的一个供给基地，搬运物资基本上没有机械，主要还是肩扛手提。

欧洲盟军达到了五十几个师，补给量极大。据欧洲盟军统帅部参谋部统计，每个加强作战师作战时每天消耗掉六七百吨物资。算下来，欧洲盟军部队如果都投入作战的话，每天要消耗掉两万吨物资。

欧洲盟军的后方并不在自己身后，而是在英吉利海峡对面的英国，以及大西洋彼岸的美国。这就意味着，美国和英国每天要把上万吨物资运输到欧洲的大西洋港口。就此，小小的瑟堡港口远不敷需求。而且盟军推进越深，离瑟堡就越远，补给路线就越长。

美国兵吃饭挑剔，不管走到哪儿都有炊事车跟着，小股行动也有充足的罐头食品。由于供应跟不上，这些美军士兵在自己生火做饭。

1944年8月底，驻扎比利时的德军匆忙退回德国境内，有迹象表明，德军要收缩回国内，沿着边境线固守本土。由于作战纵深越来越多，离瑟堡港越来越远。为了缩短运输线路，欧洲盟军统帅部亟待寻找一个港口取代瑟堡。

9月4日，一支英军进入比利时的安特卫普港。它是欧洲有名的内陆港，通过宽阔的些耳德河口与大西洋连接，距离德国近。盟军迟早要打进德国，把这个大港作为后方支援港口，是最佳选择。

安特卫普港通过些耳德河口与大西洋连接的。些耳德河口处的伐尔赫伦岛和南贝佛兰得岛在德军手中，他们封锁了通往安特卫普的水路。而且德军在些耳德河口外大量布雷。在这些岛屿上的德军没有清除之前，在水雷没有彻底清除之前，安特卫普港实际上是无法使用的。艾森豪威尔打算尽快攻占伐尔赫伦岛和南贝佛兰得岛，尽早启用安特卫普港，但是手边没有部队。他到战后仍然在发牢骚，说："如果没有倒霉的阿纳姆空降，些耳德河口那两个岛早就拿下来了。"

盟军舰队随即启航，运载登陆部队前往伐尔赫伦岛。

10月中旬，艾森豪威尔所要的部队才凑齐，英军的一个师发起对南贝佛兰德岛发起两栖进攻。10月25日，南贝佛兰德岛的德军被打跑，残部撤退至伐尔赫伦岛。

登陆部队在军舰上。与诺曼底登陆战役相比，这次两栖进攻似乎显得无足轻重。

比利时与邻国荷兰差不多，也属于低地国家，有些地段需要修筑堤坝拦住海水。欧洲盟军的轰炸机部队轰炸了部分堤坝，让海水淹没了关键的防卫地段。

对伐尔赫伦岛的进攻，遇到了欧洲战役中“在海岸线上所遇到的最猛烈的局部抵抗”(艾森豪威尔语)。

战场上的一名电话兵。

在有关欧洲战争的著作中，伐尔赫伦岛战役不大被提及，提到也是一带而过。其实，这一仗打得很艰苦。

作战部队的后方就是登陆舰。不断有伤员被抬到军舰上。

阵亡者的遗体也被运到军舰上。攻占伐尔赫伦岛的战斗中，盟军伤亡人数达到27633人。这个数字可以与攻占西西里岛的伤亡人数相比，在西西里岛，盟军伤亡不足25000人，而击溃守军35万人。而伐尔赫伦岛的德军人数，总共才两万人。足见是役之惨烈。

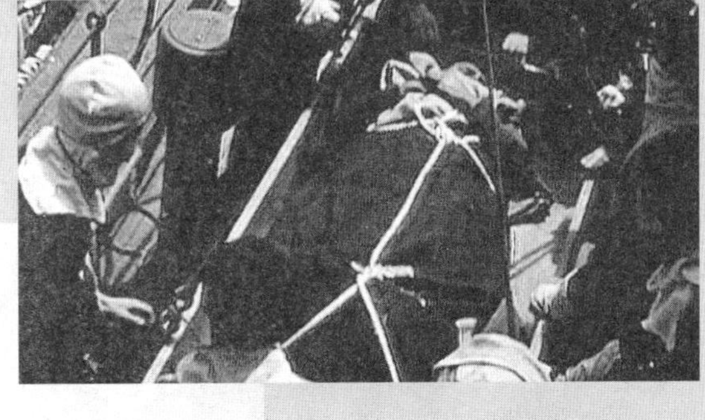

11月9日，盟军彻底粉碎了德军的最后抵抗。大约俘获德军10000人左右，其中有一名师长。

安特卫普港水道上的障碍被清除了，可以使用了。11月26日，安特卫普港迎来了第一艘货轮。

从那时起，重型军火和其他补给品源源不断地从安特卫普港上岸。

安特卫普港区被划为军事禁区。

从大洋彼岸运来了前线亟需的重型坦克。

重返烽烟现场

——肉眼所见的二战进程

远征军

从滇缅公路到中印公路 »

中国抗日战争爆发后，日军大本营思路清晰：中国没有像样的军事工业，只要把外援通道堵住，外国援助的武器运不进来，中国必败无疑。按照这条思路，日军封锁了中国沿海港口，中国从海上与外国联系的通道全部被阻断。中国公路事业极其落后，从苏联中亚到中国西北阻隔着一望无际的大戈壁，只有一条勉强抵达吐鲁番的古老商路，苏联用骆驼队运进一些轻武器，再就是法国通过窄轨铁路把部分武器从河内运进睦南关，而后抵达桂林。这些外援如同杯水车薪。在危重的情况下，中国政府把目光转向西南，发现云南省刚建成一条从昆明通往下关的公路，是滇西的省道干线（1935 年通车）。

从 1937 年至 1938 年，中国抗战军民创造了世界公路建设中的奇迹，云南省政府组织 15 万民工，用近乎原始的工具，仅用 278 天，就修建成从下关通往畹町的路段。滇缅公路全长 1255 公里，途中经过海拔数千米的险峻山脉和怒江、澜沧江两岸的深谷，在山谷间架起大小桥梁 370 座。它的起点是昆明，经过大理，从畹町出境，抵达缅甸的腊戍。腊戍是缅北铁路的终点站，滇缅公路修建到腊戍，与缅甸铁路对接。援华物资可以从缅甸港口登陆，通过铁路运至腊戍，再从腊戍换装上卡车，通过畹町，进入中国境内。它成为被封锁的中国与外部世界联系的唯一陆上通道。

滇缅公路是在战争环境中抢出来的，是急就章。早先是土路，有点砂石路面，后来部分路段铺设沥青，拓宽为双向车道（新中国成立后，成为云南省的省道）。

那时中国取得援华物资的路径是：友好国家用货船运载军火，抵达仰光港后卸货，装上火车，通过曼德勒抵达腊戌，把援华军火卸下火车，装载上卡车，通过畹町进入云南，运至昆明，再从昆明向陪都重庆转运，送到抗日军队手中。滇缅公路相对隐蔽，比较安全。公路刚开通，苏联政府租用的英国货船“斯坦萨尔号”抵达仰光，运来6000多吨作战物资。据统计，1939年通过滇缅公路运到中国的作战物资将近30000吨。这是滇缅公路的全盛时期。

在美国记者拍摄的滇缅公路照片中，包括这幅“二十四拐”，它充分显示了这条公路的险峻和行车的艰难。云南有人用了数年时间寻找“二十四拐”，考察今昔变化，后发现“二十四拐”不在云南，而在贵州。

日军大本营终于发现，被封锁的中国正通过一条盘旋在崇山峻岭中的公路从外国取得军火。公路的终点是昆明。日本航空兵于 1938 年 9 月首次轰炸昆明，此后“跑警报”成为昆明生活的常规节目。1940 年 3 月，美国国会通过租借法案，向与法西斯处于交战状态的国家提供军火，其中 1/5 提供给中国和法国。租借法案颁布两个月后，法国沦陷，中国成为仅次于英国的受援国。从这时起，日军作战飞机对滇缅公路不断轰炸和骚扰。中国空军在淞沪会战和武汉保卫战中拼光了，没有能力保护滇缅公路。美国退役空军少校克莱尔·陈纳德受中国航空委员会主席宋美龄的委托，回国招募退役空军人员，前往中国参加抗日战争。图为蒋介石、宋美龄和陈纳德的合影。

1941 年 10 月，中国空军美国航空志愿队成立，下辖 3 个中队。美国还没有与日本宣战，美国飞行员一概以平民身份出现。由于昆明没有水泥跑道，美国航空志愿队的训练基地设在缅甸东瓜机场。

美国飞行员与中国军队的官兵合影。中国空军美国航空志愿队是民间组织，一伙美国退役飞行员来中国打仗，有点路见不平拔刀相助的意味。他们有月薪，还有奖金，打掉一架敌机奖赏500美元，每年有30天带薪休假，中国政府还给他们每人上了10000美元的人寿保险。

太平洋战争爆发后，日本航空兵编队空袭昆明，美国航空志愿队驾机升空，打了日本航空兵措手不及，首战告捷。昆明市民为之雀跃。第二天，一位记者在昆明报纸上以“空中飞行老虎”比喻美国志愿队的飞行员。从此“飞虎队”成为美国航空志愿队的昵称。这是飞虎队打下的日军飞机残骸。

飞虎队飞机的显著标志是画在机头的鲨鱼牙齿符号。这些“大鲨鱼”驰骋于中国西南的天空，袒露着吓人的鲨鱼牙齿符号，是日军零式战斗机的克星。

飞虎队队员闲暇下来，也玩儿点小动物。

珍珠港事件后，日军向缅甸进军，一旦攻占仰光，中国最后的门户将被关闭。1941 年 12 月 23 日，中英签订《中英共同防御滇缅路协定》，国民党政府军事委员会将 3 个军整编成 10 万人的远征军，司令罗卓英，副司令杜聿明，总指挥是美国陆军中将约瑟夫·史迪威。1942 年初，中国远征军出征，进入缅甸阻击日军。

史迪威（前排中）、孙立人（前排左）、李鸿（前排右）在于邦中国军队阵地研究攻击计划。

中国抗日战争爆发后，盟国对中国的军事运输是通过仰光—曼德勒—滇缅公路实现的，这是中国最后的外援通道。缅甸是英国在印支半岛的最后一块殖民地，英国政府对这条陆上通道的态度有些暧昧，害怕会因此惹恼日本政府。直至太平洋战争爆发之前，英国对缅甸一直缺乏防御准备。太平洋战争爆发后，4 个日军师团涌入缅甸，并且很快就占领了缅甸首都仰光，从上游关闭了滇缅公路的笼头。驻扎在缅甸的英军并不少，有十几万人，却没有像模像样地抵抗过，而是从沿海向缅甸中部收缩，一直退守到曼德勒，而中国远征军从云南出境后，也抵达到曼德勒附近。这一带集结了 25 万中英军队。英国政府并不打算中英军队联手抵抗日军，而是利用中国军队阻滞日军，而将自己的主力撤往印度。这是在曼德勒的两名英军士兵，他们无心恋战，只想活着离开缅甸。

1942年4月中旬，英军置友军安危于不顾，单独撤离阵地，向仁安羌油田撤退，日军趁势紧逼，并隐秘地绕到英军后方，占领滨河大桥。中国远征军一部奉命救援被围困在仁安羌油田的英军，击退了日军，歼敌1200余名，解救了7000余名英军官兵。仁安羌战役是1894年中日甲午战争以来中国军队首次在境外对日军作战取胜。图为被中国远征军解救的英军撤过滨河的情景。2008年，中国的电视工作者以这段史实为背景，制作了电视连续剧《我的团长我的团》。

筹划中的曼德勒保卫战并没有打响，由于盟军指挥层的意见分歧和利益纠葛，中英军队在布置妥当时已被日军三面包围，英军在中国远征军掩护下撤往印度。如果说敦刻尔克撤退是英军起死回生的大撤退，那么缅甸撤退则是英军历史上最丢脸的大溃退。图为英军在撤退中跋涉过泥沼。中国远征军分为两股，一股随英军长途跋涉，退守印度阿萨姆邦，一股撤回云南。没想到日军竟尾随而来，从畹町闯入中国的西南门户。经过最后盘点，中国远征军在缅甸作战中折损过半，10万入缅军人仅存40 000多人。

1942年7月，飞虎队“扶正”，正式转入美国陆军现役，为第10航空师第23战斗机大队，也称为“美国陆军中国特遣航空队”。飞虎队后来再次升格，扩编为美国陆军第14航空队（军级单位）。

美国总统罗斯福认为，在太平洋战争中，只有中国战场能最大限度地吸引日本陆军主力，使日军大本营不能向太平洋战场增派更多兵力。只有把中国军队武装起来，才能牵制住更多的日军。罗斯福下令，采取一切可能的手段，把军火运进中国，交到中国军队手中。鉴于滇缅公路已经被封锁，美军开辟了一条空中航线。

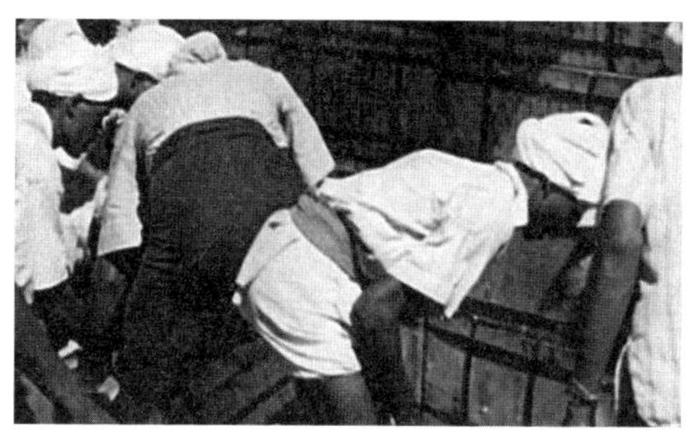

这不仅是一条艰苦的航线，而且运输过程复杂。美国商船把军火运到印度加尔各答港口，再水陆联运到印度东北角的阿萨姆邦，再由运输机装载。

驼峰航线西起印度阿萨姆邦的江汀机场，运输机起飞后向北飞行，进入西藏，紧贴世界屋脊飞行，再折向东，飞越地势险峻的怒江山脉和横断山脉，经四川、云南交界的大小凉山，最后抵达昆明。这条航线的下面，山峦起伏，美国飞行员不知道山峦的地理名称，只是从空中望下去，像一大群奔跑的骆驼，因此命名“驼峰”。

驼峰航线的美军飞行员。在世界反法西斯战争中，驼峰飞机的战损率是最高的，主要原因是喜马拉雅山地区海拔高，缺氧；再就是载货量很大，穿梭不停地飞行，飞机和飞行员都非常疲劳；驼峰飞机的航线途经日军占领的缅甸密支那。从密支那机场起飞的日军战斗机频繁拦截驼峰飞机。驼峰飞机经常被击落。由在持续3年的援华空运中，美军在驼峰航线上总共损失了400多架运输机，牺牲的机组人员达1500多人。

驼峰飞行员经常上街走走。中国古老的文化和纯朴的民风吸引着他们。

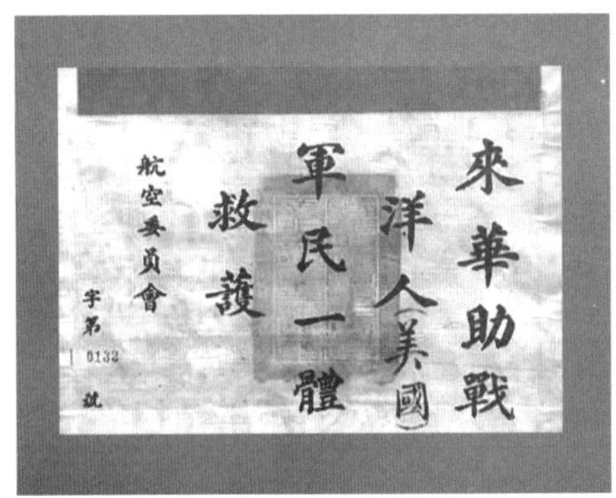

美国飞行员随身携带的“血幅”。

1943 年 2 月，宋美龄作为蒋介石的特使出访美国，成为美国罗斯福总统的贵宾。

2 月 18 日，宋美龄成为第一位在美国国会发表演说的中国人，也是第二位在美国国会发表演说的女性（第一位是荷兰女王）。美国朝野对日本空袭珍珠港和太平洋战争初期遭受的重创记忆犹新，对中国的艰苦抗战产生了由衷的敬意，宋美龄曾经在美国读书，美国人觉得这是自己国家培养的香蕉人，一时掀起“宋美龄热”，她所到之处，人们慷慨捐款支援中国抗日战争，美国国会顺势废除实行已有 60 年恶名昭彰的“排华法案”。

1943年8月，美英首脑在魁北克会议上决定成立东南亚司令部，英国人蒙巴顿勋爵任司令，史迪威任副司令。史迪威曾担任美国驻华大使馆武官，回国后在西点军校任教。太平洋战争爆发后，任中缅印战区美军司令和中国战区司令蒋介石的参谋长。他曾经向蒋介石建议，包围陕甘宁边区的胡宗南大军应开赴抗日前线，还建议租借法案物资应该装备第18集团军（八路军）。蒋介石多次要求罗斯福将他调走，这件事闹得沸沸扬扬，史称“史迪威事件”。

1943年11月，蒋介石参加开罗会议，会上与罗斯福总统商讨中美军事合作问题，在诸多问题上达成一致，并决定在缅北发动反攻。即便如此，美国政府对他仍不放心，认为他在日军进攻时连失重镇，靠不住。开罗会议后，罗斯福总统排遣赫尔利使华，工作目标是支持蒋介石的领袖地位，防止国民党政府崩溃。有记者将中国和美英苏并列，合称“四大盟国”，蒋介石觉得这种提法很给中国人面子，着实风光了一阵。

在开罗会议上，蒋介石和罗斯福单独谈话。蒋介石不会说英语，居中翻译的工作由宋美龄负责。罗斯福事后说：“我对蒋先生的印象十分模糊，现在想想，我对蒋先生的认识，几乎全部是透过他的夫人。”邱吉尔则对罗斯福说：“这位中国女人可不是弱者。”

魁北克会议和开罗会议决定在缅甸反攻。缅甸盘踞了日本3个军，一个驻守南方的仰光，一个军驻守缅甸的东北，还有一个军位于以曼德勒为中心的伊洛瓦底江和亲敦江之间。

从缅甸大溃退到这时已一年多了，盟军抓紧这段时间整编和训练部队，取得一定成效。中国远征军整编为两大部分，撤退到印度的中国远征军加上从中国空运到印度的5个师，合编为中国驻印军，由史迪威指挥，清一色的美式装备。这是中国驻印军一部在接受美军训练。

撤回云南的远征军扩充了实力，称滇西远征军。还配备了少量美制轻型坦克。

史迪威认为，要在缅甸反攻，驼峰航线的运量远远不够，必须修建一条从印度通往云南的道路。史迪威向罗斯福总统递交了计划，指出：在制定全面反攻计划的同时，必须把中印公路考虑在内，否则无以反攻。罗斯福总统批准了这项公路计划。计划分为两部分，一是中印公路，二是从印度通往中国的输送汽油的输油管道。计划代号为“人猿泰山”。这是美国在战时帮助中国的一项最大的工程，耗资之巨无出其右者。修路开始后，史迪威在公路起点，即印度的利多树了一块大木牌，上面写着：“此为直捣东京之路。”为了这件事，蒋介石宣布，这条公路名为“史迪威公路”。

中印公路分为两段，分界处是缅甸的密支那。从昆明至密支那约为 1200 余公里（原滇缅公路路段占三分之二以上），从印度利多到密支那约为 1500 余公里，总长度约为 2700 余公里。这条公路由中美双方对向抢建，也就是美方从利多向密支那方向筑路，中方从南坎向密支那方向筑路。这是中方的筑路段。从装束可以看出，中国军队投入了修路。

美方除了修路，还承担输油管道铺设。这条从印度到昆明的输油管道随地形蜿蜒曲折，长度达 3347 公里，当时可谓世界之最。美方空运来的筑路机械不计其数，沿途设维修站、配件站和加油站，以保证机械正常运行。美军投入的施工人员达 5 万人，还有同等数量的印度民工参加施工。从沿途废弃的设施可以看出，美国是不惜代价的。

中方由国民政府筑路总局的两个工程处负责筑路，由于民工数量太大，除了动员地方名流捐助民工口粮外，还从昆明派出飞机向民工空投粮食。

中印公路的部分路段在日军占领区，要边廓清日军边推进公路。“人猿泰山”计划要求中美双方在密支那会合，而密支那是侵缅日军的重要据点。为掩护工程顺利进行，中国驻印军的一个师奉命前出到野人山区。

公路建设随着中国驻印军的推移，渐渐向前延伸。中国军队在前面打，美军的推土机在后面修路。这是鲜血铺就的道路。为掩护中印公路的修筑，缅北反攻的序幕逐次拉开了。

密支那是缅甸北部重镇。侵缅日军在这里经营既久，从密支那机场起飞的日本航空兵对驼峰飞机构成严重威胁。中美对向抢修的中印公路将在密支那会合，为了掩护中印公路工程顺利进行，中国驻印军从印度进入缅甸野人山区，向中印公路必经的孟拱和密支那发展进攻。随同出发的还有美国远程突击团。这是中国军队和美军第一次协同作战。

1944 年 5 月 17 日，进攻密支那机场的战斗打响了。机场很快拿了下来，进攻密支那城受阻。日军一个联队 3000 余人据守，经两个多月的“逐码争夺”，至 8 月初攻克。这是攻占密支那之后的美军。

1944年春，日军大本营铤而走险，命令驻扎缅甸的3个师团和1个“印度国民军师”越过亲敦江，向中印公路的起点印度阿萨姆邦发起大规模攻势。日军秘密集结，通过渺无人迹的原始森林悄悄摸向英帕尔，那里是驻守印度的英军大本营。

日军突然出现，英军毫无防范，仓促反击，从而产生了二战战史中著名的英帕尔战役。日军破釜沉舟，志在必夺，只携带20天的口粮。战役开始后就切断了英帕尔与科希马之间的公路，占领了英帕尔南北的制高点。

英国战时首相丘吉尔紧急致电蒋介石，要求滇西远征军从云南方向出动，牵制日军后方。滇西远征军当时已经成为中国军队中装备最好的部队，个集团军随即向当面的日军发动进攻，怒江反攻就这样开始了。

日军在应帕尔战役失败后，退守缅甸中部。英国第 14 集团军乘胜追击。

1945 年初，英军佯攻缅甸第二大城市曼德勒，而实际攻击日本在缅甸最大的后勤中心和军需供应站——敏铁拉。

日军上当了。英军攻占了敏铁拉。日军企图夺回敏铁拉，而英军趁日军调兵之际，又猛攻曼德勒。

曼德勒人民发动起义，与英军共同打击日军。

1944 年底，中国军队与美军会师于缅北的姆色。图为升旗典礼。

中国驻印军与滇西远征军原本是一家，由于在缅甸作战失败而分成两股，各走一方，一股流落到印度，一股撤回云南。随着中印公路建设，两兄弟开始靠拢，中国驻印军为蜿蜒于缅北的中印公路披荆斩棘，死打硬拼，一路开道，打回故乡，而滇西远征军为了把日本鬼子驱逐出故乡，沿着滇缅公路一路掩杀，两支大军越走越近。

侵犯缅甸的日军被迫投降。

1945 年 1 月，在中印公路的通车典礼上，中国驻印军与滇西远征军在畹町会师。

中国驻印军中有美军，滇西远征军中也有美军，这也是两支美军的会师。会师后，两支大军并肩作战，歼灭日军两个师团，牵制了日军在缅甸的预备队，为收复缅北和支援整个缅甸作战作出了贡献。

1945 年 1 月 22 日，美方从利多出发，把中印公路修到了密支那；中方从南坎把滇缅公路分岔，延伸到了密支那。中印公路完全打通。两天后，即 1 月 24 日，第一支美军车队装载着援华物资抵达昆明。

重返烽烟现场

——肉眼所见的二战进程

荷兰

从埃因霍温到阿纳姆 »

打蛇打七寸。纳粹德国的“七寸”无疑是鲁尔工业区，攻占鲁尔就等于剥夺了德国的武器来源。盟军攻占比利时后，向鲁尔挺进，须渡过缪斯河与莱茵河，以及运河。蒙哥马利打顺手了，雄心勃勃，准备一气儿穿越所有河川障碍，跨越到莱茵河以北，在那里建立一个日后攻占鲁尔的前进基地。为此，他制定了一个计划。“市场花园”计划的轮廓：盟军的3个空降师从英国起飞，进入荷兰境内，从北向南纵向降落，分别占领埃因霍温、尼摩根和莱茵河北岸的阿纳姆，在南向北的主前进轴的五处河道上，铺一条空降部队的“地毯”，后续部队沿着“地毯”的轴线前进，在阿纳姆与英军第1空降师会师，共同建立指向鲁尔的前进基地。所以在这幅图上，在阿纳姆那里画了一个指向鲁尔的粗粗的红箭头。

“市场花园”计划是怎样在欧洲盟军统帅部通过的？蒙哥马利对艾森豪威尔提到这项计划时，被自己的大胆创意所激动，嗓门很高，有点强加于人的味道。以至艾森豪威尔不得不把手掌放在他的膝盖上，提醒他：“蒙蒂，镇静些，别忘了，我是你的上级。”蒙哥马利在回忆录中直言不讳地说：“英军和美军之间，一直有一道感情上的鸿沟，而我和艾森豪威尔将军，总是南辕北辙、貌合神离。”而这一次，他俩尽管仍然貌合神离，却没有南辕北辙。艾克同意了蒙蒂的计划。

驻扎英国的3个空降师忙碌起来。把35000名官兵从英国投放到荷兰，需要运输机、护航机、滑翔机5000余架。3个空降师分工明确：在埃因霍温空降的是美军第101空降师，负责夺取24公里公路上的所有桥梁；在奈梅根空降的是美军第82空降师，负责控制缪斯河、瓦尔河的桥梁；在阿纳姆空降的是英军第1空降师和波兰第1伞兵旅，负责夺取阿纳姆的莱茵铁桥，在下莱茵河以北建立桥头堡，保证后续的地面部队由此进入德国北部平原。

英军第1空降师出发前，英军高级将领来看望整装待发的官兵。英军上层弥漫着一种乐观情绪，甚至认为，这次大规模作战行动将终结对德国的战争！

1944年9月16日，盟军轰炸机对"市场花园"行动涉及到的德军机场、高炮阵地好防御工事进行了猛烈轰炸。第二天，即9月17日，是"市场花园"计划的D日。按照计划，1/3的空降兵用滑翔机降落，2/3的空降兵伞降。

波兰第1伞兵旅的一名士兵，披挂的全部是英军装备。

盟军1500百多架运输机拖拽着将近500架滑翔机，在1100多架战斗机护航下，从英国南部的24个机场起飞。

有史以来最大规模的空降作战行动开始了。

伞兵不方便随身携带的武器用特殊容器空投下来。美军第82空降师和美军第101空降师顺利着陆，在缪斯河和莱茵河下游建立了桥头堡。

英军第1空降师遇到了大麻烦。“市场花园”计划的制定者过于草率，英国伞兵空降的地点距离阿纳姆大桥很远，要步行几个小时才能抵达，而且中途受到荷兰老百姓的热情欢迎，欢迎的人群把道路堵塞了，贻误了战机。

德军动用一切可以动用的交通工具，甚至包括自行车，迅速向盟军降落地点赶去。

英军第1空降师不走运的是，他们遇到了强劲对手。赶过来围歼英军空降兵的，是德国党卫军的第二装甲军。欧洲盟军统帅部情报部门认为，德国党卫军第二装甲军是从诺曼底战场溃败下来的部队，已经被打散了架子，没什么战斗力了。蒙哥马利也是这么认为的。但是谁也没有想到，德军的韧性如此之强。经过在阿纳姆的短期整编，这支德军迅速恢复过来。

这幅照片显示的是，英军第 1 空降师一度占领阿纳姆大桥的北部，但是，英国人幸福的微笑只保持了短暂的一刻。德军很快就赶来了，把英国人撵跑了。

空降之后的波兰伞兵。蒙哥马利后来说，他最后悔的事情是，波兰伞兵旅的降落地点本来可以离目标桥梁近一些，却也和英军一样，降落在远处。其实，情况比蒙哥马利所说的还要糟糕。波兰伞兵旅的降落地点不仅距离阿纳姆大桥远，而且与英军分别在河的两岸，隔河相望，不能彼此增援。

德军在英国空降场缴获了一部分战利品。

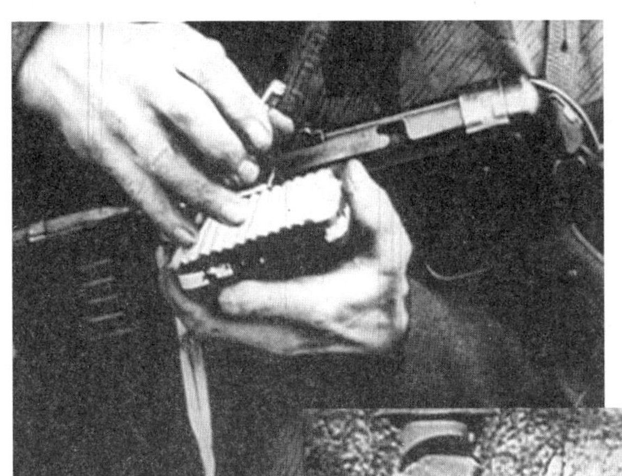

这些战利品中，包括英国出产的三五牌香烟。而且，还是铁盒装的。

自从诺曼底登陆战役以来，德军对盟军作战就没有占过便宜，现在有一支英军部队懵懵懂懂地闯进了德军防区，德军哪能轻易放过，英军空降兵成为德军案板上的一块肉，他们且战且退。在路途上，一部分英军被德军俘获。

按照原定计划，后续部队将沿着“空降地毯”赶到阿纳姆与英军第 1 空降师会师。空降兵报务员在拼命呼喊增援。但是，后续部队难以通过德军防御地带，只得冲向下莱茵河奥尔杰斯比克空降场的对面，接应英军第 1 空降师。

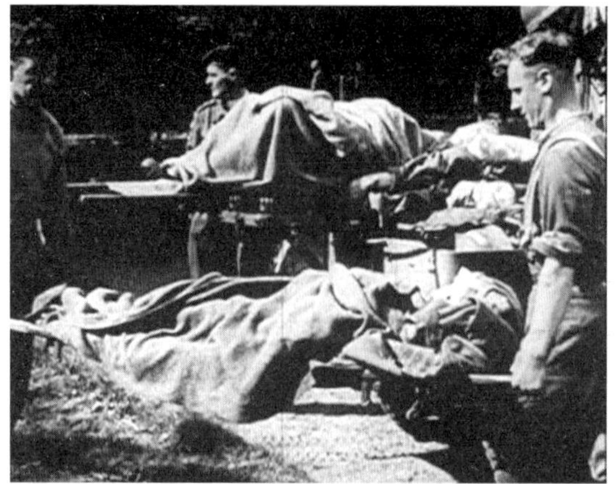

英军空降兵只有孤军奋战了。他们最终退守到奥尔杰斯比克城里。在这个名不见经传的小城里，军医在抢救伤员。

德军蜂拥而至，把奥尔杰斯比克围困了。

英军空降兵构筑了临时阵地。他们知道，在这个地方，他们坚守不了多久。

静谧的奥尔杰斯比克小城哪里经得起战火摧残，数日内就被打得百孔千疮，不成个样子。

德军为了避免伤亡，打得不急不缓。

9 月 25 日，蒙哥马利下令，英军第 1 空降师残部撤退。一部分空降兵突围出来，在夜色掩护下渡河。仅这次渡河撤退，就阵亡了两千余人。其余的空降兵向德军投降了。

德军好久没有这么风光过了，他们兴致勃勃地押解着英国战俘走街串巷，为的是给荷兰人看看，德军还有戏。

全师生还的高级军官，除了师长厄克特将军外，只有1名准将。在全师的营长中，只生还1人。生还下级军官120多人，士兵1700余人，滑翔机驾驶员300多人。

“阿纳姆空降”是欧洲盟军的一段哀史。不仅一个英国空降兵师遭了灭顶之灾，而且美国空降兵也损兵折将。11月中旬，美军第82空降师和第101空降师撤离埃因霍温和奈梅根时，已伤亡近万。

“市场花园”作战也并非一无所获，起码两个美军空降师在莱茵河南岸铺设的96公里的“空降地毯”保住了。只是，它不再是“地毯”，它位于安特卫普以东，横亘在德国西部边境与安特卫普之间，形同于呵护着港口的一条小棉被。

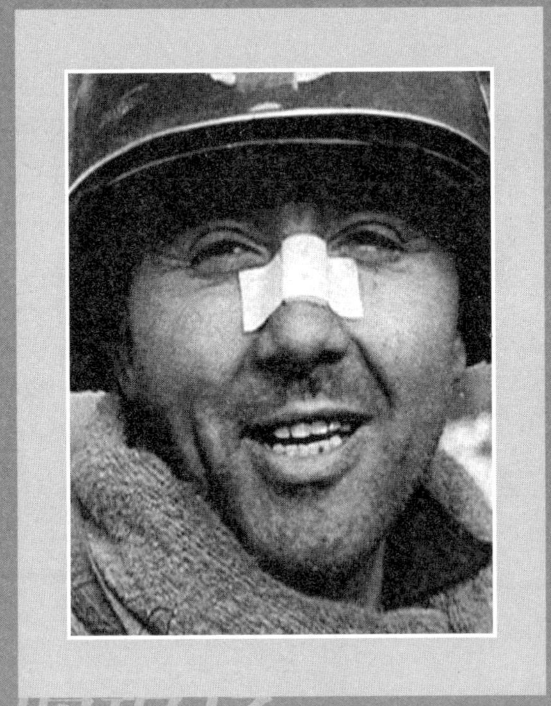

重返
烽烟现场

——肉眼所见的二战进程

比利时

从阿登高地到巴斯托尼 »

1944年12月12日。德军西线的高级指挥员突然被召集到西线总司令伦斯德元帅的总部。在那里，他们被搜去手枪和公文包，塞上一辆军用卡车。卡车在旷野中行驶了将近一个小时，停在一个地下室的通道前，这是希特勒在法兰克福附近的泽根堡大本营。在地下室里，希特勒向他们吼了几个小时，直到他们走出来后，耳朵还在嗡嗡响。元首所谈的国际形势都是胡扯八道，可不予理会，但是他们听到了一个与他们的军事经验相违背的消息——德军在东线和西线的夹击下已无力自拔，而希特勒却要在4天之内向西线发动一次强大反攻。

1944年9月，盟军在莱茵河以西的德军前沿受阻，希特勒的脑子里涌出了反攻念头。盟军在阿纳姆的失利，使他的反攻念头更强烈了。随后，盟军攻克德国最西边的城市亚琛。亚琛一度是查理曼大帝的帝国古都，却成为盟军占领的第一个德国城市。从那之后，盟军还是突破不了，甚至不能前推到莱茵河防线。于是，希特勒的反攻念头便不可抑制了。

由于供给不足，德军的伙食条件越来越差。希特勒心里有本账：美国的工业能力已充分动员起来，“吨位战”日渐失灵，美英工程部队正拼命修复西欧港口，港口一旦修复，物资便可大量运抵，这对德军来说，无异一场雪崩。西线目前的僵持断难持久，德军耗下去不过是拖延末日的来临，必须在尚有余力时孤注一掷，拼死一搏，发动一场攻势，夺回主动权。他认为，这是挽救纳粹德国的最后一个机会。

希特勒制定的反攻计划大胆、狂妄而单纯：既然盟军靠海上补给维持前方作战，那就出一路奇兵，直捣安特卫普，夺取盟军主要海上供应基地，压迫断了粮草的盟军撤退，解除德国西部边疆的威胁，然后掉过头来专心对付俄国人。战后，盟军将领评论说，希特勒这个点选得惊人的准确，因为艾森豪威尔当时就是这么看的：在安特卫普没有修复之前，盟军无力作任何大规模出击。

要夺取安特卫普，就要突破盟军防线。从哪里突破呢？希特勒一眼就相中了老地方：阿登高地。1940 年 6 月，从阿登森林中突然冲出的坦克大军突破了法军防线，从而造成了敦刻尔克撤退和法国投降。希特勒把阿登森林看成是德军的福地，这次又要从此杀出一路奇兵，直扑安特卫普。

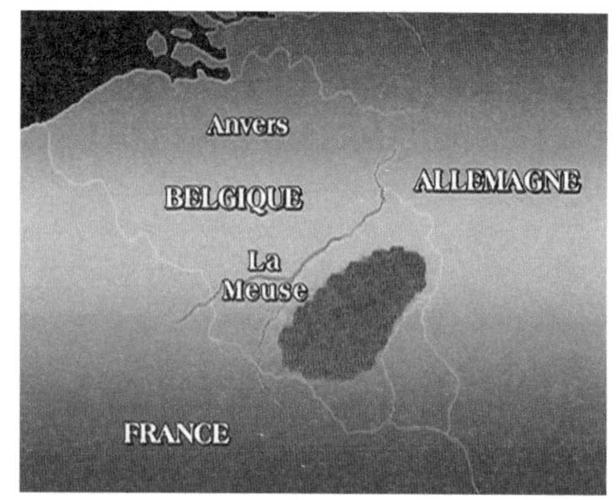

深秋以来，希特勒为搜罗残兵余卒，居然拼凑了 2000 多辆新的或改装坦克，集中了 34 个师的兵力。德国空军的实力已大不如前，空军元帅戈林囊中羞涩，却答应想方设法凑出 3000 架飞机。

阿登反攻发起时间定于 1944 年 12 月 16 日。保密工作相当好。希特勒是个心里搁不住事的人，尤其爱用点军事上的小秘密取悦妇女，他的狂热崇拜者主要是些职业妇女，这次也学会了一点守口如瓶，只对戈培尔的妻子含混地说了一句，在即将到来的圣诞节时，他将送给德国人一份特殊礼物。

盟军统帅部在做什么呢？什么也没有做。西方军史学家整理这个时期的盟军统帅部文件时，发现了一封艾森豪威尔写给蒙哥马利的信，美国将军向英国元帅打赌说，圣诞节前可以结束战争，为此还订下一笔小赌金。那时无论是美国人还是英国人，都没有想到，恰恰是圣诞节前，盟军会遭到自敦刻尔克溃退以来的一场最大危机。

在希特勒准备反攻期间，盟军情报部门已搜集到不少可疑迹象。如德国师频繁调动，有不少师突然开拔后不知去向，表明这些部队连番号都改了。盟军截获的德军通讯中有一件怪事，德军统帅部要求各部队把缴获的盟军军服及其他军用品妥善保管，尽快上缴总部。凡此迹象都表明，德军正在进行一项高度机密的行动。但盟军统帅部太麻痹，认为德军绝对没有反攻能力。艾森豪威尔这时主要考虑“战壕脚”问题，这种疾病把前沿官兵折腾得不轻。

12月15日夜，德军在亚琛以南100公里的战线上潜入阵地。这里是从德国边界前出至比利时安特卫普港的最近地段。大雪覆盖着阿登森林附近的群山，群山又被浓雾笼罩。在德军即将发起的进攻中，供应线是大问题。而据天气预报，今后连着几天都是这样的天气，盟军的飞机在这种天气下难以起飞，所以对德军的进攻和不间断的后勤支持极有利。

德军的对面是140公里长的美军防线，驻扎着6个美国步兵师。美国大兵过得挺滋润。他们中间有一半是经过诺曼底登陆的老兵，打得疲惫不堪，到这里来休养调整；另一半则是刚补充的新兵，到这里来体验什么叫战争。

12月16日拂晓前，阿登反攻打响了。

从炮火准备到冲击发起的间隙，一名年轻的德军士兵给姐姐写了一封短信：“姐姐：我写信的时候，步兵攻击马上就要开始了。有些士兵想活命，但我不怕死。我们这次攻击将把敌人赶出最神圣的祖国。在我的头上，炮弹正在怒吼，这是战争的呼号。冲！冲！冲！我们前进了！”盟军打扫战场时，缴获品中有大量类似信件。希特勒这个恶魔，驱赶着德意志的热血男儿投入了一个赌场似的疆场。

炮声把盟军从睡梦中惊醒。他们赶赴阵地时，14 个师的德国进攻部队已从晓雾弥漫的阿登森林中冲出来。这是德军俘获的美军士兵，他们直到这会儿仍然是懵懂的。

德军在阿登高地反攻的消息，到当天下午才到达盟军统帅部。盟军首脑一时不明白德军意图，后来才判明德军的突击方向是安特卫普！当他们悟到这点时，德军先头部队已突入比利时境内 30 多公里，到达美国第 1 集团军司令部附近。附近有一个巨型油料库。好在临时卷入的零星部队和增援部队陆续到达，才使德军的进展迟缓下来。

盟军统帅部调兵堵塞阿登森林方向的缺口时，后方运输乱了套。大量穿美军服装的德国士兵潜入盟军后方，伪装成美国宪兵在公路上值勤，给过往的美军车辆指示错误方向，并拦截美军人员，提出种种问题，答不上来即以间谍论处，就地枪毙。盟军统帅部发现了这个情况，命令宪兵部队大力搜捕穿美国军服的德军士兵，一经抓获，立即枪毙。这是一名美国宪兵在检查一名经过士兵的标牌。

在战场上处决敌军间谍是国际法所允许的，处决战俘则是国际法所不允许的。美军处决了德军间谍后，希特勒命令德军士兵采取报复行动，充分放纵他们的兽行。

指挥阿登反攻的是德国陆军元帅穆德尔。他和隆美尔一样，出身贫寒，善于在困境中作战，被希特勒称为“消防队员”。和以往的“闪电战”一样，攻击计划的成败取决于突然和速度。和以往不一样的是，德军没后劲了，由突然和速度所形成的势头无以持久，会逐渐演变为一场争夺道路的战斗，而在道路的交叉点上则会推演出最激烈的战斗。

德军的反攻只突破了盟军防线的一段，在被突破地段的两端仍是盟军阵地。德军只能从一个口子灌进去，沿着狭长的突破地带前进。这个狭长地带的前方，有一个叫巴斯托尼的小城。它是道路的交叉点，由于在战线后方，盟军没有在这里驻扎建制部队，只安排了些参谋人员。这座不起眼的小城由于横亘在德军挺进道路上，将成为双方不惜投入重兵争夺之地。

进攻巴斯托尼的德军士兵。在德国坦克和安特卫普之间，只有一个障碍，那就是巴斯托尼。德军不惜一切代价要拿下它。目标是没有战斗人员的空城。对准这个目标，德军和盟军展开了行军比赛。12 月 18 日晚间，德军距巴斯托尼只有十几公里了。

美国人从来是赛跑的好手，他们起跑就快了一步。美军第 10 装甲师先德军一步到达巴斯托尼。接着，美军 101 空降师也到了。他们是从 180 公里以外的法国境内赶来的。

盟军虽然早到一步，但兵力是两个不足额的师。德军虽然迟到一步，但人数占了极大优势。他们围困了小城。

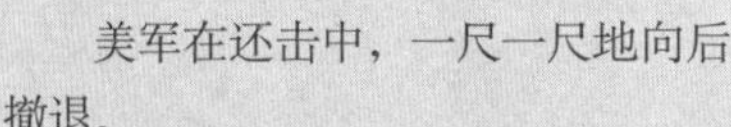

美军在还击中，一尺一尺地向后撤退。

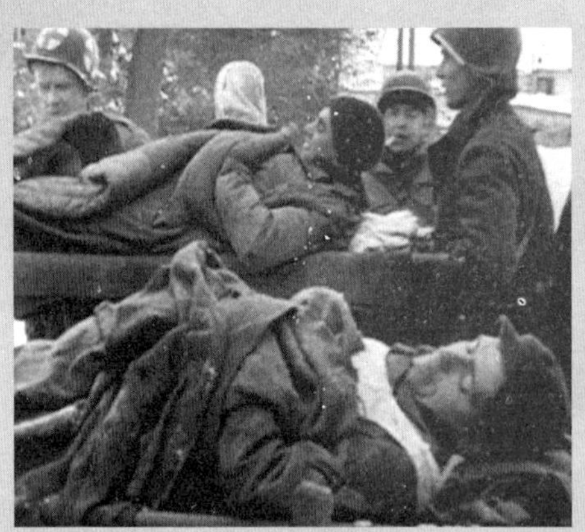

美军伤亡人数不断增多。

12 月 22 日，守军似乎退到底了。上午 10 时 30 分，德军向美军下达了最后通谍：要么立即投降，要么彻底毁灭。

几小时过去了，美军司令麦克考里夫将军用一封信明确答复了德军的最后通牒。这封信在战后被列入吉尼斯纪录中的“世界短信之最”，它只有一个字：呸！

巴顿将军率领第 3 军向巴斯托尼驰援。艾森豪威尔给他下了一道最简短的命令：“快！”

第 3 军士兵在他们从未遇到过的严寒中吃饭。

在巴斯托尼，美军近于弹尽粮绝，急需空投给养。但在大雾和冰雪中，运输机连起飞动作都不可能完成。12 月 23 日早晨，阴沉的天空还是见不到飞机的影子，被围困的士兵以为他们被遗忘了。但是，天突然间放晴了。自德军发动阿登攻势以来，这还是第一次。

C-47 型运输机投下了数百个降落伞，迫击炮弹、机枪子弹、防毒面具、医药用品、绷带、电池、急救血浆全有了。还有从空中飘落下来的圣诞礼物。空军想得挺周全。

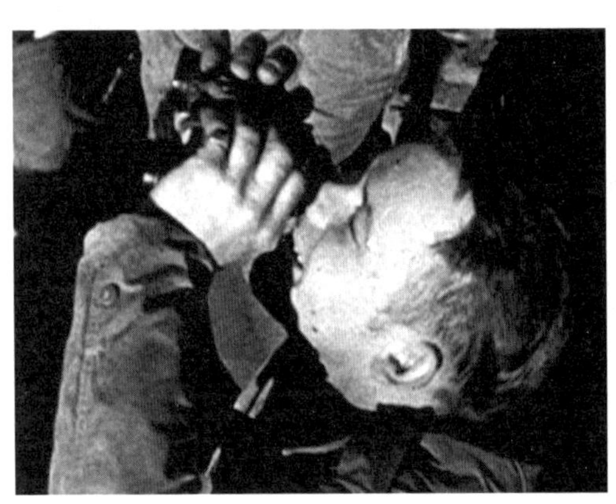

美军士兵张望着降落伞飘然而至。这个圣诞节，他们不能回家过年。但他们在漫天飞雪中阻止了希特勒的孤注一掷，使得希特勒没能送给德国人所允诺的那份特殊圣诞礼物。

德军士兵眼巴巴地看着降落伞落下。每次美军空投物资，都会飘落到他们的阵地上一些。

巴斯托尼告急！巴顿命令坦克甩开了步兵，从德军防线的一个缺口中穿插进去。他们距目的地只有十几公里了。

圣诞节到了。在这天的清晨，德军发动了强大的攻势，并终于敲开了巴斯托尼西部的美军防线。顺着这个撕开的口子，步兵往里涌，直到距市中心 3 公里处才被阻止住。

巴顿的坦克快要到了。德军到最后一搏的时候了。

“美国香烟的味道不错。”

圣诞节的第二天，第 3 军的坦克开进巴斯托尼，与守军会合。步兵随即陆续赶来，如此强大的守卫力量，不是德军能撼动的。

阿登攻势是二战中德军的最后一次反攻，双方共投入 60 个师，德军伤亡 12 万人，被俘近万人。希特勒拼出家底奋力一搏，又输了个精光。

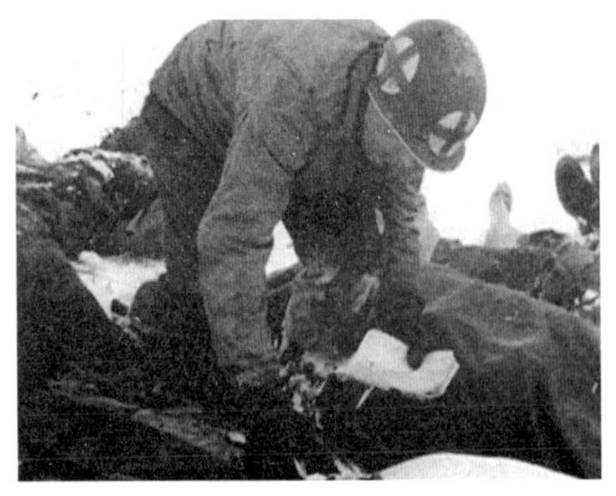

希特勒仍不善罢甘休，1945 年 1 月 3 日，他下令继续猛攻巴斯托尼，毫无进展。由于德军突入狭长的走廊地带，再不撤退，会被靠拢过来的盟军围歼。1945 年 1 月 16 日，发动阿登反攻一个月时，德军回到了一个月前的出发阵地。有的事不得不提，德军发动阿登攻势后，丘吉尔向斯大林告急。1945 年 1 月 12 日，苏军发动了东普鲁士战役，迫使希特勒从西线分兵保卫东普鲁士，从而也促成了德军从巴斯托尼撤退。尽管西方军史学家不大愿意承认这点，但的确是这么回事。

这次战役中，美军的伤亡人数达到创纪录的 80 000，英军也伤亡 1400 余人。美军在打扫战场时，发现了被德军枪杀的美军战俘，一共有 84 名战俘被党卫军杀害了，横尸于旷野。

重返
烽烟现场

——肉眼所见的二战进程

德国

从雷马根桥到“民族碉堡 »

从 1943 年秋季起，盟军空军开始对德国进行大规模轰炸。为了提高轰炸效果，增加轰炸机利用率，盟军采取了“穿梭轰炸”方式，即从北非地中海基地起飞执行轰炸德国城市的美英轰炸机群，在德国上空投弹后，飞往苏联或英国的指定机场，降落后添油加弹，返航途经德国，再次执行轰炸任务。

参加“穿梭轰炸”的飞行员。“穿梭轰炸“提高了盟国空军对德国的空中打击力量。后由于盟军战线不断向前推进，距离德国本土越来越近，而且英美与苏联就利用领空问题产生了意见分歧，这种轰炸方式逐渐废止。

继“穿梭轰炸”之后，盟国空军开始对德国实施“战略轰炸”。仅在1944年就投弹91万吨，集中轰炸制造潜艇的船坞、飞机制造厂、滚珠轴承厂、炼油厂，以及其他军工厂。德军在主要军工企业附近都配备有高射炮阵地。

1944年，盟军在对德国61座城市的轰炸中，摧毁和严重破坏了360万幢房屋，使得750万人无家可归，炸死30万人，炸伤78万人，严重影响了德国军事工业生产、军队部署，沉重打击了德国人的士气。德国人对前线失利的消息还能够承受，而国土被炸得稀里哗啦，让他们万分沮丧。

柏林是盟军轰炸的重点目标，这是在防空洞中躲避轰炸的市民。有的人仍然在对酌啤酒，强作欢乐。

1945年之前，德国10万人以上的城镇，80%遭到了盟军轰炸机群的光顾。德国人时时处于紧张状态。这名德军士兵行车途中，警觉地望着天空。

在战略轰炸中，盟军飞行员从来没有轰炸过德国第5大城市德累斯顿。原因是这座城市有盟军战俘和劳工70000多人。但是，苏军从东面打过来之后，撤退的德军也进入德累斯顿躲避。怎样轰炸德累斯顿？丘吉尔要求皇家空军首先从技术层面上解决问题：既要打乱德军的撤退部署，又不能伤及盟军战俘。怎样才能兼顾？这件事是够棘手的。

盟军轰炸机部队准备炸弹。

英国南部的机场。1945年2月12日，英国轰炸机群对德累斯顿发动“火源”攻势，前后两个批次，共出动800架轰炸机，扔的燃烧弹把德累斯顿炸成一片火海。

当天下午，1350 架美军轰炸机又蜂拥而至。一通有选择的轰炸之后，德累斯顿除了瓦砾，剩不下什么像样的东西了。一个戏剧性的插曲是，几千名英军战俘趁着混乱，集体逃出了战俘营，而且躲过盟军的轰炸，活了下来。苦的是德军。这是撤退到德累斯顿的那部分德军，他们张皇地左顾右盼，看来这座燃烧的城市不是他们的庇护所。事后，戈培尔威胁说，盟军在德累斯顿炸死了 20 余万人，德国只能用施放毒气来回击。这件事在英国议会也引起争议。有的英国学者客观地估价了德累斯顿在空袭中的死亡人数，不像戈培尔说的那么多，炸死的人口大致为 135000 人。

但在几天之后，1945 年 2 月 22 日，盟军为了最大限度地粉碎德国的军事工业能力和军事运输能力，发动了为期一周的轰炸行动，这次行动的代号为“竖笛”。

轰炸机部队的飞行员。他们的轰炸，为盟军地面部队进入德国作战创造了条件。

1945年2月，盟军开始向莱茵河进逼。盟军一旦越过莱茵河，鲁尔区和柏林的大门就会被撬开一条大大的缝隙。美军挺进途中，在凛冽的寒风中就餐。

国境线外的德军固然被大大地削弱了，但在本国境内，德军还保持着强大力量。自从诺曼底登陆后，数月内德军损失40万人，其中半数以上被俘。同时损失1300辆坦克、500门强击火炮和1500门大炮。飞机损失在3500架左右。但是德军训练有素，只要有合适的条件，仍然能够顽抗。

德国西部边境有孚日山脉，以及莱茵河，自然条件与齐格菲防线相结合，构成了难以突破的防御体系。

盟军对莱茵河以西德军发动攻势，没有过于激烈的战斗。疲劳的士兵在掩体中酣睡。

莱茵河源出阿尔卑斯山，流经德国的西部，它水量充沛，河面宽阔，易守难攻。莱茵河上有12座桥被德国工兵炸掉，盟军企图以奇袭方式占领渡桥的计划全部失败。

3 月 7 日，美军第 9 装甲师在莱茵河畔的雷马根镇惊异地发现，在薄雾笼罩的莱茵河上有一座尚未被炸掉的铁路桥，它叫鲁登道夫桥。美军抓住战机，迅速占领桥的西端。就在步兵过桥时，德国工兵安放的炸药爆炸了，大桥震颤了两次，却没有倒塌。事后了解到，美军坦克炮击碰巧打断了主炸药包的导火索，所以桥梁在经受了两次小型爆破后保留了下来。美军的后续部队像潮水般涌过桥去，在桥东开辟了桥头阵地，以保证大部队迅速通过。到傍晚时，莱茵河已不再是金城汤池，盟军已因一个偶然机会突破了德国最后一道天险。

美军源源不断地涌过桥去，德军不顾一切地企图摧毁鲁登道夫铁路桥。他们用远程炮轰击它，用飞机轰炸它，但收效甚微。希特勒命令组成“西线飞行特别法庭”，审理并枪决了守卫雷马根桥的8名军官。这当然于事无补。

为了使部队加速通过莱茵河，盟军在雷马根桥附近抢建了一座浮桥。浮桥通车后即停止使用雷马根桥。经过爆炸和轰炸，桥摇摇欲坠，随时有坍塌的可能。美国工兵日夜抢修，但在3月17日，桥突然倒塌，正抢修的工兵坠入水中，有些被钢梁砸死。不管怎么说，这座桥在美军手中控制了10天，对美军渡过莱茵河起了决定性作用。希特勒说，盟军在西线的进展，主要是渡过了两道关，一道是横渡英吉利海峡，第二道是利用雷马根桥横跨莱茵河。这个评价的确不为过。

美军的两栖坦克涉水过河。按照通常的看法，盟军渡过莱茵河后，德军已经无险可守，盟军可以从容地包围鲁尔工业区，以至于向柏林发起进攻了。

就在这时，“民族碉堡”的神话在盟军中流传开了。按照艾森豪威尔的助手布莱德雷的说法：“在战争结束前的一个阶段，‘民族碉堡’的神话一度决定了盟军的战术思想。”

艾森豪威尔在回忆录中，还郑重其事地提到了什么“狼人”。他说，“狼人”是一支纳粹的地下军组织，全部由希特勒的忠实信徒组成，宗旨是实行以暗杀为主的恐怖活动，在广大农村给占领军制造麻烦。加入“狼人”秘密组织的，主要是男女青少年，也有少量成人。

这个作战计划一式三份，分送美英首脑的同时，第三份送给了斯大林。计划的内容和呈报范围，令丘吉尔大发雷霆，在丘吉尔看来，时下已到战争尾声，每一仗怎么打，每支部队如何调遣，具有越来越明显的政治意义，必须由政治领袖掂量过了，估算出战后的政治意义才可以付诸行动。是否攻打柏林，政治意义重大，而艾森豪威尔居然不打招呼就作为一个纯军事问题通知了斯大林，这是一种越权行为。丘吉尔提出强烈抗议，坚决要求由盟军攻打柏林，放弃什么子虚乌有的“民族碉堡”。艾森豪威尔据理力争，说自己与斯大林的直接联系，所说的纯粹是军事问题，并未超越职权。所幸的是，尽管丘吉尔高声反对，艾森豪威尔的这份计划，很快就被罗斯福总统批准了。这是丘吉尔和蒙哥马利到前线视察。

艾森豪威尔和欧洲盟军统帅部对“民族碉堡”和“狼人”之类深信不疑，也由此确定了攻占鲁尔工业区之后的盟军行动计划：盟军主力直接穿过德国中部，与苏军会师于易北河，从而把德国阻隔为南北两部分，堵死纳粹向南方“民族碉堡”转移的通道。很明显，这个计划把“民族碉堡”作为打击重点，同时使盟军放弃一个主要的战略目标——柏林。艾森豪威尔认为，柏林只是纳粹残余力量的象征，占领它固然有心理上和政治上的好处，但它不是盟军最适宜的目标。盟军目前的主要目标是把纳粹德国分割开来，使它失去作为一个国家整体活动的可能性，消除“民族碉堡”的后患。

4月初，盟军实现了对鲁尔工业区的包围，4月14日，盟军发动局部攻势，对包围圈实行切割。

4月18日，鲁尔工业区的残余守军全部投降。盟军俘获的德军达30多万人，其中包括30名将军。

艾森豪威尔命令巴顿的第3军团与帕奇的第7军团协同，向东南方向发展，渡过多瑙河，进攻“民族碉堡”。4月22日，巴顿与帕奇率领美军中最强大的两个军团，联合进攻情报部门反复强调的“纳粹最后基地”。

大军风驰电掣，飞速挺进，打到德奥边境的深山，搜了又搜，却没有发现“民族碉堡”的任何痕迹。

美军进入巴伐利亚首府慕尼黑。这里是希特勒发迹的地方，也是铁杆纳粹分子最集中处，他们同样没有发现任何事实能够说明希特勒打算在这里布置最后据点。

“民族碉堡”的作者是约瑟夫·戈培尔。这个形同侏儒的人生于1897年，1921年在海德堡大学获哲学博士学位。由于瘸了一条腿而未能参军，没有早期纳粹党人那种引以为荣并大肆炫耀的战争经历。但除了有数的几个知识分子外，希特勒身边的那些家伙都是呼三喝四的打手，只有他是个秀才。作为超级推销员及希特勒的演出经纪人，他发挥了屡遭挫折的才能，通过准确揣摩人的心理而制造了种种神话。当玩火者行将大火焚身时，他又制造了“民族碉堡”的神话，这也是他一生原创的最后一个神话。

德国人是刻板的，联想力不是十分丰富。但是，不管怎么说，德国毕竟是格林童话的故乡，善于神侃的，也大有人在。在“民族碉堡”的神话里，有些是从惊险小说中窃取的情节，例如“狼人”之类，只是被好事者按照好莱坞惊险大片的结构，编排得活灵活现。大概盟军情报专家中也有些惊险小说迷，所以轻易地上了钩，并直接影响到统帅部的决策，在一定程度上使盟军游离了柏林方向。“民族碉堡”之说，堪称以欺诈影响战争进程的“杰作”。

重返烽烟现场

——肉眼所见的二战进程

冲绳

从岛屿防御到“菊水特攻”»

这张照片是美国在太平洋战争中胜利的一个象征：1945 年 3 月，美国士兵将星条旗插在硫黄岛折钵山山顶。

硫黄列岛系小笠原群岛的中心岛屿，由 3 个火山岛组成，3 个岛的陆地总面积仅为 25 平方公里。尽管它从 1891 年起就正式隶属于日本，但长期以来，日本人没心思关照这个遥远的小岛。二战爆发后，日军开始经营硫黄岛。这门大炮是英国人制造的，当年部署于新加坡的炮台。它被日军搬到了硫黄岛。

硫黄岛掩体中的一名日军士兵。日军大本营把硫黄列岛视为日本本土防御中的重要一环。他们往那里紧急征兵，守岛部队骤然增加到23000人，平均每平方公里近1000人。但仅有20辆坦克，几百门炮。

美国太平洋舰队密切注视着日军在硫黄岛的举动。美军占领马里亚纳群岛之后，硫黄岛的战略位置骤显。它位于马里亚纳群岛与东京之间，到两边的距离都是1000公里多一点。B-29型轰炸机从马里亚纳群岛起飞去袭击东京，日机就从硫黄列岛机场起飞拦截。因此，硫黄岛志在必夺。

1945年2月19日，一支美国舰队出现在硫黄列岛附近海面上。这支舰队规模惊人，它有600艘军舰，其中仅航空母舰就有30艘，战列舰15艘，飞机1500架，运载海军陆战队官兵11万多人。

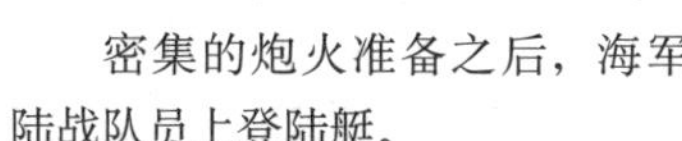

密集的炮火准备之后，海军陆战队员上登陆艇。

登陆艇排着队形向硫黄岛冲去。要说装备强度和人员密度，美国这支登陆大军的条件比诺曼底登陆的盟军胜出数倍。

日本硫黄岛守卫士兵坚持传统的武士道信念，宁死也不投降。美国海军用喷火器向日军阵地发动进攻，其场面十分恐怖。

硫黄岛战役整整打了一个月，一直到3月20日，美军付出了极其惨重的代价后，才占领全岛。

日本人修筑工事的地方是冲绳，它是日本冲绳群岛的主岛，面积 1000 多平方公里，距日本本土 500 公里，是日本本土防御的最后一道屏障。日军的守岛部队为 70 000 多人，配备有 250 架飞机，还有一支以战列舰为首的舰队。

美国的进攻舰队比进攻硫黄岛的舰队大了一倍以上，有 1300 多艘舰艇和辅助船只，其中战列舰 20 艘，航空母舰为破纪录的 33 艘，运载的是美国第 10 集团军，兵力达到了 18 万余人。这是美军列队上舰。

1945 年 4 月 1 日，美军开始在冲绳登陆。

美军这次行动有条不紊，先占领冲绳西边十几海里的庆良间群岛作为船舶修理基地，扫雷舰清扫了冲绳海岸四周数千平方英里的海域，才开始火力准备。

和太平洋战场的许多次登陆作战一样，美国兵上岸后找不到日本鬼子。日军守岛部队总是隐蔽在有利处，然后突然开火，打对方个措手不及。图为装甲喷火车向日军堡垒射击。

但这次不大一样，日军尽量不暴露自己的位置，尽最大可能与登陆部队周旋，其目的是拖住美军，等待空中力量摧毁停泊在冲绳海面的美国舰队。

登陆的美军初时没有判明日军的意图。停泊在海面的舰队确实是空中力量的打击目标，但美国这支舰队中有 30 多艘航空母舰，它们绝不是日本的轰炸机群所能靠近的。美国人万万想不到的是，日本人这次所使用的不是正常的空中力量，而是“神风特攻队”驾驶的自杀飞机。

日本有一个传说：中国元朝时，蒙古舰队渡海，准备入侵日本，在途中遭遇台风，整个舰队沉没。在传说中，这场拯救了日本的大风被称为“神风”。日本法西斯行将灭亡时，祭起“神风”，组织了“神风特攻队”，用驾驶满载炸弹的飞机冲撞美国军舰。口号是“一机屠一舰”。在几次海战中，老一代舰载机飞行员和陆基飞机飞行员基本上战死了，神风特攻队队员大部分是现招的青年学生，经过短期的突击训练即去驾机拼命。日军大本营将这种作战命名为“菊水特攻”。

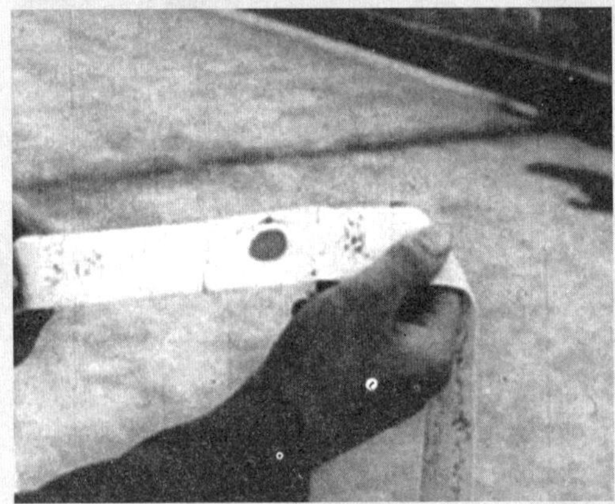

神风特攻队使用的飞机，开始是由双引擎 99 式飞机改装的，挂装 400 公斤特种炸药和 1 枚装有 400 公斤高爆炸药的炸弹。随即又推出装有 2 吨烈性炸药的“樱花”式自杀飞机，使用火箭发动机，实际是有人驾驶的滑翔炸弹。关于自杀飞机的威力，美国军方后来评论说：如果是美国航空母舰被撞中，重则沉没，轻则回珍珠港修理 6 个月；如果英国或澳大利亚的航空母舰被撞中，马上就得沉没。日军为了激励神风特攻队誓死不回的决心，在起落架上做了手脚，飞机一经起飞，起落架即自行脱落。这样，飞机在任何地方都不能着陆，只剩下拼死搏杀，机碎人亡一途了。

神风特攻队队员被授以这种头带，让他们按武士准则行事，以冲撞美国军舰来象征对天皇的效忠，并在最高层次上体现出“武士道精神”。

一名神风特攻队队员走向自杀飞机。这是个半大孩子。

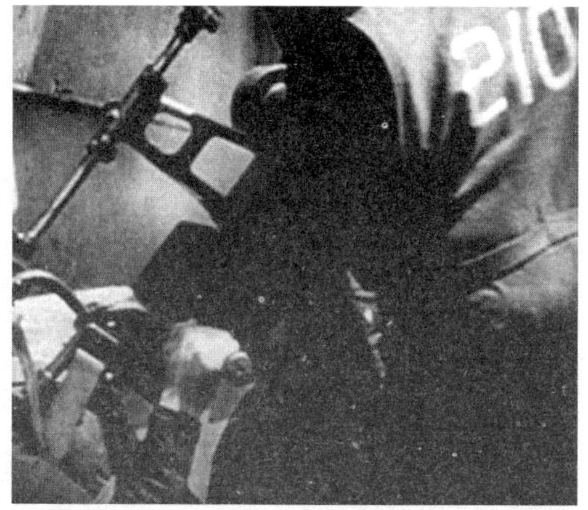

4 月 6 日，神风特攻队发起第一次进攻，自杀飞机多达 350 架。美国舰载雷达发现了来袭的机群，警报传遍了整个舰队，舰载机迅速从航母甲板起飞，高射机枪向着空中狂扫。

令美国人吃惊的是，来袭的飞机根本无力做任何空中格斗，只求在未被击落前能够一头撞上美国军舰。它们大部分还没撞上什么就被击落了。但是，从这一天起，自杀的狂风在冲绳海面卷起来。

又一批神风特攻队队员走向自杀飞机。他们捧着菊花。“水上菊花”是日本古代著名武士楠木正成的纹章图案，寓意是与敌人同归于尽。

一架神风特攻队的自杀飞机撞上美国“萨拉托加”号航空母舰的甲板。这艘航空母舰立即回国大修，此后再也没有参加作战行动。

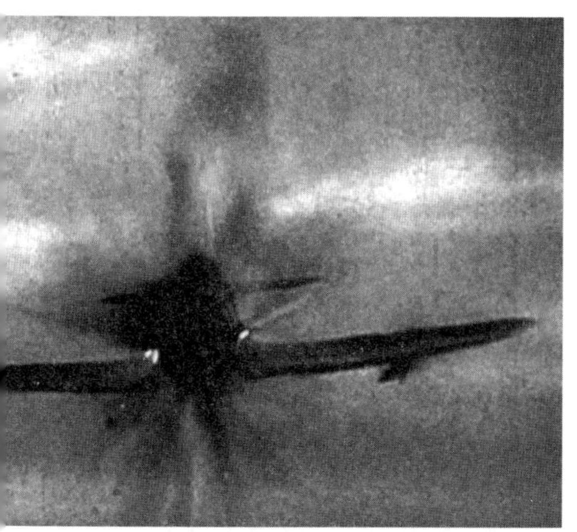

冲绳海面的战斗是疯狂的。灰色的自杀飞机像飞蝗一样出现在天空。大军舰火力强，还容易抵挡；小舰艇就难办了，当几架自杀飞机同时冲来时，基本保不住。由于自杀飞机到处乱钻，没有明确方向，美国水兵往往向海里开炮，溅起水墙扰乱来袭者的视线。这是一架迎面冲过来的自杀飞机爆炸的瞬间。这样的作品能留下，足见摄影师的勇气。如果这架飞机没有凌空爆炸，那么几秒钟之后，摄影师也就完了。

在“菊水特攻”中，日本损失2400架“神风”自杀飞机，击沉美国军舰26艘，伤164艘。受到重创的军舰包括“企业”号航空母舰。图为“企业”号返回国内大修。此后，它再也没有参加作战行动，只用来运送飞机和部队。

供应 远征军 荷兰 比利时 德国 冲绳 柏林 日本 审判

美军海军舰队向冲绳岛内地发动毁灭性轰击。

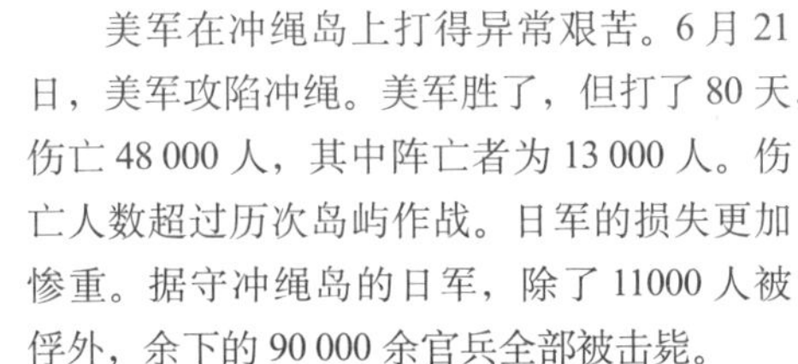

美军在冲绳岛上打得异常艰苦。6月21日，美军攻陷冲绳。美军胜了，但打了80天，伤亡48 000人，其中阵亡者为13 000人。伤亡人数超过历次岛屿作战。日军的损失更加惨重。据守冲绳岛的日军，除了11000人被俘外，余下的90 000余官兵全部被击毙。

10万日本守军中，活下来的就是这些了。冲绳之役的胜利，意味着日本的大门被一脚踹开了。太平洋战争中的岛屿争夺就此结束。

重返烽烟现场

——肉眼所见的二战进程

柏林

从奥得河到国会大厦 »

德国与波兰之间有一条奥得河，奥得河的一条支流叫尼斯河。奥得河下游与尼斯河从南至北流经德国东部，成为德国抵御来自波兰方向进攻的天然防线。1945 年 1 月，苏军发动维斯瓦河—奥得河战役，从波兰东部的维斯瓦河一直推进到波兰与德国交界的奥得河，全歼波兰境内的德军集群，随即在奥得河东岸开辟登陆场。至此，苏军要啃的骨头只剩柏林了。从奥得河桥头堡出发至柏林，不过七八十公里。

苏军与柏林近在咫尺时，盟军刚进入德国，尚在莱茵河以西，至于什么时候强渡莱茵河，能不能闯过莱茵河，不要说这些普通士兵，就是统帅和将军心里也没有底。

罗斯福第四次当选美国总统，在他的第四个任期内，战争趋势日渐明朗，盟国取胜只是迟早了。在这种情况下，他倡议三大盟国首脑坐下来，安排战争后期及战后的几件大事。1945年2月初，罗斯福和丘吉尔来到苏联克里米亚半岛的雅尔塔，与斯大林碰头。如何与斯大林打交道，罗斯福把个人经验传授给丘吉尔：先找些轻松话题，不失时机地叫声“乔大叔”，斯大林便马上会换成另一个人，不仅随合，还爱聊些俄罗斯的老笑话。雅尔塔会议的主要内容和议题是：处置德国问题、波兰问题、联合国问题以及远东问题。丘吉尔觉得，美国人貌似达练而内里不老成，峰会要谈的问题，苏联占尽优势，如果斯大林有心多得几分，绝不是叫几声“乔大叔”挡得住的。

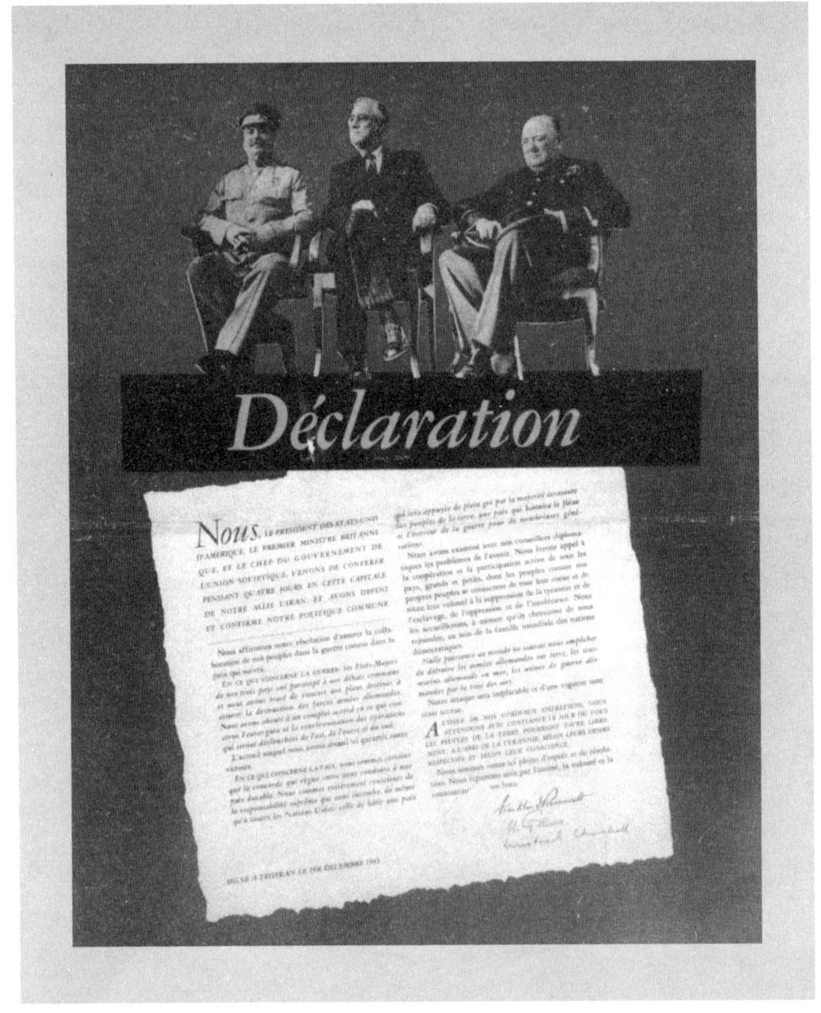

1945 年 2 月 11 日，美英苏三国首脑秘密签订了《雅尔塔协定》：在欧洲战争结束两个月或三个月内，苏联对日作战。条件包括：维持外蒙古现状；大连商港须国际化；苏联租用旅顺为海军基地；中苏共同经营中长铁路；千岛群岛须交于苏联等等。简而言之，苏联参加对日作战是有条件的，而所说的“条件”大部分属于中国主权范围。

至于中国政府是否同意这部分主权，斯大林没有怎么过脑子。他考虑更多的是美英两大巨头到时候得兑现这些条件。他说：如果这些条件不能得到满足，他就难于向苏联人民解释，俄国与日本没有大的纠纷，俄国为什么要向日本宣战？如果这些条件能得到满足，人民就会理解涉及到国家利益，最高苏维埃就容易通过。斯大林振振有词，罗斯福心里却不踏实。中国是最早抗日的国家，中国军队牵制着日本，使之不能向太平洋战场大量增兵。因此，中国政府接受《雅尔塔协定》时，应给予一定补偿。据英国史学家披露，罗斯福动员丘吉尔，让英国放弃香港。丘吉尔尖刻地回了一句："为什么苏联能吞进大连，英国却要吐出香港？"罗斯福呆呆地想了想，无奈地说："我也没别的办法了，那就算了吧。"丘吉尔在战后说，对《雅尔塔协定》的内容，他事先毫不知情，"只是在需要我签字的时候签了个名字而已"。显然，他感到这一协定不妥，急于把自己摘出来。

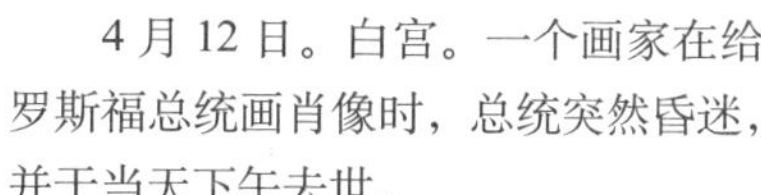

4月12日。白宫。一个画家在给罗斯福总统画肖像时，总统突然昏迷，并于当天下午去世。

根据美国宪法，当天晚上，副总统哈里·杜鲁门宣誓就职，继任美国总统。典礼只进行了一分钟。站在他旁边的是罗斯福总统的夫人。

雅尔塔会议后，苏联的工作重心是攻打柏林。斯大林号召前方和后方军民：把法西斯匪徒消灭在巢穴里！

数载炮兵、装甲兵的列车经过波兰滚滚而来。战役开始前，光炮弹就需储备 700 多万发。关于这次运输的规模，朱可夫在回忆录里说：若把给这次战役运送物资的列车排列成一条直线的话，长度将超过 1200 公里。靠近奥得河的波兰城镇里，到处是苏军的坦克和装甲车辆。

苏联最高统帅部要求在奥德河东岸集结重兵集团，总兵力达到250万人，配备40000门火炮，6000多辆坦克和自行火炮，7000多架飞机，各方面都要占到2：1至4：1的绝对优势。斯大林命令，各路大军以最快速度进入战区。这是准备攻克柏林的两位苏军老兵。他们身后的墙上写着，到柏林还有77公里。大战降临，他们倒是很轻松。

德军统帅部紧急调兵，附近部队向柏林方向靠拢。驻防柏林的德军约有100万人，配备有10400门火炮、1500多辆坦克和自行火炮以及3300架飞机。

柏林市内编组有20万人的守备部队。希特勒意识到，柏林战役将是欧洲战场的最后一战。命令解散预备队，步兵、坦克兵、炮兵和专业兵种的后备部队以及军事院校，所有人员用以补充作战部队。

4月16日晨，奥得河战线上，苏军火炮齐鸣。炮击的30分钟间，德军未发射一颗炮弹，表明受到充分压制。苏军的总攻开始了。朱可夫回忆录中说，当时苏军战役准备工作还没有完成，4个方面军中有1个没有到位。斯大林之所以在这种情况下下令打响，是担心希特勒网开一面，把柏林让给西面打过来的美军和英军。柏林守军中流传着一句话：当面死顶着俄国人，直至美国人从背后踢我们的屁股。

为占领柏林，苏军必须突破纵深梯次配置的奥得河—尼斯河防线，攻克由三条环形防御线组成的柏林设防区。奥德河防线的主要制高点是塞罗高地。德军在这里部署了密集火炮。德军士兵猛烈射击。苏军在塞罗高地纠缠了两天，才打开柏林的大门。

德国女兵到了前沿。她们不是做后勤保障工作的，而是第一线的战斗员。

德军只剩下一道防线了，这就是市区边缘。前面几道防线的溃兵被挤压到了这里，火力十分密集。

柏林战役开始后，纳粹分子乘坐运输机从四面八方赶来，援救他们的都城。被围困的柏林没有降落地点，空降人员和伞降物资被抛向吉尔加京大公园区。来的人中没有正规军，大部分是军校学员和飞行学校士官，许多人刚刚落地就成了俘虏。照片中的人即是德国飞行学校学员，他们眉清目秀，却死心塌地为纳粹殉葬。

柏林战役展开后的第 4 天，朱可夫元帅和科涅夫元帅的部队从东、南、北三个方向突入市区。战后，首先冲入柏林的那批苏军官兵，都被授予“英雄”称号。在他们突入市区的刹那间，柏林巷战开始了。

苏联士兵在负隅顽抗者的阻击中攻进柏林街道：前景中一名刚刚被打死的德国士兵。

柏林巷战打了整整 10 天。攻入柏林的不仅有苏军，还有波兰士兵、捷克斯洛伐克士兵、保加利亚士兵、罗马尼亚士兵、匈牙利士兵、南斯拉夫士兵、阿尔巴尼亚士兵，他们在纳粹巢穴中倾泄着冲天怒气。

柏林守军中，有几个正规的陆军师，而更多的是党卫军部队。他们长期汇集于柏林，是死硬的纳粹分子，而且早就做好了打巷战的准备。纳粹即将覆灭之际，他们作拼死一搏，逐尺逐寸地顽强抗击着。

巷战的特殊之处，在于没有前后方。但苏军的准备工作充分，一直掌握着巷战的主动权。按照预定路线前进，每个人都有自己的位置，坦克也知道自己的行进路线。

德国士兵在苏联 T-34 坦克的威胁下投降，这是他们走在柏林的勃兰登堡大门前，这个大门曾是德国党卫军和国防军进行庄严宣誓的地方。

4月30日下午，苏军步兵171师的3个营冲进德国国会大厦。苏军占领了下面各层楼，德军守备部队仍不肯投降，大厦内部进行了激烈战斗。当晚，叶戈罗夫中士和坎塔里亚下士在国会大厦的主楼圆顶上升起了胜利的旗帜。

5 月 2 日，柏林残余守备部队投降，柏林战役结束。

苏军士兵在被摧毁的有轨电车上。朱可夫回忆录中说了他在柏林巡视时看到的一件事：一名苏军士兵央求一个带孩子的德国妇女说：这孩子的父母都被炸死了，我的老婆孩子也被德国人杀了。把孩子给我吧，我会像爱亲儿子一样爱他。看到那位德国妇女犹豫不决，朱可夫上来解围，对那个士兵说：别难为她了，还是回国找个孩子吧，最好找个带着娘的，老婆孩子一次就都办齐了。

勃兰登堡门是柏林的标志性建筑。它成了这副样子。柏林屈服了。

苏联人庆祝苏军攻克柏林。全世界人民也在庆祝。

苏联艺术家创作的关于易北河会师的作品，色彩斑斓，人物形象生动。这幅作品反映了那时苏联人的普遍看法，仗打完了，从此天下太平了，今后苏联和美国的关系，就像作品中那样，好得不行。其实，这会儿冷战的序幕正徐徐拉开。

柏林战役期间，东西对进的苏军与美军在德国中部的易北河畔会师。经过艰苦卓绝的战争，参加会师的两国官兵都很高兴，也很激动，都以为战火中结下的友谊将日久天长，以为战时的盟军就是战后的兄弟。

第二天，盟军最高司令部代表、美英法各国军队代表，以及德军代表凯特尔元帅，共同来到柏林东郊的一所军事工程学校，在学员食堂举行德军无条件投降签字仪式。苏联最高统帅助理朱可夫元帅主持仪式。在德国无条件投降书上，头一个签字的是朱可夫，随即签字的有英国空军元帅泰德、美国战略空军司令思巴斯将军，最后签字的是法军的塔尔厄将军。当他们走出这个食堂时，纳粹也走入了历史。

5月7日，德军最高统帅部的约德尔上将没打招呼就闯到位于法国兰斯的欧洲盟军统帅部，签署了德军无条件投降书。从照片上看，蒙哥马利在一旁默默看着。斯大林听说这事后发了脾气，说：苏军消灭了德军总数的七成，承担了反法西斯战争最沉重的担子，德军必须在苏军最高统帅部代表面前签署投降书。约德尔签署的那份东西不算数。

第二次世界大战结束了，到了该清算的时刻。图中展示的是威廉·凯特尔将军和希特勒的前当然继承人阿道夫·黑斯在纽伦堡受审的情景。

6月初，艾森豪威尔来到柏林，与朱可夫商定盟国组成对德管制委员会。柏林被分为4个区，分别由苏美英法四国军队占领。斯大林不满地说，法国对战争毫无贡献，为什么让法国参加柏林管理？所说点到了美国的小九九上。苏军攻占柏林后，与西欧形成对峙局面，日后一旦发生冲突，美国与西欧隔着大西洋，增援不方便，英国与欧洲大陆隔着海峡，增援也不便当。在这种格局下，法国的作用凸显出来，美国无论如何也要把法国拽进柏林这场大国游戏。往后的事情为众所周知，围绕着柏林问题，战时的盟国分裂了。

重返烽烟现场

——肉眼所见的二战进程

日本

从“举国玉碎”到无条件投降 >>

著名物理学家阿尔伯特·爱因斯坦是德国籍犹太人。他不仅对纳粹德国疯狂迫害犹太人深恶痛绝，而且深知德国核物理学功底深厚。二战期间，为了防止纳粹德国率先研制出原子弹，他联合几个物理学家给美国总统罗斯福写信，建议美国立即组织力量研制原子弹。罗斯福总统接受了他们的建议。

美国开始着手实施以研制原子弹为目标的“曼哈顿计划”，有关科学家组织起来，在散布于全国的实验室进行工作，参与的科技人员达到 10 万以上。除了极少数人以外，从事这一工作的所有人都不知道他们的研究将被用于哪里，也不知道他们生产的产品是做什么用的。

美国各地出现了一些严禁外人进入的工厂。曼哈顿计划保密纪律严格，连副总统杜鲁门也不知情。杜鲁门回忆录中说，他担任副总统期间，曾经让安全部门调查这些工厂是做什么的，被陆军部长史汀生劝止了。直到罗斯福总统逝世、他继任总统的次日，史汀生才告诉他，这些工厂是制造原子弹的。

美军在提尼安岛和塞班岛机场上，一共部署了800多架B-29型轰炸机。它们绰号“空中堡垒”，自重60吨，能够携带4吨炸弹飞行3500英里。如果拆除机枪等，最大载弹量可以达到10吨左右。“空中堡垒”从提尼安岛基地频繁起飞，轰炸东京、佐世保、名古屋、神户、横须贺。美军轰炸机群几十个轰炸轮次下来，日本65个城市中，已几乎没有完整的建筑物。

美军早就想轰炸日本本土，但是苦于距离日本太远，轰炸机难以飞抵日本。1943 年底，美国研制出 B-29 轰炸机，航程达到 5000 多公里，为轰炸日本本土提供了手段。1944 年 4 月，近百架 B-29 轰炸机从印度加尔各答美军基地起飞，途经中国成都，添加汽油，而后横贯中国，飞往日本，轰炸了日本首都东京。但是这种轰炸方式仍然距离过远。美军占领马里亚纳群岛之后，意义非同一般。这里距东京两千多公里，B-29 轰炸机能够从海岛基地起飞，空袭日本本土。

连年战争中，日本的防空力量已大为下降。美国空军空袭东京之前，心态放松。他们模仿轰炸机上的图画，快乐地摆出造型照相，而后就去轰炸东京。

1945年初春，柯蒂斯·李梅被任命为美军第21轰炸机司令。他时年38岁，决定改夜间高空精确轰炸为夜间低空面积轰炸，并且用燃烧弹轰炸东京。3月9日午夜，从塞班岛和提尼安岛起飞的轰炸机群飞临东京上空。333架“空中堡垒”投下集束燃烧弹，燃烧弹中的M47火箭爆裂，射出一根根2英尺长的燃烧棒，接触到东西就爆炸，把粘胶似的火种向四面撒去。“天火”降临了，全城的木屋燃烧起来，在3个多小时内，偌大个东京被照得如同白昼一般。

火攻东京后不到30个小时，317架B-29轰炸机又夜袭名古屋，使得该市的飞机制造厂化为一团火焰。3月13日，拥有300万人口的大阪遭到300架B-29的轰炸，21平方公里的市区在3小时内被焚毁。3月16日，厄运降临到神户头上，神户造船厂在烈焰中化为乌有。

在短短的10天内，第21轰炸机指挥部共出动B-29轰炸机1600架次，总共投掷了10000吨燃烧弹。到3月19日空袭停止，仅仅是因为美军的燃烧弹告罄。

“李梅火攻”中，名气最大的是“东京火攻”。一夜大火使得25万幢建筑物付之一炬，100多万人无家可归，这座城市就像被一个大锤子砸扁了。美军后来总结说：“3月9日火攻东京是战争史上造成最大损害的战例，它比原子弹轰炸广岛、长崎的损害总和还要大。在世界战争史上，这次火攻比任何一次军事行动都造成了更大的伤亡。”

日本画家笔下的“东京火攻”场景之一：“天火”降临后，巨大的火球从一幢建筑物跃至另一幢建筑物，街道上火蛇乱窜，吓坏了的人群四处奔逃，火光中到处是恐怖的尖叫。用日本人的话来说：“令人恐怖到无法形容的地步。”

日本画家笔下的“东京火攻”场景之二：许多藏在防空洞里的人被活活烤死，人们疯狂了，见到水就不顾一切跳进去，公园的池子里，医院的蓄水池里密密麻麻挤满了想求生的人，而高温使得水池成了开水锅，人们成千上百地死去。

日本画家笔下的“东京火攻”场景之三：凡是死于东京火攻的，身上的衣服都被烧光了，都是裸体的。据美军飞行员后来说：大火造成的气流从地面反冲上来，机舱内充满令人作呕的焚烧人肉的恶臭，机组人员不得不带上氧气面具。

美国的宣传画：生产更多的炸弹，投向日本法西斯！

日本死硬的法西斯分子仍然负隅顽抗。6月底。日军大本营制定了“本土决战”方针。经过塞班岛、硫黄岛、冲绳岛战役之后，日本军阀看到美军在几个岛屿上损失惨重，底气倒足了。他们手上还掌握着410万陆军，有所谓“举国玉碎”的决心，准备再打几年，打出个体面的结局。

日本妇女练习刺杀，准备投入“本土决战”。至于她们是不是当真要跟着日本法西斯“玉碎”，还得单说。

1945 年 7 月 17 日，在柏林郊区的波茨坦召开苏美英三国首脑会议，杜鲁门、斯大林和英国首相丘吉尔与会。会议在德国前皇太子的行宫西塞林宫开幕。7 月 26 日发表了由美国起草、英国同意并邀请中国参加的《波茨坦公告》，敦促日本政府立即宣布所有日本武装部队无条件投降；日本战犯将交付审判；不准日本保有可供重新武装的工业等。苏联政府对公告的发表不满，它的发表既未与苏联政府协商，在最后署名中又没有苏联。斯大林怀疑，美国要把苏联排除在外，单方面解决日本及远东问题。斯大林的怀疑是对的。

杜鲁门在回忆录中说，他宣誓就任美国总统的当天夜里，众人散去后，陆军部长史汀生告诉他一件他没有听说过的事——美国正在研制原子弹。7 月初，杜鲁门乘坐“奥古斯塔”号巡洋舰前往欧洲参加波茨坦会议时，美国新墨西哥州阿拉莫斯基地正在准备原子弹爆炸试验，谁也不能肯定会出现什么结果。杜鲁门 7 月 15 日到达波茨坦，第二天便收到了史汀生发来的电报，得知原子弹试验成功。从这时起，杜鲁门感到美国拥有一种“不但能彻底扭转整个战局，而且能扭转历史和文明方向”的武器。《波茨坦宣言》发表后，裕仁天皇对投降有所考虑，而死硬的军国主义者却仍力主“本土决战”。对《波茨坦公告》，日本政府始终没有正式答复。由此，经过杜鲁门批准，美国军方下达命令，全文为：509 小组“应于 1945 年 8 月 3 日以后，在气候许可目击轰炸的条件下，立即在下列目标之一投掷特种炸弹：广岛、小仓、新潟和长崎。”

美国犹他州的门多奥维空军基地，一批严格筛选出来的轰炸机飞行员在接受特殊训练。他们使用的B-29型轰炸机经过改装，重武器被拆除，可载10吨炸弹的弹舱每次只装1颗炸弹，投掷炸弹时，炸弹飞行距离要超过30000英尺，弹着点距目标须在900英尺之内。这批飞行员除了知道将来的某一天要到海外执行任务外，其他一概不知。他们的组织代号为509小组。硫黄岛战役后，509小组调到提尼安岛。

8月5日，蒂贝斯上校向509小组全体人员交底：他们将在日本投掷相当于两万吨梯恩梯能量的原子弹。原子弹装上82号机。随82号机一同行动的有5架B-29型轰炸机，其中两架负责侦察，3架随时报告天气情况。然后根据天气情况确定轰炸地点：广岛、长崎或小仓。8月6日凌晨2时40分，509小组准备起飞，它临时命名为“依诺拉盖依”号，这是蒂贝斯的母亲的名字。蒂贝斯上校担任正驾驶。用丘吉尔事后的话来说，这架B-29轰炸机携带着一个“愤怒的基督”。

8月6日7时30分，天空一片晴朗。广岛和长崎相距不远，前者在本州西部，后者在九州西北。目标：广岛。9时16分，原子弹被投出弹舱。全广岛的钟表都停止在9时16分。原子弹在离地面600米处爆炸。在闪光、声波和蘑菇状烟云之后，火海和浓烟笼罩了全城，方圆14平方公里内有60 000幢房屋被摧毁，300 000居民中将近一半死亡。8月9日，509小组又在长崎市投下了第二颗原子弹，70 000多人遭致死亡。

一位幸存者在观看了广岛农业部大楼化成一片废墟时，简直不敢相信眼前的一切。8 月 6 日的爆炸一瞬间便杀死 7.8 万人，而且在此后的几年中，没有一位幸存者能够逃脱原子弹带来的死亡灾难。

日本画家笔下的原子弹爆炸后的惨状。不管会不会游泳，人们不顾一切地往河里蹦。灼热的河水烫死了不少人，淹死了不少人。一名参加抢救的日本医生说：到清晨时，黑色的河水上飘着无数烧焦的尸体，分不清是男是女，“说不清那些飘过去的东西是胳膊是腿，还是烧焦了的木头块”。

雅尔塔会议期间，罗斯福要求苏军参加对日作战。美国原子弹试验成功后，杜鲁门认为美国可以单独制服日本，没必要让苏联分享成果。德国是5月8日投降的，按照《雅尔塔协定》，苏联最迟应在8月8日前对日宣战，否则等于自动放弃《雅尔塔协定》。美国偏偏在这个日子的前两天和后一天各放一枚原子弹，等于请苏联自动出局。苏联驻日大使马立克于8月9日向日本国政府递交了苏联政府声明：从即日起，苏联与日本进入战争状态。苏联在远东集结了11个诸兵种合成集团军，1个坦克集团军，3个空军集团军和3个防空集团军，包括后勤部队在内达150多万人，26000多门火炮，5500多辆坦克和3800多架飞机。这是苏军翻越中苏边境的山峦。

随即，苏军从相距1500公里的蒙古人民共和国东部突出部和苏联滨海地区实施向心突击，迫使关东军从战役之初便两线作战。苏军的方案是将主力推进到沈阳、吉林地域全歼关东军。这个方案的特点是在合围中把关东军分割为几个孤立部分，然后逐一歼灭，防止它从山海关流入中国内地，或从渤海港口乘船撤回本土。

8月9日晚，在皇家图书馆下的皇宫防空洞里，裕仁天皇为连日来毫无结果的御前会议做最后的圣断："事实已经证明，战争不能再继续了，旷日持久的流血和暴行已经超出帝国和人民的忍受限度。尽管《波茨坦公告》提出的条件是不能容忍的，但是时间已到，我们不得不容忍不可容忍的事情。"

8 月 15 日上午裕仁天皇发表广播讲话：“朕已命通知美国、英国和苏联政府，帝国接受联合宣言的条款。现在已经到了这种时候，战争形势的继续发展未必对我们有利。敌人已经开始使用一种新的、残酷的炸弹，这种炸弹的力量确实是无法估计的。继续战斗下去，不仅将导致日本民族的最终崩溃和灭亡，也将导致人类文明的灭绝……”

裕仁天皇的“玉音广播”被认为是日本投降的标志。在中国东北，关东军将领也告知苏军将领，天皇已颁布诏书，日本接受波茨坦会议规定的条件。8 月 16 日，苏军总参谋部发表声明指出：“日本天皇 8 月 14 日所发表的投降声明，仅仅是无条件投降的一般宣言，并未向武装部队发布停止敌对行动的命令，而且日本军队仍在继续抵抗。因此，日本尚未实际投降……远东苏军将继续对日攻势作战。”

8 月 16 日，苏军进入牡丹江，两天后进入哈尔滨，随后是长春解放。

苏军入城受到民众欢迎。

8 月 22 日，苏联空降部队在旅顺口机场实施机降。第二天，苏军坦克开进了旅顺口。在苏军官兵的感情深处，对旅顺口有一种向往，那里“有使俄国人感到亲切的东西”，那里是他们的祖辈和父辈洒满鲜血的地方。1905 年日俄战争的失利，旅顺要塞的陷落，还有东乡平八郎率领的日本海军在对马海峡一举全歼沙俄舰队，这段历史在俄国军人心里翻搅了整整 40 年。而今，他们歼灭了关东军后，又解放了旅顺口。

8 月 28 日，美军在日本登陆。在这个雨濛濛的日子里，日本人恢复了固有的实惠立场，没有“玉碎”，更不打算“举国玉碎”，而是打着雨伞，默默伫立于街头，看着满载着美国大兵的卡车经过。

8 月 30 日，美国空降第 11 师来到东京厚木机场，警惕地观察着四周，等待麦克阿瑟的到来。

麦克阿瑟下了“巴丹”号 C-54 运输机，像演员一般走向舞台的中心。前来迎接的日军将领伸出手，他拒绝与日本人握手。他揣着一份杜鲁门的电报：根据美国、中华民国、联合王国和苏维埃社会主义共和国政府之间的协定，你被指派为同盟国的最高联合司令。你的任务是要求并接受日本天皇、日本政府以及日本帝国统帅部的正式官方代表们签署的投降文件。

在日本本土，关押了大约 35000 名战俘。美军在日本登陆后，日本立即零星放出一些战俘。两周内，大多数战俘集中起来，登记后，用船或飞机送回国内。

日军俘获的盟军战俘中，有两名将军，一名是在菲律宾被俘的美军将领乔纳森•温赖特，另一名是新加坡被俘的英军将领阿瑟•帕西瓦尔。他们被关押在沈阳。日军投降后，麦克阿瑟让他们紧急飞往东京，参加日本投降仪式。在巴丹半岛，麦克阿瑟临走前给温赖特留下一句话：“吉姆，守住这里，直到我回来。”三年战俘生涯中，温赖特一直为没有守住克里克道尔岛自责。1945年8月31日，他来到东京，去新大饭店见麦克阿瑟。他面容憔悴、皮肤看起来像旧皮鞋面，瘦骨嶙峋，几乎挑不起军装。见到麦克阿瑟，他立即扔掉拐杖，准备向老上司敬礼。麦克阿瑟抢上一步，按下他举起的手，半拥半抱地搂住他的肩膀。这是两个巴丹老兵默默相对的一刻。

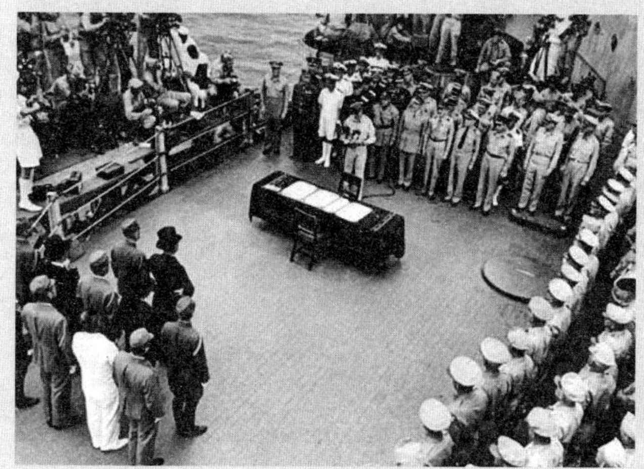

1945年9月2日，在停泊于东京湾的美国“密苏里”号战列舰上，盟国与日本举行签降仪式。盟国方面，远东盟军最高统帅麦克阿瑟代表所有对日作战盟国，美国、苏联、英国、中国以及澳大利亚、新西兰、加拿大、法国、荷兰等国代表，依次代表各自国家在日本投降书上签字。麦克阿瑟发表讲话：“今天，枪炮沉没了，一场大悲剧结束了。一个伟大的胜利赢得了。天空不再降临死亡，海洋只用于贸易交往，人们在阳光下可以到处行走。全世界一片安宁和平，神圣的使命已经完成。我们体验了失败的痛苦和胜利的喜悦，从中领悟到决不能走回头路。我们必须前进，在和平中维护在战争中赢得的东西。”

日本外相重光葵，代表日本天皇和政府，陆军参谋长梅津美治郎代表帝国大本营在投降书上签字。至此，第二次世界大战结束。

重返烽烟现场

——肉眼所见的二战进程

审判

从纽伦堡到东京

»

第二次世界大战是德意日法西斯国家发动的人类历史上空前规模的世界战争，先后有 60 多个国家和地区，20 亿以上的人口卷入战争。除了一伙穷凶极恶的法西斯分子，这段时期对于所有的人都是黑暗时代。大战结束了，一名美军士兵到战友的坟前悼念。这个坟包里安葬的是两名士兵，坟头上放着两顶被子弹洞穿的钢盔。

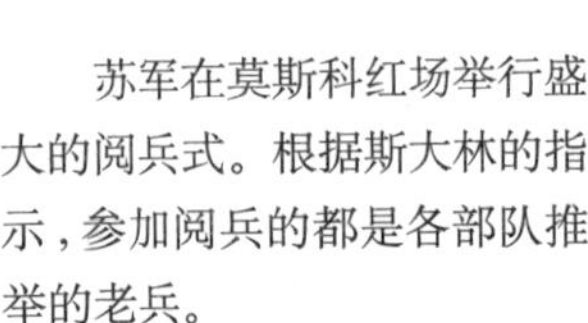

苏军在莫斯科红场举行盛大的阅兵式。根据斯大林的指示，参加阅兵的都是各部队推举的老兵。

美国海军陆战队队员欢呼世界反法西斯战争胜利结束。

中国重庆庆祝胜利大游行的场面。

美军各部队迅速复员，一批复员军人从欧洲回国，穿越北大西洋，来到东海岸的纽约。

中国士兵重返卢沟桥。第二次世界大战，中国是参战时间最长，损失最为惨重的国家。

德军军官无法，也无颜面对今后的生活。

大战那一页翻过去了，除了少数几个中立国家，战后的欧洲满目疮痍。挑起战争的德国，更是哀鸿遍地。

德国从当间儿劈成了两半。苏军与美军的分界线以易北河会师点向南北延伸。脱离了纳粹军队的德国人面临选择，是去西占区还是去苏占区。

欧洲分成泾渭分明的两块，东部大部分是苏军解放的国家，西部大部分是盟军解放的国家。不管战前是穷国还是富国，这时除了少数几个中立国，多数国家的经济都走到了崩溃边缘。到处漂泊着人群。其中有退伍军人，最多的还是战争中的难民。战争结束了，流落异乡的人纷纷走上回家的路，造成欧洲历史上最大的一次人口迁徙。

从历史的角度看，从来没有一个国家遭受过比日本在战争结束时受到的更加彻底的破坏。从1931年的“九一八”事变起，连续14年的侵略战争，尤其是战争后期遭受的毁灭性轰炸，使得一半的城市成为废墟，1/3的工业被毁灭。

日本的工业和经济基础面临彻底崩溃，7000 万城市居民处于饥饿的边缘。

许多世纪以来，日本人崇尚武士和战争，日本文化的镇宅物是对武士道的近乎神话般的信仰。现在，这些在一夜间消失了，日本人所信仰和赖以生存并为之战斗的一切，统统解体了。这些小学生面临的是精神上和道德上的真空之境。

直到第二次世界大战结束的当天，日军的总兵力尚有 693 万人，由 154 个陆军师、136 个旅和 20 个海军单位组成。其中一半在本土，另一半散布在从中国东北到所罗门群岛这一巨大的半圆形地带，以及太平洋中部和西南部的岛屿上。日本战败了，海外的日军哪儿都待不住了，乌乌泱泱地撤回国内。

被日军抓到日本服苦役的中国人，准备启程回国。

法国是第一个退出战争的欧洲大国。贝当是上次大战中的凡尔登战役指挥者、陆军总司令，一度是法国人心目中的老英雄。法国投降后，贝当担任维希政权的“总统”，沦为法兰西的民族叛徒。

德国骑兵在巴黎凯旋门。维希政权把宝押在纳粹德国的最后胜利上，这是历史上罕见的、惊人的判断失误。贝当与纳粹德国沆瀣一气，走得如此之远，甚至派出了一支“志愿军”，伙同德军参加对苏联的入侵。

1944 年 8 月 25 日，巴黎解放，大批维希分子被抓获。这个白胡子老头即是贝当。法国解放时，他脱掉军服，装扮成一个普通老者，法国抵抗组织很快找到了他，把他带上卡车。他做出一副无辜的样子，好像不知道为什么带走他。法庭审理的结果是判处贝当死刑。后顾及他已接近 90 岁及上次大战争中的贡献，改判无期徒刑。

另一个民族叛徒是维希政权“总理”赖伐尔，他能言善辩，八面玲珑，是把法国出卖给纳粹德国的主要筹划者。法国解放后，他逃亡德国。德国被盟军攻陷后，他又跑到奥地利，并在那里被盟军抓获，于 1945 年 7 月解递回法国。主要案犯归案后，法国法院在巴黎正义宫开庭审理。老贝当一言不发，赖伐尔却把巧嘴和辩才发挥得淋漓尽致，说自己在占领时期的行为高于爱国主义，超越于善恶之上。赖伐尔于 1945 年 10 月 15 日被执行枪决。

德军占领挪威后，声称挪威人也属于日尔曼人，是德国人的兄弟，不象法国人那样与德国人有世仇。德军却给“兄弟”准备了一个大集中营，关押了两万余名爱国志士。1945年5月7日挪威解放。被押人员举集会，而后向奥斯陆挺进，对罪孽的审判将在那里进行。挪威司法机关逮捕了17000名吉斯林通敌分子。

这是吉斯林在风雪中检阅占领挪威的德军。战后，吉斯林本人也被逮捕，以卖国罪被枪决。吉斯林的“作为”如此之大，他的名字已成内奸、卖国贼、民族叛徒一类肮脏字眼的同义语。

德国出现了如此之多的战犯。在这个法庭上，罪犯多得难以确数，每人胸前别着个条子，叫号审讯。他们中的多数是前党卫队军官，国防军军官不多。不少纳粹战犯在审讯后，即捆绑在柱子上处决。

1945 年 8 月 8 日。苏联、美国、英国和法国在伦敦签订关于控诉和惩处欧洲轴心国首要战犯的协定和欧洲国际军事法庭宪章，并由上述四国组成法庭。审判地点确定为德国南部的纽伦堡市。纳粹首要战犯被关押在纽伦堡监狱里。大批案卷被调集到这里，调查取证工作紧张进行。

希特勒与墨索里尼在火车站分手的一刻。这也是他们最后的分手。两个最主要的法西斯战犯没有出现在纽伦堡。柏林战役期间，希特勒躲在总理府地下避弹室，4月30日，苏军打到波茨坦广场，离总理府只有一条街了。下午3时30分，他和他的情妇爱娃·勃劳恩自杀。希特勒自杀前，毒死了自己的几条爱犬。5月1日，戈培尔让毒死希特勒的狗的医生，毒死了他的6个孩子。晚8时，他请一名卫兵照着他的后脑勺放了两枪。希姆莱多活了几天。这个操掌生杀大权并经常行使这项大权的党卫队头子却有保存生命的强烈欲望。他剃去胡子，左眼蒙眼罩，穿陆军士兵服装，在解放了的欧洲流浪了几天，被英军捕获。身份被识别后，他咬碎了藏在牙龈里的氰化钾胶囊。

柏林战役开始后，盟军向意大利北部推进，墨索里尼的法西斯共和政府倾刻崩溃，他在逃跑时被游击队抓获。他潜逃时未带细软，却有个不离身的棕色皮包，里面有他与希特勒的来往信件及剪报一类，表明他已为日后的审判做了准备。他没有走入法庭的可能。1945年4月28日，墨索里尼及情妇贝塔西被游击队枪毙，死后被倒挂在电线杆上示众。

由苏、美、英、法四国组成的欧洲国际军事法庭经过充分的准备，于1945年11月20日开庭。四国各出一名法庭人员及一名替换人员。律师团不仅有四国人员，而且有几名德国律师。这是对法西斯德国首要战争犯的审判。希特勒、戈培尔、希姆莱等人已死，所说的“首要战争犯”为22人。由于劳工阵线首领莱伊开庭前在牢房中上吊自杀，实际到庭为21人。21个被告坐成一排，他们穿着敝旧的衣服，心神不宁，以前那种飞扬拔扈的神气一扫而空，此刻看起来像一群碌碌庸才。很难想象，这群人曾守卫在希特勒的周围执掌过几乎整个欧洲。劳伦斯爵士宣读了起诉书，法西斯德国的首要战争犯们犯有阴谋罪、战争罪、破坏和平罪、侵犯人权罪。

戈林自命为纳粹二号人物。在纽伦堡，他坐在被告席首位。只身驾机飞往英国媾和的赫斯，经英国神经科专家诊断患有“假性妄想症”。一个神经病人能不能受审？赫斯主动表示愿意受审。被告的第三号人物是里宾特洛甫。被告中还有卡尔滕布鲁纳、“哲学家”罗森堡、专事屠杀的斯特雷切、沙克尔、希特勒青年团头子席腊赫；前经济部长沙赫特和他的继任丰克、对希特勒上台负有直接责任的巴本、前任外交部长牛赖特、纳粹内政部长弗里克、波兰刽子手弗朗克、奥地利卖国贼赛斯—英夸特、军备和战时生产部长斯佩尔。还有宣传部的一名官员弗里茨彻，连他自己都不明白，这么个微官卑职怎么也成了“首要战争犯”？后来他与沙赫特、巴本一同开释。被告中有4名职业军官。他们是最高统帅部长官凯特尔、最高统帅部作战部长约德尔、海军主帅雷德尔、海军元帅兼潜艇部队司令邓尼茨。有人认为军人以服从命令为天职，本身不应承担责任。但事实上，凯特尔、约德尔、雷德尔是希特勒策划与发动侵略战争的帮凶，而邓尼茨是希特勒死前指定的接班人。

纽伦堡审判中，纳粹战犯有一个常用的词：“最后解决。”审判过程中没找到这个词的出处，但意思清楚，战争爆发时，欧洲各国分布的犹太人约为1100万，“最后解决”即把他们全部消灭。

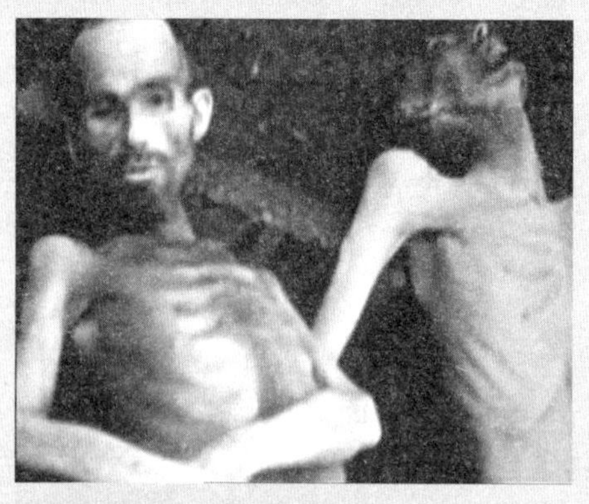

奥斯维辛集中营到底屠杀了多少人？据担任过该营长官的鲁道夫·霍斯供认，约为250万人。1945年1月苏军占领这个集中营后，确认的数字是400万。德军侵入苏联后，在里加、维尔纳、明斯克、考那斯和利沃夫附近设置了一些规模较小的灭绝营，它们没有毒气室，灭绝行动使用子弹和绞架。纳粹在苏联共杀死了多少犹太人？盖世太保犹太处说杀了200万。这个数字水分很大，是犹太处为了向希姆莱表功而夸大的。据战后有关专家调查统计，大致为73万人左右。

纳粹设立的主要集中营达30多处，最大的几个在波兰境内。奥斯维辛集中营有4个毒气室和附设的火葬场，处死和焚化能力远比其他集中营为高。它的最高纪录是一天毒死6000人。德国人以繁琐著名，但灭绝的程序却非常简单：集中起来的犹太人，用火车统一运往灭绝营。灭绝之前先检查一遍，犹太人列队行进，由两名党卫队医生当场挑出适合劳动的人，他们被送往集中营，其余的立刻被送到灭绝工厂。老人和一米二以下儿童连挑选的程序全免了，因为他们无法做工；大部分妇女也不列入挑选，而是立刻处死。

1946年8月29日，美国首席起诉人、最高法官罗伯特·杰克逊做了总结。此后是一个月的宣判前合议。9月30日，劳伦斯爵士宣读了50 000字的判决书。次日进行个人宣判。赫斯、雷德尔、丰克判处无期徒刑；斯佩尔、席腊赫、牛赖特、邓尼茨判处有期徒刑；其余的被判处绞刑。

纽伦堡监狱设在法庭旁边。1946年10月16日凌晨1时，死刑犯被带出监房，前往监狱的体操房执行绞刑。里宾特洛甫是第一个上绞架的，接着是凯特尔、卡尔滕布鲁纳、罗森堡、弗朗克、弗里克、斯特雷切、赛斯 — 英夸特、沙克尔和约德尔。戈林没有上绞刑架。他在宣读执行死刑命令前两小时服毒自尽。至于他是怎么搞到毒药的，至今没有人知道。

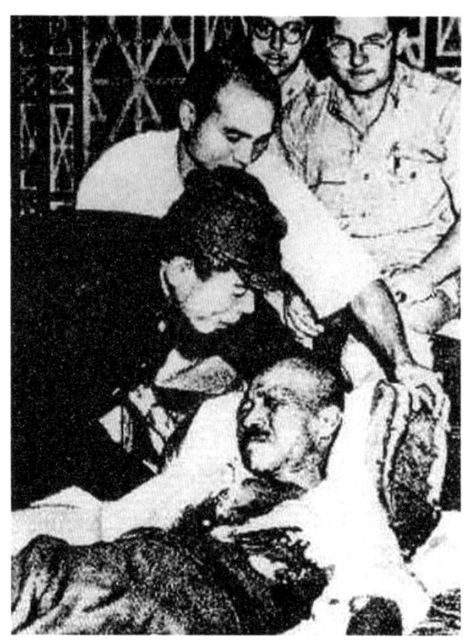

东条英机是日本主战的主要军阀，日本陆军大将和第40任内阁总理大臣，策动侵华战争，力主日本与德国、意大利结为轴心国，策动突然袭击珍珠港。太平洋战争期间，这位日军最高指挥官，以“东条独裁”一度支配了日本。战争结束后，他自杀未遂，在医院康复后，被捕入狱。

纽伦堡审判尚未结束时，东京审判业已开始。经盟国授权，远东盟军统帅麦克阿瑟于1946年1月19日颁布特别公告，由中国等11国代表组成远东国际军事法庭，审判日本首要战犯。远东国际军事法庭设在东京旧陆军部礼堂。11个战胜国分别为中国、美国、苏联、英国、法国、荷兰、加拿大、新西兰、澳大利亚、印度、菲律宾。这是东条英机在受审。

东京审判历时较长，经过两年半的调查取证和法庭审理，1948 年 11 月 12 日下午，宣判了对战犯的刑罚。28 人中有 25 人被宣判有罪，16 名判处无期徒刑，东条英机、土肥原贤二、广田弘毅、板垣征四郎、木村兵太郎、松井石根、武藤章 7 人判处绞刑。绞刑于 12 月 22 日执行。在日本首要战争犯中，漏掉了一个中国人民熟知的人，即冈村宁次。作为中国派遣军总司令官，他在中国实行了野蛮的杀光、烧光、抢光的“三光政策”。1945 年 8 月延安公布的日本战争犯名单中，冈村宁次被列为首要战争罪犯。战后，远东盟军统帅部一再要求南京政府将冈村宁次交付远东国际军事法庭审判。但在国民党政府包庇下，冈村宁次于 1949 年 1 月被释放回国。

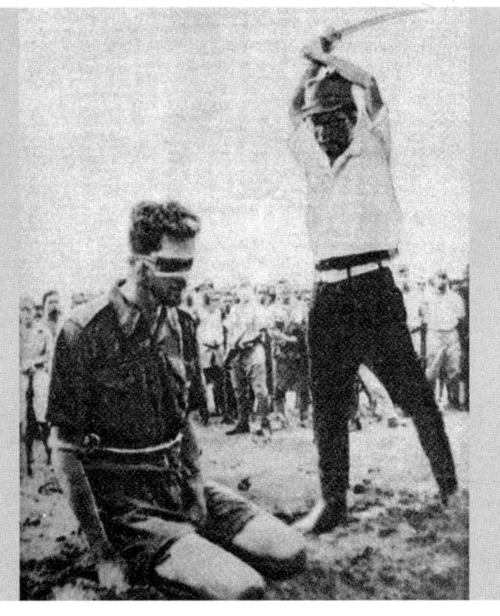

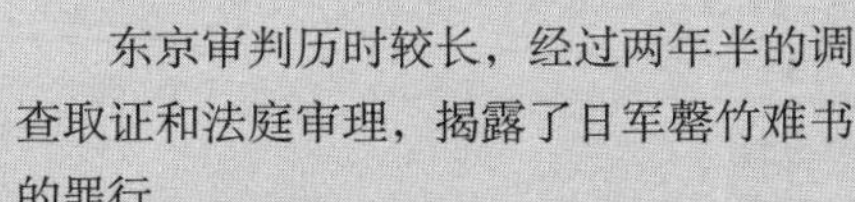

东京审判历时较长，经过两年半的调查取证和法庭审理，揭露了日军罄竹难书的罪行。

南京大屠杀的主犯之一谷寿夫被押至南京雨花台枪决。

在南京大屠杀中进行“百人斩”竞赛的向井敏明被押赴刑场枪决。

“冀东防共自治政府”头目、大汉奸殷汝耕被押赴刑场。

经过审判被处死的汉奸。

裕仁天皇与日本民众见面，对于战败，他向日本人谢罪。但对日本侵略军在占领区犯下的滔天罪行，这位“日本第一绅士”倒没说任何致歉的话。

东京审判期间，苏联和英国强烈要求惩处日本天皇，追究裕仁的战争罪行，东南亚国家出于对日军占领期间所犯罪行的义愤，也要求拿裕仁是问。甚至东条英机也认为裕仁不应该被赦免，在受审时一再提到裕仁的最终决定权。而由美国主导的“检察当局”在幕后操作，防止裕仁被起诉，歪曲被告们的证词，以确保没有人会涉及到天皇。对东条英机，则软硬兼施，让他撤回证言。最终，盟国把裕仁天皇从战犯名单中划去，并且同意日本保留天皇制度。裕仁不仅以无辜的面目出现，还被打造成近乎圣洁的人物，甚至对战争不负有道义上的责任。附带说说，战争输成这个样子了，总得有人出面承担责任，向国民有个交代。日本皇室成员都要求裕仁退位，裕仁本人也在认真考虑退位问题。而在华盛顿的掌控下，连这件事也没有发生。

莫斯科红场的无名烈士墓：你们的姓名不为人所知，你们的功绩万古流芳。

莫斯科一次卫国战争老兵聚会。对于许许多多的人来说，那段岁月是无法忘怀的。即便这一代人故去，对世界反法西斯战争的追思、反思和沉思，也会深藏在全人类的集体记忆之中。

后 记

后记一般要谈书的来龙去脉，为此絮叨一段往事。

上个世纪70年代末，我弟弟冯华志创办了黄河电影公司，拍摄了大型纪录片《在希望的原野上》，上映后反响强烈，他因此被媒体称为“新中国第一个独立制片人”。后来这家办得挺好的公司突然被叫停。究其原因，有些酸涩，大概是他那个公司太超前，政策有些担待不起。对这点，大凡从那个时期走过来的人都容易理解，而没有经历过那个时期的人，也许一辈子也弄不明白。90年代初，冯华志打算恢复“黄河”，但时过境迁，于是办了北京五岳文化咨询公司，着手制作电视专题片，此后一发不可收拾，策划、编导、制作出版有关20世纪军政大事的专题片达二十几部、三百多集，我撰稿的有《第二次世界大战实录》、《太平洋战争实录》、《卫国战争实录》、《中国共产党八十年》、《血肉长城》、《20世纪全球大事记》等。

追溯这段往事，着意说明，“五岳”制作二战片时搜集了大量有关纪录片和照片，占有的资料之多，连中央电视台和电影制片厂都来转录。这些资料都是黑白的。在我的印象中，二战处于“黑白时代”，还没有彩色胶片，也没考虑过用色彩表现这场大战。直到几年前我从一部外国故事片中看到穿插的一段彩色纪录片，这个印象才被颠覆。

那个片段是：身着蓝色便装的希特勒在一个宽大的露台上接待客人，长度不到半分钟。我对二战资料还算熟，希特勒所在的露台是伯希斯特加登别墅的一部分。别墅是希特勒没有发迹前从慕尼黑一位富婆手上租的，上台后仍喜欢住在那儿，只是产权有些模糊了。别墅位于德奥边境附近，希特勒曾在这儿分别与奥地利总理苏士尼格、英国首相张伯伦会谈。在这个露台上，这个疯子为纳粹德国敲诈来一个国家，即他的祖国奥地利。当时我没多想这些，而是惊讶，上个世纪30年代怎么就有彩色胶片了？而且质量不错。

翻书才知道，彩色摄影的产生年代比我感觉的早。1838 年法国人达盖尔发明黑白摄影。1861 年英国人马克斯韦尔提出三原色相加混合法。1873 年德国人佛克尔将火棉胶感光版浸在苯铵液中，能感受绿光。科学家们继续寻找其他色彩的感光增添剂。没过多久，底片已可对红、橙、黄、绿、蓝、紫等色光有“色感”。上个世纪初，法国的奥古斯特和鲁米埃尔兄弟用红、绿、蓝的三色底版制作了世界上第一张彩色照片。欧洲人把彩色摄影原理和一般技术摸得差不多了，长于经商的美国人登场了。美国伊斯曼－柯达公司于 1928 年推出彩色电影胶片，电影业界从此可以拍摄真实生动的画面。由此，德国人在上个世纪 30 年代用彩色胶片拍摄希特勒的活动画面，并不稀罕。

此后我又陆续看到一些二战彩色纪录片片段，比如美国海军陆战队在瓜达尔卡纳尔岛抢滩登陆，绚丽的色彩把美国大兵称为“绿色地狱”的岛屿展现得淋漓尽致。同时又产生了新疑惑：二战期间拍摄了一些彩色纪录片，为什么少有彩色照片？翻翻书，发现了人类发明活动中的一件有意思的事。人们干事通常是由简单到复杂。拍电影比之拍照片要难，是高档玩儿法，按常理，彩色胶片应该先用于照相，再用于摄影。其实呢？其实这个过程是颠倒的。

照相这事儿，原先用一张张底片，拍摄者每拍照一张，就得钻进一块黑布里忙活着换干片。1889 年，柯达公司推出世界上第一卷民用黑白胶卷。底片成卷了，爱迪生受到启发，两年后发明了能连续拍摄的照相设备，催生了电影。在“黑白时代”，照相和拍电影都用黑白胶卷，而柯达公司推出彩色胶卷后，主要用来拍电影，照相机依旧使用黑白胶卷。直到 1942 年，也就是彩色电影胶卷推出 14 年之后，柯达公司才推出世界上第一卷用于照相的彩色胶卷。何至于此？我的猜测是，彩色胶卷刚问世时很贵，由于彩色故事片有巨大商业利润，制片厂商算得过账，舍得下本钱。而彩色照片很大程度上是家里的玩艺儿，居家过日子，用黑白胶卷也能凑合。纳粹德国不一样，德军在二战初期所向披靡，士气高涨，鼓励官兵拍照，包括用彩色电影胶片（正片）拍照。反观美国和英国，连扛着照相机出没于硝烟的记者也用不起昂贵的彩色胶片，以至彩色电影大兴其道时，彩色照片依旧默默无闻。柯达公司推出民用彩色胶卷时，已进入二战中期，所以二战期间的盟军，彩色照片为数不多，即便有一些，也是二战后期的。

在纪念世界反法西斯战争50周年时，我们制作的《第二次世界大战实录》着实火了一把，但我意犹未尽。近年“解密”一词屡屡见诸于报端，就二战而言，是指大战过去60多年了，封存资料可以公之于众了。在这种气氛下，我冒出一个想法：用彩色画面展现二战。原因简单，人的肉眼看到的世界是彩色的，只有彩色的二战是真实的。和朋友们商量，都说我异想天开，这是不可能做到的。我却打算试试，而且这个念头越来越强烈。

国内几乎不可能找到像样的二战彩色照片，更别说凑个“全活儿”。我儿子冯阳从中央美术学院毕业后，去法国深造，而后留在巴黎工作。我让他在巴黎找二战彩色照片。巴黎被称为“世界文化之都”，大小书店很多，说不定哪个犄角旮旯里能发现些东西。他答复说，二战初期法国就投降了，这段哀史是法兰西的隐痛。别看二战老兵每隔几年就在法国诺曼底海滩阅兵，但高傲的法国人不大愿意提及二战。在法国找二战史料恐怕很难，只能试试。前年夏天，几个法国设计师到北京旅游，给我捎来一个箱子，打开一看，正是我要的东西。我给远在巴黎的儿子打了个电话，问这些东西是怎么搞来的？他只回答了俩字：很难。

接着是整理。当然，整理也很难，况且我不懂法语，而这些资料全部是法文的。费了老大的劲儿，总算整理得差不多了，我儿子回国办事，告诉我，他把法国朋友都动员起来了，在偌大的巴黎走街串巷搜寻，总算找到一些。他还说：“法国人自尊心很强，法国哥们儿忙了一通，让我给您捎一句话：为法兰西说点好话，美言几句。”于是我在书里专门加了一章，谈法国地下抵抗运动。此前在我关于二战的作品中，对这一段是只字不提的。

本书问世，着重要谢两个同志，一是中科投资公司总经理吴晓平，一是北京齐物秋水图书公司总经理张明。吴晓平是大忙人，对我说：“我看出来了，你有时写书是玩儿；而对这本书是认真的，有什么要做的就说话。”她及下属实实在在帮了我。书稿完成了，我把它存在移动硬盘里，分头打电话。我认识几家出版社的头儿，他们像事先统一了口径，答复说：今年够呛了，明年怎么样？我等不了那么久，想起一个刚认识的朋友。远方出版社陈社长来北京出差时，我在她那儿第一次见到张明。在他的公司陈列室里，我看到了他们历年出的图书，见棱见角，有个性。我抄起电话对张明说："我刚完成一部书稿，用彩色图片反映二战进程。我不敢说世界上没有这种书，有也不会多。"张明回答简捷："拿来吧，我就喜欢这种书。"就本书而言，吴晓平表现出的是仗义，张明则表现出识货、大气。两条加到一块，用一句东北话说，是"纯爷们儿"。

本书容量不小，为它做了事的何止两三个人，只是篇幅有限，无暇一一致谢。行文至此，已是月到中天。打开窗户，冷嗖嗖的春风灌进来。抬头看在薄云间行走的月亮。只要每个夜晚我依旧被朦胧的月光包裹着，就总会感念那些帮助我完成这本书的人。

冯精志
2009 年 3 月于惠安轩 512 室